철학자와 늑대

철학자와 늑대

괴짜 철학자와 우아한 늑대의 11년 동거 일기

마크 롤랜즈 지음 | 강수희 옮김

추수밭

엠마에게

차례

01

우리도 한때 길들지 않은
동물이었다

인간의
빈터

　　　　　　　　이 책은 '브레닌'이라는 늑대에 관한 이
야기이다. 브레닌은 1990년대부터 2000년대 초반까지 10년 넘게
나와 동고동락했다. 정처 없이 표류하는 지식인이었던 나와 함께
살면서 브레닌은 자연스럽게 미국, 아일랜드, 영국, 프랑스까지 전
세계를 돌아다녔다. 게다가 녀석은 무상교육의 특혜까지 받은 늑
대이기도 했다. 의도했던 것은 아니고, 혼자 두고 나가면 집과 살
림살이들이 즉시 초토화되기 때문에 사실 나로서는 어쩔 수 없는
선택이었다. 철학 교수였던 나는 할 수 없이 녀석을 데리고 강의를
다녀야 했다. 브레닌은 강의실 한쪽 구석에 누워 학생들과 함께 졸
다가, 좀 지루하다 싶으면 벌떡 일어나 길게 울었다. 대리 만족이
라도 느끼는지, 녀석은 학생들에게 인기 만점이었다.

이 책은 또한 생물학적 독립체로서가 아니라, 그 어떤 존재와도 다른 존재로서의 인간을 고찰하고 있다. 인간에 관한 주장들은 모두 인간이 특별하다고 후렴구처럼 반복한다. 혹자는 인간이 문명을 창조해 약육강식의 자연으로부터 스스로를 보호하는 탁월한 능력이 있다고 하고, 또 일각에서는 인간이 선악을 구별할 수 있는 유일한 존재라 진정으로 선하거나 악한 것도 인간뿐이라고 주장한다. 어떤 이들은 비이성적인 야수들이 득실대는 세상에서 오직 인간만이 이성을 가지고 있다고 말한다. 또 한편에서는 동물과 인간을 구분 짓는 확실한 요인이 언어라고 한다. 자유의지를 가지고 행동하는 것은 인간뿐이라고 하는 사람들도 있다. 인간만이 사랑을 할 수 있다는 주장도 있다. 오직 인간만이 진정한 행복의 근원과 특징을 이해한다고 말하기도 한다. 인간만이 죽음을 이해하기에 인간은 특별하다고도 한다.

하지만 나는 이들 중 어떤 것도 인간이 다른 존재와 확연히 구분되는 특징이라고 믿지 않는다. 사실 인간만이 할 수 있을 거라고 생각하는 일들을 동물들도 할 수 있다. 또 인간이 할 수 있다고 믿는 일 중에서 실은 할 수 없는 것도 있다. 아마 정도의 차이야 있겠지만 동물과 인간의 경계는 대부분 확연하지 않다. 사실 인간만이 지닌 고유한 특징이란 이런 이야기를 할 수 있는 능력을 갖추고 있는 정도라고나 할까? 그리고 그런 이야기를 사실이라고 믿는 능력까지 가지고 있다. 인간을 한 문장으로 정의 내린다면, 자신이 규정한 모습을 믿는 동물이다. 인간처럼 잘 믿는 동물도 없다.

물론 오늘날처럼 각박한 시대에 인간의 특징을 논하는 것은 인간들 사이의 대립을 더 악화시킬 수 있다. 믿음은 한순간에 적대감으로 바뀔 수 있기 때문이다. 그러나 나는 인간과 인간을 구분하는 것이 아니라, 인간과 다른 동물을 구분하려는 것이다. 즉 무엇이 우리 인간을 만들었는가에 대한 이야기이다. 각 이야기는 이른바 어두운 면이 있으며, 그림자를 드리운다. 이야기의 이면에 드리워진 어두운 그림자에서 우리는 진정한 메시지를 읽을 수 있다. 내가 이것을 어둡다고 표현하는 것은 두 가지 이유이다. 첫째, 인간을 찬양하기는커녕 듣기 불편하기까지 한 인간 본성을 반영하기 때문이고 둘째, 진정한 메시지를 파악하기가 어렵기 때문이다. 이 둘은 서로 연관성이 없다. 우리 인간은 우리가 싫어하는 측면은 의도적으로 거부한다. 그리고 스스로 규정하는 인간의 모습 속에 이러한 특성이 반영되어 있음은 물론이다.

물론 늑대는 전통적으로 인간의 어두운 면을 대표하는 것으로 오인되기도 한다. 이것은 여러 측면에서 모순적인데, 우선 어원만 보아도 그렇다. 그리스어로 'lukos'인 늑대는 빛light이라는 뜻의 그리스어 'leukos'에 매우 가깝다. 두 단어는 보통 동의어로 사용되었다. 아마 오역이거나 이 둘의 어원 사이에 더 깊은 연관성이 있어서일 것이다. 그러나 이유가 무엇이든 아폴로는 태양의 신이자 늑대의 신으로 여겨져 왔다. 이 책에서는 늑대와 빛의 연관성이 중요하

다. 늑대를 숲속의 빈터라고 생각해 보자. 우거진 숲은 너무 어두
워서 그 속의 나무가 잘 보이지 않는다. 하지만 빈터는 숨겨진 것
들이 모습을 드러내는 공간이다. 나는 늑대가 인간 영혼의 빈터와
같다는 것을 보여 주고 싶다. 늑대는 우리가 규정하는 인간의 모습
속에 숨은 이면, 즉 우리가 주장하는 인간이 아니라 실존하는 인간
그 자체를 보여 준다.

　　우리는 늑대의 그림자 속에 서 있다. 그림자를 드리우는 방법
은 두 가지다. 빛을 막거나 아니면 광원이 되어 다른 물체에 막히
는 것. 나는 사람이나 빛이 만드는 그림자를 말하고자 한다. 늑대
의 그림자란 늑대가 드리우는 그림자가 아니라 늑대가 발하는 빛
때문에 인간이 드리우는 그림자를 말한다. 그리고 이 그림자 속에
서서 우리를 뒤돌아보고 있는 것이 바로 우리가 인정하기 싫어하
는 인간의 본질이다.

너무도
영장류적인

　　　　　　　브레닌은 몇 년 전 세상을 떠났다. 하지
만 나는 아직도 매일 녀석을 생각한다. 짐승 한 마리에 너무 유난을
떤다고 생각할지 모른다. 그렇지만 지금의 나는 아무리 좋게 생각

해 보려 해도 그 짐승 한 마리와 함께 있을 때보다 못한 존재가 되었다. 왜 그런지도 모르겠고, 사실 오랫동안 그런 사실조차 인식하지 못했다. 하지만 이제 나는 안다. 브레닌은 만학도였던 내가 제도 교육에서 배우지 못했고 배울 수도 없는 것을 가르쳐 주었다는 것을. 그리고 그것은 녀석이 떠난 지금, 예전처럼 분명하고 생생하게 지켜 내기도 힘든 교훈이라는 것을. 그래서 나는 내가 깨달은 모든 것들이 잊히기 전에 남겨 두고자 기록했고, 결국 이 책이 탄생하게 되었다.

이로쿼이족Iroquois, 뉴욕주에 살았던 아메리카 인디언의 신화 중 국가의 선택에 관한 것이 있다. 이와 관련한 여러 종류의 이야기가 있지만 가장 단순한 것은 다음과 같다. 부족 위원회를 소집한 이로쿼이족은 다음 사냥철을 맞아 어디로 갈 것인지를 논의했다. 그러나 그들이 결정한 사냥터는 늑대들의 집단 서식처였다. 늑대의 계속된 공격에 부족원들이 희생되자, 결국 이로쿼이족은 다른 곳으로 이동하거나 늑대들을 죽이거나 둘 중 하나를 선택해야 할 기로에 놓였다. 후자는 싸움 과정에서 희생이 따르고 부족의 규모가 줄어드는 것이 뻔했다. 그래서 그들은 이동을 선택했다. 그리고 같은 실수를 되풀이하지 않기 위해 향후 모든 위원회에서는 늑대를 대표하는 사람을 지정하기로 했다. 대표자 선정은 '누가 늑대를 대변할 것인가?'라는 질문으로 시작된다.

물론 이야기는 이로쿼이족의 관점에서 쓰인 것이다. 만약 늑대가 이 신화를 썼다면 분명히 다를 것이다. 그렇다. 진실은 여기에 있다. 나는 우리 대부분이 영장류의 영혼을 가지고 있다는 점을 말하고 싶다.

'영혼'이라는 말에 크게 무게중심을 두고 싶지는 않다. 육체가 죽어도 살아남는, 결코 범접할 수 없는 고귀한 것을 의미하려는 것이 아니다. 영혼이 실제로 그런 것일 수도 있겠지만 나는 잘 모르겠다. 혹은 영혼은 그저 정신이고 정신은 그저 뇌의 기능일 뿐인지도 모른다. 그러나 다시 한 번, 나는 의심스럽다. 내가 이 글을 쓰는 이 순간에도 영혼은 인간이 규정하는 인간의 모습에 등장한다. 무수한 반증에도 불구하고 인간의 특별함을 주장하며 그것이 진실이라고 자기 최면을 거는 이야기마다 영혼이 빠지는 곳이 없다. 나는 이런 이야기들이 영장류의 이야기라고 주장한다. 영장류임에 틀림없는 구조, 주제, 내용을 갖추고 있기 때문이다.

나는 정도는 다를지 몰라도 우리 모두에게 내재하는 성향을 비유하는 데 '영장류'라는 단어를 사용하고자 한다. 이런 측면에서 어떤 인간은 다른 인간보다 더 영장류에 가깝다. 그리고 실제로 어떤 영장류는 다른 종보다 더 영장류적이다.

'영장류'는 세상을 도구의 개념으로 이해하는 성향이다. 영장류에게 있어 가치는 효용에 따라 결정된다. 영장류는 확률을 따져 삶을 계산한 후, 그 결과를 자신에게 유리하게 이용하는 것으로 보는 성향이다. 영장류는 세상을 자신의 필요에 따라 이용할 자원의 총합체로 보는 성향이다. 영장류는 이 원칙을 자연에 적용하는 만큼 다른 영장류에게도 적용하며, 때로는 더 많이 적용한다. 영장류는 친구를 만들지 않고, 그 대신 서로 연합하는 성향이다. 영장류는 동료 영장류를 단순히 바라보는 것이 아니라 감시한다. 그러면서 항상 이용할 기회를 노린다. 영장류에게 산다는 것은 공격할 시점을 기다리는 것이다. 영장류는 변하지 않고 타협도 하지 않는 단 하나의 원칙에 근거해 동료와의 관계를 유지해 나가는 성향이다. 그 원칙은 바로, '상대가 무엇을 해 줄 수 있으며, 그 대가로 나는 어느 정도를 해 주어야 하는가?'이다. 상대 영장류에 대한 이 같은 이해는 영장류 자신에게 부메랑이 되어 돌아와, 스스로의 존재감을 저해하고 깨닫게 한다. 따라서 영장류는 '행복'을 측정하고 무게를 재며 수량화하여 계산할 수 있는 것이라고 생각한다. 사랑도 마찬가지이다. 영장류는 삶에서 가장 중요한 것이 비용-편익 분석이라고 생각하는 성향이다.

다시 한 번 말하지만 이것은 인간의 성향을 설명하기 위해 내가 사용하는 비유이다. 여러분은 앞서 말한 것과 같은 성향의 사람들을 알 것이다. 우리는 그런 사람들을 직장에서, 또 사석에서 만난다. 회의 탁자나 식탁을 두고 마주 앉기도 한다. 그러나 이런 사람들은 기본적인 인간 유형이 조금 과장된 것에 불과하다. 우리 대부분은 우리가 생각하는 것이나, 우리가 인정하고 싶어 하는 것보다 더 그런 모습에 가깝다.

나는 왜 이러한 성향을 영장류적이라고 표현하는가? 고통을 느끼고 다양한 감정을 즐기는 영장류는 인간만이 아니다. 다른 영장류도 사랑을 하고, 너무나 깊은 슬픔에 죽기도 한다. 다른 영장류도 단순히 동료가 아닌 친구를 가질 수 있다. 그럼에도 이러한 성향을 영장류적이라고 부르는 이유는, 영장류는 다른 동물이 아닌 자신들만 그럴 수 있다고 여기기 때문이다. 더 정확히 말하면 우리가 아는 한 다른 동물에게는 없는 영장류 고유의 인지 발달을 근거로 삼아 그렇게 여긴다. 세상과 그 속에 사는 존재를 오직 비용-편익의 관점으로만 보는 성향, 누군가의 삶과 그 속에서 일어나는 중요한 사건들을 계량화하고 계산할 수 있는 것으로 보는 성향은 오직 영장류만 가질 수 있다. 모든 영장류 중에서도 이 성향이 가장 복잡하게 드러나는 것은 바로 인간이다. 그러나 우리가 영장류가 되고, 그 성향이 우리를 지배하기 전에 우리의 영혼 속에 존재했던 부분이 있다. 드러나지는 않지만 분명 우리의 이야기 속에서 발견할 수 있는 부분이다.

　진화는 조금씩 축적되어 나타나는 결과이며, 진화에서 백지 상태란 없다. 주어진 조건에서 끊임없이 발전하는 것이며, 결코 백지로 되돌아가지 않는다. 예를 들어 보자. 눈이 다른 한쪽으로 기묘하게 올라와 붙어 비대칭인 넙치는 원래는 그런 모습이 아니었는데 해저에 붙어 지내다 보니 옆이 아닌 등 쪽으로 눈이 올라붙게 진화한 것이 분명하다. 이와 유사하게, 인간도 주어진 조건에 맞추어 진화해야만 했다. 인간의 뇌는 기본적으로 역사적인 구조물이다.

뇌의 가장 중심부이자 파충류의 조상에게서 물려받은 원시 대뇌 변연계_{원초적이고 동물적인 본능과 관계가 깊은 뇌의 부분} 위에, 포유류가 되면서 단단한 대뇌피질이 특히 더 발달한 것이 인간 뇌의 특징이다.

인간이 주장하고 믿는 이야기들이 넙치의 눈이나 포유류의 뇌처럼 진화의 결과물이라는 뜻은 아니다. 그러나 기존의 구조와 주제 위에 새로운 이야기가 덧씌워지면서 점진적으로 축적되어 왔다는 점에서 유사하다고 본다. 인간의 이야기는 백지에서 시작하는 것이 아니다. 자세히, 또 정확히 들여다본다면, 영장류의 모든 이야기 속에 늑대가 있다는 것을 나는 증명하고 싶다. 그 늑대는 영장류의 가치가 조잡하고 의미 없다고 말한다. 그리고 이것이 내가 이야기하려는 것이다. 늑대는 삶에서 가장 중요한 것은 결코 계산할 수 있는 것이 아니라고 말한다. 늑대는 진정한 가치는 잴 수도 거래할 수도 없다고 말한다. 그리고 가끔은 하늘이 두 동강 나도 옳은 것은 해야 한다고 말한다.

우리 모두는 늑대보다 영장류에 더 가깝다고 나는 생각한다. 현재 우리들 대부분에게는 늑대의 모습이 거의 완전히 사라져 버렸다. 늑대를 멸종시킨 대가는 우리가 치러야 한다. 결국 영장류의 계략은 헛된 것이 될 터이므로. 제 꾀에 제가 넘어가서 영장류의 운도 다할 것이다. 그 후에야 비로소 삶에서 가장 중요한 것을 깨달을 것이다. 우리의 계략과 영민함과 운이 충만할 때가 아니라 그 모든 것들이 다했을 때 남은, 혹은 버려진 우리 자신을 말이다.

우리 안에는 다양한 모습이 있다. 그러나 진정한 나는 계략을 짤 때가 아니라 그 계략이 실패했을 때 남겨진 나이다. 가장 중요한 나는 교묘한 꾀를 부려 남을 속이고 기뻐할 때가 아니라 그 교묘한 꾀에 스스로 속아서 버려진 나이다. 가장 중요한 나는 운이 좋을 때가 아니라 그 운이 다했을 때 남겨진 나이다. 결국 우리 안의 영장류는 언제나 우리를 실망시킨다. 우리가 찾아야 할 가장 중요한 것은 모든 것이 사라진 상황에서 마지막에 남는 것이다.

오랜 시간이 걸렸지만 결국 나는 내가 왜 그토록 브레닌을 사랑했는지, 또 녀석이 떠난 지금 이 순간 왜 그토록 그리움에 몸부림치는지를 깨달았다. 브레닌은 나에게 정규교육이 가르쳐 주지 못한 것, 즉 고대의 영혼 속에 살아 있던 내 안의 늑대를 일깨워 주었기 때문이다.

가끔 수다쟁이 영장류 대신 내 안의 과묵한 늑대의 소리를 들어야 한다. 이 책은 내가 할 수 있는 유일한 방식으로 늑대를 대변하고자 하는 나의 노력이다.

인간과 늑대
사이에서

　　　　　　　　인생을 계획대로 살아온 편은 아니지
만, 이 책만큼은 다른 방식을 생각할 수 없었다. 책을 쓰기까지는
긴 시간이 걸렸는데, 이래저래 따지면 꼬박 15년이다. 생각을 정리
하는 데 오랜 시간이 필요했기 때문이다. 가끔은 시간이 느리게 흘
렀다. 이 책은 늑대와 함께한 내 삶에 뿌리를 두고 있지만, 아직도
스스로 이 책에 대해 완전히 이해하지 못하는 부분이 있다.

　이 책은 어떤 면에서는 자서전이다. 모든 사건들이 내가 겪었
던 실화이니까 말이다. 하지만 전반적으로 볼 때, 최소한 훌륭한 자
서전이라고는 할 수 없다. 일단 이 책의 주인공은 내가 아니다. 나
는 그저 배경에 스쳐 지나가는 중요하지 않은 엑스트라에 불과하
다. 좋은 자서전에는 많은 등장인물이 나온다. 그런데 이 책은 인물
들이 아예 등장하지 않고, 있다고 해도 인용되는 정도가 전부이다.
그들이 책에 등장하는 것을 좋아할지 알 수 없으므로 사생활을 보
호하기 위해 이름도 바꾸었고, 장소나 시간도 정확히 밝히지 않았
다. 좋은 자서전은 상세하고 포괄적이다. 그런데 내 책은 상세하기
는커녕 이야기 자체도 띄엄띄엄 기술하고 있다. 브레닌과 함께하
면서 얻은 교훈을 중심으로 썼기 때문에, 주로 브레닌과 내가 겪은
사건 중에서 전개하고 싶은 생각만 집중 조명했다. 중요한 일화 중

에는 생략된 것들, 그러다 보니 시간이 흘러 기억에서 잊힌 것들도 있다. 사건, 인물이나 연대기의 상세 내용은 내가 전개하고자 하는 생각을 오히려 방해했기에 과감히 생략해 버렸다.

　이 책이 내 이야기가 아니라면, 브레닌의 이야기도 아닐 것이다. 물론 우리가 함께 살면서 겪은 많은 사건들을 다루고 있지만, 그 사건에 대해 브레닌이 어떤 생각을 가지고 있는지 분석하려는 것은 아니다. 녀석과 함께 살았던 시간은 10년이 넘지만, 정말로 단순한 사건 이외에는 내게 그런 판단을 할 능력이 있는 것 같지 않다. 그리고 내가 기술한 많은 사건과 그 과정에서 제시한 논점들은 단순한 것이 아니다. 이 책에서 브레닌은 구체적으로 사고하는 존재로 그려진다. 혹은 이제는 더 이상 존재하지 않는 나의 한 측면을 반영하는 상징물로 비유되기도 한다. 그러다 보니 가끔 늑대의 '생각'을 비유적으로 논하는 것으로 이야기가 흘러가는 느낌이 들기도 한다. 나의 이야기가 실제 브레닌의 머릿속에서 어떤 생각이 일어나는지를 알아보는 실험적인 고찰이었다면, 나의 주장은 늑대를 의인화하는 우스꽝스러운 궤변이 될 것이다. 그러나 그런 목적은 아니라는 점을 서두에 밝혀 두고자 한다. 브레닌을 통해 얻은 교훈은 본능적이며 근본적으로 비인지적이다. 브레닌을 연구해서 얻은 결과가 아니라 삶을 공유하는 과정에서 얻은 교감이기 때문이다. 그리고 그런 교훈 중 많은 부분은 브레닌이 떠나기 전까지는 내가 이해하지 못했던 것들이다.

이 책은 철학서도 아니다. 최소한 내가 교육받은 협의의 철학이나 동료 교수들이 인정할 만한 철학은 아니라는 말이다. 주장은 있지만, 전제에서 결론으로 깔끔하게 전개하는 과정은 없다. 전제와 결론으로 묶어 두기에는 삶은 너무나 역동적이다. 오히려 책에서 전개되는 주제들이 서로 중복되는 것에 나는 놀랐다. 끙끙대다가 해결하지 못하고 잠자리까지 끌고 들어간 주제가 이후에 새롭고도 변이된 형태로 계속 등장하는 것이 정말 신기했다. 계속해서 천착하다 보니 나타나는 결과인 것 같았다. 삶은 쉽게 해결해 버리고 잠자리에 들 수 있는 사안이 아니었다.

이 책의 생각들은 내 머릿속에서 나온 것이지만 사실은 내 것이 아니다. 물론 니체Friedrich Wilhelm Nietzsch, 하이데거Martin Heidegger, 카뮈Albert Camus, 쿤데라Milan Kundera, 리처드 테일러Richard Taylor와 같은 사상가의 생각은 분명히 구분되겠지만, 이는 내가 다른 누군가의 생각을 빌려 왔다는 뜻이 아니다. 다시 한 번 비유의 힘을 빌리자면, 오직 인간과 늑대 사이의 공간에서만 나타날 수 있는 생각들이었다.

브레닌과 나는 앨라배마주 북동쪽 끝에 있는 리틀리버 캐니언으로 가서, 사실은 그러면 불법이지만 어쨌든 텐트를 치고 주말을 보내며 차가운 밤공기 속에서 달을 향해 울부짖곤 했다. 좁고 깊은 협곡의 음울하고 어두운 참나무와 자작나무 숲 사이로 햇빛은 거의 들지 않았다. 해가 협곡의 서쪽 가장자리를 지나고 나면 그림자는 짙은 덩어리처럼 응고되었다. 보이지도 않는 어두운 길을 따라 한 시간여를 천천히 걷다 보면 숲속의 빈터가 나타났다. 시간을 제대로 쟀다면 아마도 태양이 협곡을 넘어 떨어지려고 하는 찰나였을 텐데, 황금빛 오후 햇살이 빈터 가득히 반사되어 빛나고 있었다. 한 시간 동안 응고된 어둠 속에 숨어 있던 나무들도 그곳에서는 세월을 견딘 거대한 자태를 드러냈다. 빈터는 나무들이 어둠에서 빛으로 모습을 드러내는 공간이다. 이 책을 구성하는 생각은 더 이상 존재하지 않는 공간에서 태어났다. 그곳 없이 나 혼자서는 결코 다시 할 수 없는 생각들이다.

늑대가 없는 지금, 더 이상 그 공간도 존재하지 않는다. 내가 쓴 글이 너무 낯설어 나는 흠칫 놀란다. 내가 그런 생각을 해냈다는 자체가 나에게는 특이한 발상이다. 내 글 속의 생각은 내가 믿고 진실로서 지키기는 하지만 다시 생각해 낼 수는 없기 때문에 내 생각이 아니다. 이것은 빈터에서 탄생한 생각이다. 이것은 늑대와 인간 사이의 공간에만 존재하는 생각이다.

02

나의
늑대가 되어 줄래?

인생,
야생을 초대해 버렸다

　　　　　　　　브레닌은 절대 지프차 뒷좌석에 눕는 법
이 없었다. 늘 창 밖을 보기에 바빴기 때문이다. 여러 해 전, 앨라배
마주 터스컬루사에서 마이애미까지 약 1,300킬로미터를 운전해서
갔다 온 적이 있었다. 덩치가 큰 브레닌이 내내 뒷좌석에 서 있는
바람에 햇빛도 들어오지 않고 뒤차가 오는 것도 보이지 않았다. 그
러나 가까운 베지에Béziers로 가는 길 위에서 브레닌은 일어서지 않
았다. 아니, 일어설 수 없었다. 나는 비로소 브레닌이 세상을 떠난
것을 알았다. 브레닌을 이별 장소로 옮기는 동안에도 잠시라도 일
어난다면 하루만 더, 24시간만 더 기다려 보겠노라고, 혹시 기적이
일어날지 모른다고 혼잣말을 했다. 그러나 기적은 일어나지 않았
다. 지난 11년을 함께한 친구를 이제 보낼 때가 된 것이다. 그리고

남겨진 내가 어떻게 될 것인지는 나 자신도 몰랐다.

어두운 프랑스의 한겨울은 10여 년 전 6주 된 브레닌을 내 집으로, 나의 세계로 데려왔던 5월 초 앨라배마의 오후와는 전혀 딴판이었다. 과장이 아니라 정말 집에 도착한 지 2분 만에 브레닌은 거실의 커튼을 몽땅 잡아당겨서 바닥에 내동댕이쳤다. 내가 커튼을 다시 거는 동안 이번에는 정원으로 나가 집 밑으로 파고들었다. 집 뒤편에 바닥에서 좀 뜬 공간이 있는데 그곳으로 통하는 문이 마침 열려 있었던 것이다.

그곳에는 차가운 공기를 환기구로 보내는 에어컨의 말랑말랑한 파이프가 늘어져 있었는데 이 악동은 치밀하고 정교하게, 무엇보다도 민첩한 동작으로 그 파이프를 몽땅 물어뜯었다. 새롭고 익숙하지 않은 것을 보면 물어뜯는 것이 브레닌의 트레이드마크였다. 브레닌은 행위의 결과를 보는 것을 좋아해서, 언제나 물어뜯기를 시도하고 그 결과를 받아들였다. 그리고 망가뜨렸다. 브레닌과 함께한 지 한 시간 만에 1,000달러가 날아갔다. 500달러는 브레닌을 입양하는 데, 그리고 500달러는 에어컨을 수리하는 데 든 비용이었다. 당시 내 총 연봉의 20분의 1에 달하는 금액이었다. 이런 패턴은 우리가 함께 사는 동안 늘 새롭게, 상상을 초월하는 방식으로 반복되었다. 늑대를 키우는 비용은 만만치가 않다.

그러니 늑대 혹은 늑대의 피가 섞인 늑대개를 누가 키우려 한다면 당장 말리고 싶다. 아예 꿈도 꾸지 말라고 말이다. 녀석들은 개와 다르다. 그래도 정 키워야겠다면, 그때부터 인생이 완전히 달라질 것을 각오해야 한다.

큰 개가
필요해

당시 나는 터스컬루사라는 도시에 있는 내 첫 직장인 앨라배마 대학 철학과 조교수로 2년째 재직하고 있었다. 터스컬루사는 촉토족Choctaw, 아메리칸 인디언의 한 종족 말로 검은 전사 Black Warrior라는 뜻이며, 실제로 거대한 블랙 워리어 강이 이곳을 지나고 있다. 앨라배마 대학의 미식축구 팀인 크림슨 타이드에 대한 응원 열기는 터스컬루사 지역의 독실한 신앙심을 능가할 만큼 뜨겁기로 유명하다. 나는 이 지역 주민들이 철학 따위는 중요시하지 않는다고 생각하지만, 그래서 어떻단 말인가? 인생은 즐거웠고 나는 터스컬루사에서 정말 비할 데 없이 재미난 나날을 보내고 있었다. 그러나 어려서부터 집에서 그레이트 데인몸집이 엄청난 독일의 대형견처럼 큰 개들과 함께 자란 터라, 개가 몹시도 그리웠다. 그래서 어느 날 오후 터스컬루사 지역 신문에 난 광고를 뒤적이게 되었다.

미국은 그리 길지 않은 역사를 가진 나라이건만 사실, 독살, 덫 등 가능한 모든 방법을 동원해 늑대를 체계적으로 없애는 정책을 오랫동안 추구해 왔다. 그 결과 알래스카와 하와이를 제외한 미국의 48개 주에서는 야생 늑대가 거의 자취를 감추었다. 현재는 그 정책이 폐지되어 와이오밍, 몬태나, 미네소타, 5대호의 일부 섬들과 특히 미시간 북부의 아일로열섬을 중심으로 사라진 늑대들이 다시 모습을 드러내고 있는데, 이는 자연주의자 데이비드 미치 David Mech가 실시한 늑대에 관한 획기적인 연구에 힘입은 바 크다. 최근에는 농장주들의 격렬한 반대 시위에도 불구하고 미국에서 가장 유명한 옐로스톤 국립공원에 야생 늑대들을 방사하기도 했다.

그러나 앨라배마나 남부 쪽은 아직 늑대의 개체수가 증가하지 않고 있다. 코요테는 많지만, 루이지애나와 텍사스 동부의 습지에 붉은 늑대만 몇 마리 보일 뿐이고 그나마 그들이 늑대인지 아닌지도 확실하지 않다. 어쩌면 말로만 듣던 늑대와 코요테의 잡종인지도 모른다. 그러나 보통 회색 늑대로 잘못 알려진 검정, 흰색 또는 갈색의 늑대들은 미국 남부 주에서는 이제 옛날 이야기책에나 나오는 존재들이 되었다.

이런 실정이다 보니 '96퍼센트 새끼 늑대 판매'라는 광고를 보았을 때 나는 눈을 의심했다. 간단히 전화 통화를 한 뒤 차에 올라 북동쪽 방향으로 한 시간 거리에 있는 버밍햄으로 달렸다. 물론 앞으로 펼쳐질 나의 운명에 대해서는 전혀 모른 채 말이다. 잠시 후 나는 태어나서 본 적은 물론 들어 본 적도 없는 거대한 늑대와 눈을 마주보며 서 있게 되었다.

늑대 주인은 집 뒤쪽으로 나를 데리고 가서 동물들이 살고 있는 축사와 우리를 보여 주었다. '유콘'이라는 수컷 늑대는 우리의 인기척을 듣자 땅에서 솟아나기라도 한 것처럼 갑자기 축사 문을 향해 펄쩍 뛰어올랐다. 거대하고 위협적인 녀석은 키가 나보다 조금 더 컸다. 그래서 나는 고개를 들고 녀석의 얼굴과 독특한 노란빛 눈동자를 올려다보아야 했다. 하지만 내 기억 속에는 녀석의 발만 남아 있다. 사람들은 보통 늑대의 발이 얼마나 큰지 모른다. 늑대의 발은 개와는 차원이 다르다. 문 위로 발이 보이면 유콘이 등장하는 것이었다. 문에 걸친 녀석의 발은 내 주먹보다 커서, 털북숭이 야구 글러브 같았다.

　　이전에는 이런 이야기를 털어놓은 적이 없어서이기도 하겠지만, 사람들은 보통 늑대와의 첫 만남보다는 늑대를 키우는 것이 무섭지 않은지부터 묻곤 했다. 대답은 물론 '무섭지 않다'이다. 나는 내가 특별히 용감한 사람이라서 그렇다고 생각하고 싶지만 사실은 그 반대라는 증거가 너무나 많다. 한 가지 예를 들면, 나는 겁이 나서 독한 술을 마시지 않고는 비행기도 못 타는 위인이다. 그러니 불행하게도 내가 겁이 없다는 전제는 성립되지 않는다. 하지만 나는 개와 함께 있으면 아주 편안하다. 아마 내 성장 환경 덕분인 것 같다. 나는 비정상적인 가정의 비정상적 산물이다. 그러나 다행스럽게도 이런 비정상성은 적어도 내 생각으로는 개들과의 관계에 있어서만 그렇다.

나는 두세 살 정도였을 때 집에서 기르던 래브라도 '부츠'와 이런 놀이를 하곤 했다. 먼저 부츠가 바닥에 납작 엎드리면 내가 그 위에 타서 목덜미를 꽉 안았다. 그러면 아버지가 녀석을 불렀고, 번개처럼 빠른 젊은 부츠는 벌떡 일어나 눈 깜짝 할 사이에 달려 나갔다. 이 놀이에서 내 역할은 부츠의 목덜미를 꽉 잡고 등에 타 있는 것이었다. 그런데 한 번도 성공하지 못했다. 마치 식탁 위에 밥상을 차려 놓고 식탁보를 휙 잡아당기면 그릇들만 식탁에 남는 것처럼 말이다. 견공 마술사의 기술이 하도 번개 같아서 방금 전까지만 해도 함께 엎드려 있던 풀밭 그 자리에 나만 덜렁 얼이 빠져 앉아 있곤 했다. 가끔은 부츠가 좀 서툴러서 머리부터 풀밭으로 내동댕이쳐질 때도 있었다. 하지만 한 번도 아프다고 그만둔 적은 없었고, 오히려 재미있어서 벌떡 일어나 더 해 달라고 떼를 쓰곤 했다. 요즘처럼 아이가 다치지나 않을까 노이로제에 걸려 모든 위험을 차단하기 바쁜 시대에는 정말 상상조차 할 수 없는 일이다. 아마 아동보호소나 동물보호소, 아니면 두 군데 모두에 신고 전화를 거느라 난리가 날 것이다. 나는 아버지께서 이제 넌 너무 커서 무거우니 부츠와의 놀이는 그만이라고 선언했던 그날 내가 얼마나 화가 났는지 생생히 기억한다.

개와 우리 가족, 그리고 나는 사실 정상은 아니었다. 동물보호소에서 그레이트 데인을 입양해 오기도 했는데, 어떤 개는 사랑스러웠지만 또 어떤 개는 확실하게 정신적 문제가 있기도 했다. 누군가 눈이 파랗다고 해서 성의 없게 '블루'라고 이름을 지어 준 그레이트 데인이 좋은 사례이다. 부모님이 보호소에서 입양했을 때 블루는 세 살 정도였다. 곧 왜 보호소에 버려졌는지 이유가 드러났다. 사람이건 동물이건 무턱대고 무는 버릇이 있었던 것이다. 사실 블루로서는 억울할 것이다. 나름대로는 무는 이유와 대상이 있었기 때문이다. 그저 다양한 개성 중 한 가지라고나 할까? 블루는 자신과 한 방에 있는 사람을 떠나지 못하게 하려는 습성이 있었다. 따라서 블루와 단둘이 한 방에 있다가 일어날 수는 없었다. 누군가 다른 사람이 와야만 그 방을 탈출할 수 있었다. 물론 그 사람이 다시 방을 탈출하려면 또 다른 누군가가 들어와야 했다. 홀로 방을 떠나려는 사람의 하반신에는 평생 상처가 남게 될 것이다. 나의 친동생이 산증인이다. 그렇게 블루의 생활은 계속되었다.

　다른 정상적인 가정이라면 이런 블루를 안락사시켰겠지만, 우리 가족은 블루를 있는 그대로 받아들였으니 가히 비정상 가족이라 할 만하다. 게다가 이런 블루의 불편한 개성을 오히려 즐거운 놀이로 이용한 것은 더 엽기적이다. 사람을 다치게 하고 목숨까지 위협할 수도 있는 개는 안락사를 시키는 것이 합당하다고 누구나 생각할 것이다. 그러나 우리 가족은 블루의 개성을 놀이로 즐겼다. 녀석에게는 다른 개성도 많았고, 식구들은 그중 한 가지 개성 때문에 다리를 물리면서도 블루의 모든 것을 있는 그대로 받아들였다. 집안에서 유일하게 물리지 않고 블루를 떠날 수 있었던 것은, 내가 대학 진학을 위해 집을 떠났을 때뿐이었다. 블루가 준 상처는 동정하거나 걱정할 정도가 아니라 가볍게 웃으며 이야기할 수 있는 수준이었다.

　이런 엽기 집안에서 자란 내가 어디 가겠는가? 몇 년 전, 나는 프랑스의 한 마을에서 가까이 살던 도고 아르헨티노아르헨티나의 대형견와 매일 놀이를 하곤 했다. 이 견종은 몸집이 크고 털빛이 희며 힘이 좋은 개로, 커다란 불독이라고 보면 된다. 영국에서는 위험 견종 법률Dangerous Dogs Act, 1991년 발효된 위험한 개의 통제에 관한 법률에 따라 금지된 개이다. 강아지였을 때 녀석은 미친 듯이 정원 담장으로 달려와 껑충껑충 뛰며 나에게 만져 달라고 했다. 성견이 되고도 이런 버릇은 남아 있었다.

　그러나 어느 시점에 이제는 나를 물어도 되겠다고 판단한 것 같았다. 다행히 도고는 크고 강하지만 그다지 빠르지는 않다. 또 특별히 영리한 것도 아니다. 나를 물고 나서 이후 벌어질 상황에 대해 계산하는 녀석의 동태를 나는 쉽게 감지할 수 있었다. 그래서 우리는 매일 같은 놀이를 했다. 내가 지나가면 녀석은 담장으로 펄쩍 뛰어오르고, 몇 초 머리를 쓰다듬어 주는 동안 꼬리를 살랑살랑 치며 내 손의 냄새를 맡다가 갑자기 몸이 긴장하면서 입을 쩍 벌린다. 나를 물겠다는 것이다. 사실 그건 해치려는 것은 아니었다. 나를 좋아했지만 같이 있는 개들을 질투해서 그런 것 같았다. 나중에 그 사정을 설명할 텐데, 특히 다른 개들 중 한 녀석은 도고의 화를 부추기기도 했다. 아무튼 매번 내가 손을 홱 잡아 뺐으므로, 녀석은 빈 턱만 요란하게 닫곤 했다. 나는 내일은 좀 더 느리게 손을 빼서 한번 물게 해 줄까 생각하며 녀석과 헤어지곤 했다. 도고를 괴롭히려는 것은 아니었다. 그냥 놀이였고 언제쯤이면 나를 물려고 들지 않을까 정말 궁금했다. 그러나 도고는 절대 포기하지 않았다.

　나는 단 한 번도 개를 무서워해 본 적이 없다. 이 성향은 자연스럽게 늑대에게도 이어졌다. 나는 난생처음 보는 그레이트 데인을 대하듯 유콘을 대했다. 편안하고 친근하게, 하지만 기본 수칙을 지키면서. 유콘은 블루나 내 친구 도고와는 전혀 달랐다. 당당하고 활발하며 착한 늑대였다. 물론 착한 동물이라도 사람과 오해가 생길 수 있다. 늑대도 마찬가지인지는 잘 모르겠지만, 보통 개들은 사람의 손이 보이지 않을 때 물려고 한다. 자신의 머리나 목 뒤편을 쓰다듬는 손이 보이지 않는 순간, 공격당할지 모른다는 두려움에 휩싸이기 때문이다. 그래서 나는 유콘이 내 손의 냄새를 맡도록 내버려 두었고 목과 가슴 앞쪽을 쓰다듬으며 나에 대해 편안히 느낄 때까지 기다렸다. 우리는 급속도로 친해졌다.

　아마 다양한 가문비나무 종 중 하나에서 이름을 딴 듯한 브레닌의 어미 '싯카'는 유콘만큼 키가 컸지만 팔다리가 훨씬 길고 날씬했다. 내가 사진에서 본 가늘고 긴 늑대의 모습에는 어미가 더 가까웠다. 늑대에도 여러 하위 종들이 있다. 싯카는 알래스카 둔드라 늑대라고 들었다. 반면에 아빠 유콘은 캐나다 북서부 매켄지 밸리의 늑대였다. 새끼들에게는 조상들로부터 물려받은 다양한 종의 특성이 드러나 있었다.

싯카는 발밑을 뛰어다니는 여섯 마리의 새끼 곰들 때문에 정신이 없어 나에게 큰 관심을 둘 수가 없었다. 동글동글하고 부드럽고 털이 복슬복슬한 것이, 뾰족한 데라고는 하나도 없었기 때문에, 내가 생각할 수 있는 가장 적절한 표현은 새끼 곰이었다. 회색 곰도 있었고 갈색 곰도 있었는데 세 마리는 수컷, 세 마리는 암컷이었다. 새끼 늑대라니, 그냥 구경이나 한번 하고 집으로 가서 천천히 고민해 보려고 찾아간 것이었다. 그런데 새끼들을 보는 순간, 오늘 빈손으로 돌아갈 수 없다는 것을 알았다. 녀석들을 보자마자 나는 번개같이 수표책을 꺼내 들었고, 주인이 수표를 받지 않는다고 말하기가 무섭게 차를 몰아 가장 가까운 현금인출기로 가서 현금을 찾아 왔다.

입양할 녀석을 고르는 것은 생각보다 쉬웠다. 수컷을 원했으므로 일단 후보가 셋으로 줄었다. 셋 중 가장 큰 놈은 회색이었는데, 나중에 커서 아빠와 똑같은 모습이 될 것이라는 것을 쉽게 알 수 있었다. 개들의 습성을 잘 알고 있었기 때문에 나중에 이 녀석이 문제가 될 것도 눈에 보였다. 두려움이 없고 에너지가 넘치며 다른 새끼들 위에 군림하고 있는 녀석은 알파 수컷동물학에서 말하는 우두머리 수컷이 될 운명이었다. 블루의 이미지가 퍼뜩 스쳐 가면서 내가 생애 처음 키워 보는 늑대인 만큼, 호기를 부리기보다는 신중해야겠다고 판단했다. 그래서 나는 두 번째로 큰 수놈을 골랐다. 갈색의 털빛은 작은 새끼 사자를 연상하게 했다. 자연스럽게 웨일스어로 왕이라는 뜻의 브레닌Brenin이 떠올랐다. 고양이를 따서 이름을 지었다고 투덜댈지 모르지만 어쩔 수 없었다.

사실 어떤 면으로도 고양이의 모습은 전혀 없었다. 오히려 알래스카주의 드날리 국립공원 근처에서 온 그리즐리 베어북미의 갈색 곰의 새끼처럼 보였다. 당시 생후 6주였던 브레닌은 검은 얼룩이 있는 갈색 털에 꼬리 끝부터 주둥이 아래까지 이어지는 크림색 배를 가지고 있었다. 발과 머리가 크고 다리가 단단한 것이 새끼 곰처럼 탄탄해 보이는 몸이었다. 눈은 꿀처럼 매우 어두운 노란색으로 자라면서 한 번도 변한 적이 없다. 강아지처럼 사람을 따르는 편은 아니었다. 아무리 기억을 더듬어 보아도 활발하게 사람에게 애교를 부리지는 않았던 것 같다. 그보다는 오히려 의심하는 성향이 강했다. 이 성향은 이후 나 이외의 사람에 대해서는 변하지 않았다.

이상하게도 나는 브레닌, 유콘, 싯카에 대한 이 모든 것들이 다 기억난다. 브레닌의 꿀처럼 노란 눈을 내 눈 가까이 들어 올려 바라본 것이 기억난다. 내 손 안에 그 부드러운 털 뭉치를 들어 올렸을 때의 느낌을 기억한다. 유콘이 뒷발로 일어서 큰 앞발을 문에 얹고 나를 내려다보던 것이 생생히 기억난다. 새끼들이 서로 즐겁게 뒹굴며 우리 안을 뛰어다니던 모습도 기억난다. 그러나 브레닌을 팔았던 사람에 대해서는 아무것도 기억나지 않는다. 그때부터 시작되었다, 향후 내 인생을 더욱 강하게 특징지을 방향은. 나는 인간에 대해서는 더 이상 관심을 가지지 않게 된 것이다. 늑대는 개들과는 차원이 다른 방식으로 우리의 삶을 지배한다. 그리고 사람은 점점 중요하지 않게 된다. 브레닌과 부모, 새끼 형제들에 관해서는 작은 것 하나까지 모두 기억난다. 생김새, 느낌, 행동, 소리와 냄새까지. 활발하고 복잡하고 풍부하고 화려한 그 모든 상세한 것들이 아직도 내 마음속에 어제 일처럼 생생히 남아 있다. 하지만 주인에 대한 기억은 희미하기만 하고 짤막한 요약문처럼 남아 있다. 그의 이야기가 기억날 뿐 사람 자체는 생각나지 않는다.

　그는 알래스카에서 함께 기르던 늑대 한 쌍을 데리고 이주해 왔다고 했다. 주법인지 연방법인지는 모르겠으나 순수 혈통의 늑대를 사고팔거나 기르는 것은 불법이었다. 늑대와 개의 혼혈종만 법적으로 허용되고 최대 96퍼센트까지 늑대 혈통이 허용되었다. 하지만 그는 나에게 사실 이들이 늑대개 혼혈종이 아니라 늑대라고 했다. 불과 몇 시간 전까지만 해도 내가 늑대개를 입양하리라고는 상상도 못 했으니, 사실 나는 신경도 쓰지 않았다. 그에게 500달러를 지불하고 나니 은행에 거의 잔고가 남아 있지 않았다. 브레닌을 데리고 집으로 돌아온 그날 오후부터 우리의 관계를 어떻게 규정할지에 대한 치열한 고민이 시작되었다.

요 녀석,
귀엽지만 파괴적인

　　　　　　　　　　처음 15분 정도 파괴적인 신고식이 끝나고 난 다음, 브레닌은 깊은 우울에 잠겨 내 책상 아래 틀어박혀 나오지도, 먹지도 않았다. 이틀을 그렇게 보냈다. 다른 새끼들과 떨어진 것에 충격을 받은 것 같아, 불쌍하고 미안한 마음이 들었다. 새끼들 중 한 마리를 더 입양해서 키우고도 싶었지만 돈이 없었다. 하루이틀이 지나자 브레닌의 기분이 회복되었다. 함께 살기 위한 첫 번째 규칙은 매우 명확해졌다. 브레닌을 어떤 상황에서도 집 안에 혼자 남겨 두지 말 것. 이 규칙을 어길 경우 집은 쑥대밭이 되고 말았다. 커튼이나 에어컨 파이프는 서곡에 불과했다. 가구와 카펫 일체가 포함되었고 카펫에는 흙발로 짓밟아 더럽히는 옵션도 포함되었다. 늑대는 정말 너무나 빨리 지루함을 느껴서 30초도 못 되어 집중력이 분산되는 동물이었다. 브레닌은 지루해지면 물건을 물어뜯거나 오줌을 갈겨 댔다. 아니면 물어뜯고 나서 그 위에 오줌을 싸기도 했다. 오줌부터 싸고 나서 물어뜯는 경우도 많았는데, 흥분한 상태에서는 오줌을 먼저 쌌는지 물어뜯기를 먼저 했는지 순서도 뒤죽박죽이 되어 알지 못했다. 어쨌든 결론은 내가 가는 곳에 항상 브레닌도 함께 가야 한다는 것이었다.

　　물론 함께 가는 존재가 늑대일 경우 '어디든 데리고 간다'는 규

칙은 정상적인 취업의 기회를 배제하는 결과를 초래한다. 이것만
해도 늑대를 키워서는 안 될 이유로 충분하다. 그러나 운이 좋게도
대학 교수였던 나는 매일 출근할 필요가 없었다. 때마침 3개월간
의 여름방학 기간이었기 때문에 아예 학교에 가지 않아도 되었다.
브레닌의 엄청난 파괴 본능을 이해하고 나와 함께 의무적으로 출
근할 수 있도록 준비하기에는 최적의 조건이었다.

　혹자는 늑대는 절대 훈련시킬 수 없다고 말한다. 그 말은 틀린
말이다. 방법만 잘 찾으면 무엇이든 훈련이 가능하다. 물론 방법을
찾는 것이 관건이다. 늑대를 제대로 훈련시키는 것은 매우 어려운
일이지만 내가 아는 한 가지 좋은 방법이 있다. 이 방법은 개에게
도 마찬가지로 적용된다. 일반적으로 가장 큰 오해는 훈련이 자존
심과 관계 있다고 보는 것이리라. 즉 훈련을 기 싸움으로 보고, 개
를 굴복시켜야 한다고 믿는 것이다. 실제로 '훈련시킨다'는 말을 들
으면 대부분의 사람들은 굴복시키는 것을 연상한다. 이는 훈련을
너무 사적으로 받아들이는 데서 발생한 문제이다. 남성들이 보통
훈련을 이런 식으로 이해하기 때문에, 개가 조금이라도 말을 듣지
않으면 자신이 남자로서 무시당했다고 모욕감을 느껴 분풀이를 한
다. 개 훈련의 첫째 규칙은 개인적 입장을 덮어 두어야 한다는 것이
다. 훈련은 기 싸움이 아니다. 만약 그렇게 생각한다면 결과는 심각
하게 잘못될 것이다. 크고 공격적인 개를 이런 생각으로 훈련한다
면 틀림없이 그 개는 좋은 성향을 가지기 힘들 것이다.

반대의 실수는 길들이는 것이 아니라 보상을 통해서 개를 복종시킬 수 있다는 믿음이다. 보상에는 여러 형태가 있다. 어떤 사람들은 정말 간단한 임무를 수행했을 뿐인데도 개들의 입에 끝없이 강박적으로 먹이를 넣어 주기도 한다. 이 경우 가장 뚜렷한 결과는 살이 찌고, 먹이를 주지 않거나 주변에 고양이나 개 혹은 조깅하는 사람들처럼 먹이보다 더 흥미로운 대상이 있으면 복종하지 않는 것이다. 먹이보다 더 흔한 보상은 쉴 새 없이 무의미한 말을 던지는 것이다. '착하지', '아이, 똑똑해', '이쪽으로', '옆에 서', '아이고, 예뻐' 등 끝도 없다. 보통 이런 끝없는 잔소리는 메시지를 강화하기 위해 성가시게 목줄을 약간씩 잡아당기면서 한다. 사실 이러면 개를 훈련하는 효과가 하나도 없다. 하물며 늑대는 말할 것도 없다. 끝없이 이야기를 하거나 건성으로 목줄을 당기면 훈련하는 사람을 쳐다볼 필요가 없어진다. 사실 개는 사람이 무엇을 하든 신경 쓸 이유가 없다. 무슨 일이 벌어지든 주인이 다 알려 주니 내키는 대로 행동하면 되고, 결국 주인의 지시를 따르는 것조차도 멋대로 하게 된다.

사람들은 보통 개들이 언제나 '주인'을 기쁘게 하려고 애쓰기 때문에, 주인이 원하는 것을 하고 싶어 한다고 생각한다. 그래서 주인이 원하는 행동이 무엇인지 정확히 설명해 줘야 한다고 믿는다. 나는 그런 말을 지겹도록 들었다. 정말 말도 안 되는 얘기이다. 사람이 남에게 복종하기를 원하지 않는 것처럼 개들도 마찬가지이다. 왜 복종해야 한단 말인가? 훈련의 핵심은 다른 선택지가 없다고 믿게 하는 것이다. 기 싸움으로 굴복시켜 비참하게 만들려는 것이 아니라, 차분하지만 단호하게 불가피한 상황을 받아들이게 만드는 것이 훈련의 목적이다. 특히 기 싸움의 대상이 늑대라면, '지금 다른 선택지는 없으니 이 상황에 맞게 행동하라'라는 메시지를 줘야 한다. 훈련을 시키는 주체는 내가 아닌 세상이다. 물론 늑대에게는 크게 위로가 되지 않겠지만, 어떤 상황에서도 명령에 굴복해야 하는 지배적이며 자의적인 권위가 아니라, 세상이 늑대에게 원하는 것이 무엇인지를 알려 주는 교육자로서 조련사의 위치를 정확히 잡아 준다는 것이 이러한 관점의 미덕이다. 개의 훈련 방식 중 이러한 태도를 예술의 경지로 올려놓은 사람이 윌리엄 쾰러William Koehler, 군용견 조련사이자 월트 디즈니사 소속 동물조련사이다.

예닐곱 살쯤 되었을 때 나는 토요일 아침이면 친구와 함께 영화를 보러 가곤 했다. 엄마가 내게 준 10페니를 꼭 쥐고 3킬로미터 정도 떨어진 읍내 극장까지 걸어갔다. 영화는 5페니였고 3.5페니로는 맥콜라 한 잔을 샀다. 당시 웨일스까지는 맥도날드가 들어오지 않았기 때문에 맥콜라는 맥도날드의 정품 콜라가 아니라 맥피셔리즈가 판매하던 콜라의 이름이다. 당시 영화 중 기억나는 것은 하나뿐인데, 그중에서도 단 한 장면만이 기억난다. 〈스위스 패밀리 로빈슨Swiss Family Robinson〉이라는 디즈니 영화에서, 집에 침입한 호랑이가 그레이트 데인 두 마리에게 쫓겨나는 장면이다. 이 장면은 나에게 깊은 인상을 주었다. 물론 내가 그레이트 데인을 키우며 자랐기 때문일 것이다. 그 장면은 동물조련사인 퀼러의 작품이었다. 여섯 살배기 꼬마였던 나는 내가 20년이 지나서 퀼러의 방법으로 늑대를 조련하리라고는 상상조차 못 했을 것이고, 더욱이 그게 그렇게 기쁠 줄도 몰랐을 것이다.

　　이 사건은 내 인생에 불쑥불쑥 나타나는 우연 때문에 일어났다. 늑대를 입양하기 몇 개월 전, 나는 앨라배마 대학의 도서관에서 책 한 권을 발견했다. 비키 헌Vicki Hearne, 미국의 작가, 철학자 겸 동물조련사의 《아담의 임무Adam's Task》였다. 헌은 전문 동물조련사로 자신의 전문성을 가벼운 철학 이론과 접목시킨 사람이다. 사실 이런 종류의 책은 그다지 많지 않다. 그녀는 철학자라기보다는 조련사에 더 가까웠다고 말할 수 있겠다. 헌의 저서에 등장하는 철학은 오스트리아의 철학자 루트비히 비트겐슈타인Ludwig Wittgenstein이 주창한 언어철학을 차용한 듯 보였다. 그럼에도 나에게만큼은 흥미롭고 시사하는 바가 많은 책이었다. 그녀의 언어철학은 다소 혼란스러웠지만 한 가지 명쾌한 점은 최고의 조련사로 퀼러를 꼽은 것이었다. 따라서 브레닌이 우리 집에 왔을 때 나는 같은 철학자로서 느낀 연대감에 따라 이미 앞으로 내가 나아갈 방향을 알고 있었다.

　　우리끼리 얘기지만 사실 퀼러는 약간 비정상적이었다. 몇 가지 극단적인 방법은 따라 하고 싶은 마음이 전혀 들지 않았다. 예를 들어 개가 정원에 구덩이를 파는 데 집착하면 퀼러는 그 구덩이에 물을 채운 다음 개의 머리를 거기에 처박으라고 조언한다. 개가 구덩이를 계속해서 파건 파지 않건 5일을 이렇게 반복한다. 구덩이를 싫어하도록 조건을 만드는 것이 목적이다. 이는 고전적 행동주의Behaviorism 원칙에 따른 방법으로, 거의 대부분 성공하게 되어 있다 행동주의는 20세기 심리학사의 큰 조류 중 하나로, 행동은 학습에 따라 수정될 수 있다는 입장을 펼쳤다. 미군이 이런 방식으로 반군에게 고문을 가했고, 악명 높은 아부 그라이브 교도소의 무고한 희생자들도 여기에 포함된다(퀼러의 저서에서 직접적으로 개에게 물고문을 하라는 글을 읽은 적은 없지만 허용할 것이 의심된다).

퀼러의 조언은 브레닌이 구덩이를 파던 시기에 내게 큰 도움이 될 수도 있었다. 이 시기는 4년 내리 계속되었고 실제로 정원 몇 개가 솜 강1·2차 세계대전의 격전지인 프랑스의 강처럼 폐허가 되고 말았다. 그러나 나는 퀼러의 방법을 쓸 생각이 손톱만큼도 없었다. 나는 항상 정원보다는 브레닌이 훨씬 더 좋았으니까. 그리고 어쨌든 참호전을 연상케 하는 모습이 나중에는 나름 예술적인 조경 작품으로 느껴져서 나쁘지 않았다.

그러나 극단적인 부분을 제외하고 나면 일반적으로는 퀼러의 방식이 매우 간단하고 효과적인 원칙, 즉 개나 늑대에게 행동으로 보여 준다는 원칙에 근거한다는 것을 알 수 있다. 나는 이 점에서는 퀼러에게 매우 감사한다. 그래서 내가 브레닌을 훈련시키는 핵심은 차분하지만 단호하게 내가 하는 행동을 보여 주는 것이었다. 개이건 늑대이건 사람이 먼저 행동을 보여 주고 주도권을 넘겨주는 것은 훈련에서 가장 중요하다. 늑대에게는 이것이 특히 더 중요하고 어렵다. 개들은 자연스럽게 할 수 있지만 늑대들은 설득해야 한다. 그 이유는 그들이 경험한 사뭇 다른 역사 때문이다.

왜 복종해야
한단 말인가

지난 몇 세기 동안 개와 늑대 중 누가 더 영리한지에 대한 수많은 연구가 있었다. 내가 보기에 이런 연구들은 결국 하나의 결론, 즉 어느 쪽도 아니라는 결론에 도달하기 마련이다. 늑대와 개의 지능은 서로 다른 환경에서 형성되었기 때문에 역시 서로 다른 필요에 따라 반응하므로 우위를 가를 수 없다. 일반적으로 늑대는 문제를 해결하는 데 있어 더 우월하지만, 훈련을 받는 데에는 개들이 늑대보다 더 탁월하다.

문제를 해결하려면 동물이 수단·목표 추론Means-end reasoning 형식으로 접근할 수 있어야 한다. 미시간-플린트 대학의 해리 프랭크Harry Frank 심리학 교수는 늑대가 우리의 문을 열고 밖으로 나가는 방법을 어떻게 배웠는지에 대해 보고서를 썼다. 문을 열려면 문고리를 먼저 문 쪽으로 민 다음 돌려야 했다. 말라뮤트알래스카 지방에서 썰매개로 쓰이던 대형견의 경우, 같은 우리 속에 살면서 6년간 문 여는 모습을 보았지만 혼자서는 문을 열지 못했다. 말라뮤트와 늑대의 혼혈종은 이 기술을 2주 만에 습득했다. 늑대는 혼혈종이 문 여는 모습을 단 한 번 관찰하고 바로 방법을 터득했다. 하지만 기술은 달랐다. 혼혈종은 주둥이를 쓴 반면 늑대는 앞발을 썼다. 늑대는 늑대개의 행동을 그대로 따라 한 것이 아니라 문제의 본질과 해결책을 파악한 것 같았다.

계속된 실험을 통해 늑대가 개보다는 수단과 목표를 추론하는 데 더 우월하다는 것이 확인되었다. 반면 개는 지시나 훈련이 필요한 임무에서는 더 뛰어났다. 개와 늑대 모두 불빛이 깜박일 때마다 오른쪽으로 돌게 훈련시킨 한 실험에서 개들은 성공했지만, 늑대들은 최소한 실험 기간 동안에는 원하는 반응을 보이지 않았다.

첫 번째 실험에서는 해결할 문제가 역학적이다. 추구하는 목표는 우리 밖으로 나가는 것이며, 그러려면 정확한 방법과 순서에 따라 문고리를 밀어 돌리고 나가는 수밖에 없다. 그러나 훈련 실험에서는 깜박이는 불빛과 오른쪽으로 도는 것 사이에 역학적 관계가 전혀 없다. 왜 왼쪽은 안 되는가? 왜 돌아야 하는가? 깜박이는 불빛과 그에 따라 요구되는 행동 간의 상관관계는 다분히 인위적이다.

늑대와 개가 왜 이렇게 다른지 쉽게 이해할 수 있다. 늑대들은 역학적 세계에 살고 있기 때문이다. 예를 들어 바위에 부러진 나뭇가지가 아슬아슬하게 걸려 있을 때 늑대는 그 아래로 지나면 위험하다는 것을 직관적으로 안다. 과거에 이런 위험을 몰라 계속 지나갔던 선조는 이미 죽어서 없어졌을 것이고, 지금 살아남은 늑대는 그런 위험을 알고 생존한 선조의 후손일 것이다. 따라서 나무, 바위와 위험 사이의 상관관계를 모르는 늑대는 야생에서 살아남아 자손을 번식시킬 확률이 줄어든다. 늑대의 환경은 이런 식으로 역학적 지능이 있는 개체를 선택하는 것이다.

그럼 이번에는 개의 세계를 보자. 개들은 역학보다는 마법의 세계에 살고 있다. 내가 일을 나와 집을 비울 때 나는 아내 엠마에게 전화를 건다. 독일산 셰퍼드와 말라뮤트의 혼혈인 '니나'는 내 목소리만 들으면 흥분해서 펄쩍펄쩍 뛰며 짖기 시작한다. 아내가 팔을 뻗어 수화기를 주면, 니나는 정신없이 수화기를 핥아 댄다. 개들은 마법에 익숙하다. 책상 위에 놓인 요상한 물체를 들면 그 속에서 무리의 알파 수컷 소리가 뜬금없이 들려올 것이라고 어떻게 예상할 수 있을까? 마찬가지로 벽에 붙은 스위치를 켜면 어둠이 걷히고 빛이 쏟아진다고 어떻게 짐작할 수 있을까? 개의 세계는 역학적으로는 전혀 말이 되지 않는다. 말이 된다고 해도 개가 이를 통제할 수는 없다. 스위치를 켤 수도, 전화기 다이얼을 돌릴 수도, 자물쇠에 열쇠를 꽂을 수도 없다.

이쯤에서 자중하지 않으면 체화된 인지론Embodied and embedded cognition 강의로 넘어가 버릴지도 모르겠다. 내 본업의 세계에서 나는 정신은 본질적으로 주변 세계가 체화된 것이라는 주장을 한 선발주자 중 한 사람으로 통한다. 체화된 인지론은 몸과 마음은 유기적으로 하나의 전

제를 이룬다고 주장한다. 이 관점은 데카르트 이래 서구 철학의 전통이 된 정신과 육체의 이원론에

정면으로 맞서며. 정신은 뇌의 신경작용에 지나지 않는다는 현대과학의 주류적 입장에서 과감하게

탈피해 있다. 오늘날 철학·인지과학·신경과학 분야가 새롭게 주목하고 있는 뜨거운 화두이다. 정

신의 활동은 우리 머릿속에서만 일어나는 것이 아니며, 단지 뇌의

프로세스인 것도 아니다. 오히려 우리가 세상에서 하는 활동, 특히

환경을 조작·변형하고 이용하는 것과 연관되어 있다. 그러고 보니

강의는 이미 시작된 것 같다. 어쨌든 이런 견해의 선조 격인 러시아

의 심리학자 레브 비고츠키Lev Vygotsky는 동료 안톤 루리아Anton Luria

와 함께 기억력과 그 밖의 정신 활동이 외부 정보 저장 장치의 발전

과 함께 얼마나 변화했는지를 보여 주었다. 원시 문화의 탁월한 자

연적 기억력은 인류가 기억 저장을 위해 개발한 문자 언어에 의존

하면서 점차 약해졌다. 진화의 역사에서 보면 문자 언어의 발달은

매우 최근의 현상임에도 불구하고, 문자가 기억력과 그 밖의 정신

활동에 미치는 영향은 매우 강력하다.

간단히 말해 개는 늑대와 매우 다른 환경을 체화해 왔다. 따

라서 개의 심리적 프로세스와 능력은 매우 다른 방식으로 발달되

어 왔다. 특히 개는 사람에게 의지하도록 강요되었다. 개는 거꾸로

인간을 이용해 다양한 인지 및 기타 문제들을 해결하는 능력을 고

안했다. 개의 입장에서 보면 인간은 매우 유용한 정보 처리 장치이

다. 인간은 개의 연장된 정신 중 하나가 된다. 해결할 수 없는 역학

적 문제에 직면하면 개는 어떻게 할까? 인간의 도움을 구한다. 이

문장을 쓰는 지금도 간단하지만 생생한, 그러한 사례가 떠오른다. 니나는 문이 닫혀 있을 때 집 밖 정원으로 나가고 싶으면 문 옆에 서서 나를 쳐다보곤 했다. 내가 자기를 보지 않으면 영리하게도 가볍게 짖어 내 주의를 끌었다. 늑대의 환경은 역학적 지능에 선택되어 있다. 그러나 개의 환경은 사람을 이용하는 것에 맞추어져 있다. 인간을 이용하기 위해서는 인간의 표정을 읽을 줄 알아야 한다. 영리한 개가 해결할 수 없는 문제에 직면했을 때 가장 먼저 하는 일은 주인의 표정을 살피는 일이다. 마법의 세계에 길든 개들에게 이것은 매우 자연스러운 반응이다. 그러나 늑대는 그렇지 않다. 늑대를 훈련시키려면 먼저 특정 행동을 하도록 유도해야 한다.

물론 이것은 모두 시간이 한참 지나고 나서 추론한 끝에 내린 결론들이다. 당시에는 아무것도 몰랐다. 내가 이런 주제에 대한 책을 처음 출간할 당시 브레닌은 이미 나이가 많이 들어 있었다. 그리고 나는 아직도 내 견해를 가다듬느라 애쓰고 있다. 내가 늑대를 훈련하기 위해 선택한 방법이 왜 효과적이었는지, 이렇게 여러 해가 지난 후에야 내 자신이 정립한 철학 이론을 통해 알게 된 것은 매우 흥미롭다. 아마 내가 훈련 과정에서 무의식적으로 이후 이론을 정립할 방법에 대해 생각하고 있었던 것 같다. 만약 그렇다면, 이것역시 앞서 언급한 우연한 행운 중 하나가 아닐까 한다.

목줄 풀고
나란히 걷기

훈련은 쾰러 방법에 따라 먼저 4.5미터 길이의 밧줄을 하나 구해 목줄을 만드는 것부터 시작했다. 목줄은 초크 체인사나운 개를 훈련시키거나 묶을 때 쓰는, 날뛰면 죄는 목걸이에 연결시켰다. 초크 체인은 잔인한 것이 아니라 효과적 훈련을 통해 개에게 요구하는 바를 정확히 전달하기 위해 반드시 필요한 도구이다. 일반 개 목걸이로는 정확한 의사전달이 어렵고, 결과적으로 훈련도 더 오래 걸린다. 넓은 뒷마당에는 세 개의 긴 말뚝을 땅에 박아 눈에 띄도록 표지로 세워 두었다. 나는 내가 원하는 때, 원하는 말뚝으로 이리저리 움직였다. 아무 감정 없이 브레닌을 보지 않거나 심지어 존재조차도 무시한 채 이 작업을 했다.

성공적이고 지능적인 훈련을 위해서는 항상 개의 입장에 서 보는 것이 매우 중요하다. 아직도 동물에게 생각하고 믿고 추론하고 심지어 느끼는 '정신'이 있는가라고 질문하는 철학자들이 있다는 모순적인 사실이 나에게는 매우 흥미롭다. 이런 철학자들에게 나는 책은 그만 덮어 놓고 개를 한번 훈련시켜 보라고 권하고 싶다. 훈련을 진행하다 보면 늘 예상치 못했던 상황에 부딪히게 마련이다. 개들은 하라는 대로 하지 않으며, 책에서는 그에 대한 해답을 찾을 수 없다. 쾰러처럼 일가견 있는 전문가의 책에서도 말이다. 유일한 방법은 개의 입장에서 생각해 보는 것이다. 그러면 보통 답이 나온다.

　브레닌의 입장이 되어 보자. 자신이 원하는 방향으로 움직이려고 하면 4.5미터의 줄을 당기느라 힘을 쓰게 된다. 브레닌이 나와 반대 방향으로 가려고 하면 당기는 강도는 더욱 커진다. 따라서 이 불편한 느낌을 받지 않으려면 내가 가는 방향을 주시하고 따라와야 한다는 것을 곧 깨닫게 된다. 처음에는 줄이 최대한 팽팽해질 때까지 걸어간 다음 나를 쳐다보았다. 이렇게 하자 내가 줄을 홱 잡아당기기가 더 수월해졌고 또 그렇게 했다. 브레닌은 그제야 내 쪽으로 다가왔다. 이제는 나보다 약간 앞서서 걸으려 했고, 내가 무엇을 하려는지 곁눈질로도 충분히 보일 만큼 떨어져서 걷게 되었다. 보통 이런 현상이 발생한다. 나는 이 행동을 교정하기 위해 갑자기 브레닌 쪽으로 몸을 돌려 갈비뼈 쪽을 덤덤하게 아프지 않을 만큼 무릎으로 쳤다. 그 이후에 브레닌은 똑똑하게도 내 뒤에서 걷기 시작했다. 나는 이번에는 갑자기 멈추고 브레닌 쪽으로 다시 걸어가 발을 밟았다. 그러자 녀석은 최대한 떨어져 걸었다. 그러다 보면 다시 줄 길이만큼 멀어지고, 이렇게 되면 또 목줄이 팽팽해져 홱 잡아당길 수밖에 없게 된다. 이제 다시 원점으로 돌아갔다. 이 모든 것은 묵묵히, 그리고 담담하게 진행된다. 이것이 바로 킬러 방식의 조용하지만 냉정한 얼굴이다. 늑대가 일부러 그러는 것도 아닌데 실수했다고 화낼 일은 아니다. 할 수 있는 모든 방법을 다 동원해 본

브레닌은 결국 남은 방법은 나에게 협조하는 것뿐이라는 것을 깨달았다. 마침내 녀석은 내 옆에서 나란히 보조를 맞추어 걷게 되었다.

늑대를 키우던 사람까지도 늑대에게 목줄을 걸고 걷도록 훈련시키는 것은 불가능하다고 했다. 이런 사람들은 십중팔구 늑대, 늑대개 또는 개를 뒷마당에서만 풀어 키우는 사람들이다. 나는 이 것이 구류형에 처해야 할 범죄 행위라고 생각한다. 자신들이 키우는 동물의 입장이 되어 보면 곧 이해가 될 것이다. 줄을 잡고 브레닌을 걷게 만드는 데는 2분밖에 걸리지 않았다. 늑대를 나란히 걷게 하는 것은 불가능하다고 말한 사람들도 있었는데, 이것은 10분 더 걸렸다.

일단 줄을 잡고 걷는 법을 익히고 나자 줄을 풀고 브레닌을 걷게 하는 것은 놀랄 만큼 쉬웠다. 무엇보다도 자기가 어떻게 해야 하는지를 이미 알고 있었기 때문이다. 먼저, 줄이 묶여 있는 상태에서 내가 줄을 잡지는 않고 훈련을 했다. 이것이 성공하자 다음은 줄을 아예 풀고 함께 걸었다. 이때 드로우 체인의 사용이 필수적이다. 이것은 작은 초크 체인이라고 볼 수 있는데, 실제로 나는 소형견용 초크 체인을 사용했다. 브레닌이 내 발치를 벗어나면 나는 먼저 드로우 체인을 흔든 다음 브레닌에게 던졌다. 체인이 몸에 부딪칠 때는 아프지만 고통은 금방 사라진다. 물론 상처가 나는 일도 없다. 어떻게 아냐고? 퀄러 프로그램 중 이 부분에 대해서는 나도 신중해서, 친구에게 먼저 나를 향해 드로우 체인을 몇 번 던져 보라고 했다. 브레닌은 체인을 흔드는 소리가 들리면 곧이어 불쾌한 느낌이 따라올 것을 금세 터득해, 더 이상 체인을 던질 필요도 없게 되었다. 하루 30분씩 훈련해서 4일 만에 목줄 없이도 나란히 걷기에 성공했다.

나는 브레닌에게 꼭 필요한 것만을 가르쳤다. 재주를 가르칠 필요는 전혀 못 느꼈다. 자기가 바닥에 뒹굴고 싶지 않은데 내가 왜 그것을 시켜야 하는가? 심지어 브레닌에게 바닥에 앉으라고 시킬 필요도 느끼지 못했다. 앉건 서건 그것은 브레닌이 알아서 결정할 일이다. 나란히 걷는 것은 이제 당연한 행동이 되었다. 꼭 알아야 할 것은 네 가지뿐이었다.

가! : 가서 냄새를 맡아.
멈춰! : 거기 서 있어.
이리 와! : 나한테 와.

그리고 다음은 무엇보다 중요한 것이다.

나가! : 혼자 있고 싶으니 나가 있어.

각각 발음은 으르렁대는 소리처럼 짧고 강하게 했다. 이후에는 손가락으로 딱 소리를 내거나 수신호를 이용해서 훈련했다. 여름이 끝날 무렵 브레닌은 완전히는 아니지만 거의 기본 언어와 비언어 신호에 익숙해졌다. 이 부분에 너무 지나치게 자신한다는 것도 알고 있다. 그러나 이 훈련은 내가 브레닌에게 준 최고의 선물이었고 내 생애 최고의 업적 중 하나이다.

어떤 사람들은 개를 훈련시키는 것, 특히 늑대를 훈련시키는 것은 동물의 본능을 모두 꺾어 가축처럼 만드는 잔인한 행위라고 생각한다. 그러나 개나 늑대가 해야 할 일, 해서는 안 될 일이 무엇인지를 알면 본능이 약화되기보다는 오히려 자신감이 커져 더 침착해진다. 프리드리히 니체가 한때 말한 것처럼 자신을 통제하지 못하는 사람이 대신 통제해 줄 누군가를 빨리 찾아야 한다는 것은 엄연한 진실이다. 그리고 브레닌에게는 내가 그 역할을 하는 존재였다. 그러나 규율과 자유 사이의 관계는 심오하고 중요하다. 규율은 가장 소중한 자유의 형태를 가능하게 한다. 규율 없이는 잠시 허가된 자유일 뿐, 진정한 자유가 아니다.

훈련을 마치고 10여 년간 브레닌과 산책하면서 나는 줄에 묶지 않으면 멀리 달아나 버리니까 허스키·말라뮤트와 같은 늑대과 개는 항상 목줄을 해야 한다며 묶은 채로 다니는 사람들을 보았다. 그들의 말이 사실일 수도 있다. 그러나 꼭 그래야 하는 것은 아니다. 이후 아일랜드에 살면서 양들이 풀을 뜯는 초원으로 나갈 때에도 브레닌은 목줄을 묶지 않고 산책했다. 물론 양들만큼은 아니겠지만 처음에는 사실 나도 긴장했다. 우리가 함께한 시간 동안 나는 한 번도 브레닌에게 소리를 친 적도, 때린 적도 없었다. 내가 확신하는 것 하나는 전형적인 먹이를 완전히 무시하도록 늑대를 훈련하는 것이 가능하다면, 오라고 부르면 오도록 개를 훈련하는 것도 가능하다는 것이다.

보다시피, 브레닌은 늑대로서 예상하기 힘든 삶을 살 운명이었다. 나는 브레닌을 늘 데리고 다닐 수 있었기 때문에 그런 삶을 살았다. 물론 내가 브레닌만 놔두고 강의를 간다면 집을 풍비박산 낼 것이기 때문에 불가피한 선택이었다는 점도 인정한다. 그러나 뒷마당에 갇혀 잊힌 채 사는 게 아니라 둘이 함께 의미 있는 삶을 공유하려면, 브레닌이 언어를 배워야 했다. 언어가 없었다면 실현될 수 없을 수많은 가능성을 보았기 때문에, 언어로 인해 브레닌은 그런 생활을 할 수 있었다. 역학이 아닌 마법이 지배하는 인간 세계에서 공생한다는 전제하에 브레닌이 배운 언어는 녀석에게 자유를 주었다.

실존은
본질에 앞선다

물론 예상하지 못했던 삶이 반드시 좋다는 것은 아니다. '어떻게 그럴 수가 있느냐'는 질문도 가끔 받았다. 다시 말하면, '어떻게 자연 속에 살던 야생동물을 데려다가 전혀 자연스럽지 못한 생활을 하도록 강요할 수 있느냐?'는 비난이다. 이런 질문을 하는 사람들은 계층이 정해져 있다. 중산층의 진보적인 학자들로서 이전에 개를 키워 본 경험이나 지식이 없는 친환경주의자들이다. 그러나 이런 질문의 본질을 보지 않고 그 질문을 하는 사람들에게 비난의 화살을 쏘는 것을 철학에서는 대인 논증_{논증 그 자체가 아니라 논증을 제시하는 사람에 대한 논증으로서, 논증 오류로 규정함}이라고 한다. 질문 자체는 건전하며 답할 가치가 있다.

먼저 나는 브레닌이 이미 야생이 아닌 인간의 가정에서 태어났고, 아버지로부터 적절한 훈련을 받지 못한 채 무작정 야생으로 방생하면 곧 죽었으리라는 점을 지적하고자 한다. 대가를 지불하고 브레닌을 데려옴으로써 나는 늑대를 집에서 키우는 시스템을 고착시켰고, 따라서 자연의 의도가 발현될 기회를 앗아 버린 셈이다. 그렇다면 이를 어떻게 정당화할 것인가가 자연스럽게 다음 질문이 된다.

이 질문의 바탕에는 모름지기 늑대라면 무리와 함께 어울리고 사냥을 하면서 자연의 의도대로 살아야만 진정 행복하고 완전하다는 믿음이 깔려 있는 것 같다. 이러한 주장은 사실처럼 보이지만 확신할 수는 없다. 먼저 자연의 의도부터 정의해 보자. 늑대에게 있어 자연의 의도는 무엇인가? 혹은 인간에게 있어 자연의 의도는 또 무엇인가? 자연이 어떤 의미에서 '의도'라는 것을 지닐 수 있단 말인가? 진화론에서 볼 때 우리는 가끔 자연의 의도에 대해 이야기하고 의인화하는데, 그러한 담론은 결국 자연은 피조물이 자손을 번식시키도록 의도한다는 것으로 귀결된다. 자연의 의도라는 주장에 대해 유일하게 구체적인 의미는 유전적 성공이라는 개념이다. 사냥을 하고 집단생활을 하는 것은 늑대 같은 동물이 생물학적 기본 욕구를 충족하기 위해 채택한 전략이다. 그러나 모든 늑대가 다 똑같은 전략을 채택하는 것은 아니다. 아직 정확한 이유는 모르겠지만 역사를 보면 늑대가 인간 집단에 애착을 느껴 개가 된 시점이 있다. 즉 이것도 늑대가 늑대로 계속 남아 있는 것만큼이나 자연의 의도인 것이다.

이것은 내가 철학에서 배운 매우 유용한 사고법이다. 누군가 어떤 주장을 할 때, 그 주장의 전제부터 되짚어 보는 것이다. 누군가 늑대는 집단생활과 사냥 같은 자연적 행동을 할 때만 행복하다고 주장한다면 먼저 그 전제부터 본다. 그 속에는 대부분 인간의 거만함이 표현되어 있을 것이다.

장 폴 사르트르Jean-Paul Sartre는 인간의 '실존은 본질에 앞선다existence precedes their essence'고 정의한 적이 있다. 이것은 실존주의로 알려진 철학 사조의 기본 명제이다. 그는 인간 존재가 대자적 존재being-for-itself, 자신을 대상화해서 관찰하고 반성할 수 있는 존재라고 말했는데 이것은 인간을 제외한 다른 모든 존재가 즉자적 존재being-in-itself, 필연성에 지배받는 존재인 것과 대조를 이룬다.

사르트르가 말한 것처럼 인간은 자신의 존재를 지배한다. 즉 삶을 어떻게 살 것인지를 선택하고 종교·도덕·과학 등이 정해 놓은 기존의 규칙이나 원칙에 의존하지 않는다는 것이다. 특정 원칙, 도덕 또는 종교적 금언을 채택하는 것은 선택의 문제일 뿐, 우리가 무엇을 하고 어떻게 살든 그것은 전적으로 각자가 지닌 자유의지의 표현이다. 사르트르가 말한 것처럼 인간은 자유롭도록 태어난 존재인 것이다.

그러나 사르트르 철학의 이면은 인간 이외의 모든 존재가 자유롭지 않다고 말하고 있다. 다른 것들, 심지어 그 어떤 생명체조차도 주어진 대로 살아야 한다는 말이다. 늑대가 사냥을 하고 무리 지어 사는 동물로 진화했다면 그렇게만 살아야 한단다. 시간이 끝없이 흘러도 늑대는 자신의 존재를 지배할 수 없단다. 늑대는 그저 주어진 삶밖에 살 수 없다는 것이다. '어떻게 늑대에게 그럴 수 있는가'라는 질문에 깔린 전제는 '늑대는 본질이 실존에 앞선다'는 생각에서 출발한 것이다.

물론 사르트르가 인간의 자유에 대해 주장한 바가 옳은 것인지조차 명확하진 않다. 그러나 나의 관심은 그 주장의 진위보다는 존재의 유연성에 대한 보편화된 생각들에 가 닿는다. 왜 오로지 인간만이 수천 가지 다른 방식으로 살아갈 수 있고, 다른 생명은 생물학적 유산에 속박되고 자연의 역사에 종속되어 살아야만 한다는 말인가? 이것이 인간의 오만함이 아니라면 무엇이란 말인가?

2년 전 아테네로 출국하는 아침 비행기를 타기 전날 저녁, 개

트윅 공항 근처 한 호텔의 비어 가든에 앉아 있는데 여우 한 마리가 다가왔다. 녀석은 마치 개처럼 1미터도 채 안 되는 곳에서 음식물 부스러기라도 던져 주기를 기다리듯 얌전히 앉아 있었다. 나는 먹을 것을 주었다. 종업원은 녀석이 호텔의 단골이며 다른 호텔에도 자주 등장한다고 귀띔해 주었다.

이 여우를 타일러 보자. 너는 야생의 방식으로 쥐를 사냥해야 한다고. 너는 나와는 달리 본질이 실존에 앞서니까 존재를 지배할 필요가 없다고. 우리는 여우를 그저 야생에서 쥐를 사냥하는 존재로만 격하시킨다. 여우의 지능과 풍부한 계략을 사르트르가 규정한 '존재'라는 제한적인 개념 속에 가둬 버리고 만다. 여우의 본질은 역사와 운명의 우여곡절 속에 계속 변해 왔다. 그렇기 때문에 여우란 무릇 이래야 한다는 여우의 존재도 변화하는 것이다.

물론 자연의 역사가 물려준 제약을 간단히 무시할 수는 없다. 우리 속에 매일 갇혀 있는 여우가 행복하고 충만할 수는 없을 것이다. 그것은 늑대나 인간도 마찬가지이다. 우리 모두는 역사를 통해 물려받은 기본적인 욕구가 있다. 늑대와 여우가 순전히 역사가 조종하는 생물학적 꼭두각시라고 보는 것은 불합리한 추론이다. 그들의 본질이 실존을 제한할 수는 있지만 고착시키거나 결정지을 수는 없다. 이것은 여우나 늑대뿐 아니라 인간도 마찬가지이다.

살아가면서 우리는 운명에 대처한다. 어떤 때는 속수무책으로 운명에 떠밀리기도 한다. 운명을 잘 통제하기도 하고 반대로 잘

못 다루기도 한다. 여우는 급속한 도시화 속에서 제 자연 서식지가 잠식될 운명에 처했다. 자연 서식지의 원래 의미가 퇴색한 지금에 와서는 그것이 존재하는지도 의심스럽기는 하지만 말이다. 내 친구 여우는 운명을 잘 통제하여 음식을 먹고 있는 손님들의 테이블만 골라 누비면서 식량을 구할 때까지 참을성 있게 기다렸다.

　브레닌도 자신의 운명을 잘 다룬 경우라고 생각한다. 사실 그다지 나쁜 운명도 아니었다. 주인이 훈련시킬 수 없는 다른 많은 늑대나 늑대개처럼 뒷마당 우리에 갇혀 지낼 수도 있었지만 그보다 더 다양하고 역동적인 삶을 살았다고 생각한다. 최소한 하루 한 번은 멀리 산책을 나갔고, 훈련을 받았기 때문에 목줄도 하지 않았다. 상황이 허락하면 사냥도 하고 다른 개들과 어울리면서 야생성을 발휘할 기회도 주었다. 결코 지루하지 않도록 최선을 다했다. 물론 내가 강의를 하는 동안에는 어쩔 수 없이 교실에 앉아 있어야 했지만 말이다. 브레닌이 야생의 늑대가 하는 일을 하지 못해 행복하지 않다고 단정 짓는 것은 인간의 오만이고, 그의 지능과 유연성을 폄하하는 것이다.

　브레닌은 15,000여 년 전 선조들이 그랬던 것처럼 가장 강력하고 악랄한 영장류의 세계에 동참해 그들과 불가분의 공생관계를 맺는 것을 선택했다. 유전적 측면에서 볼 때, 현재 전 세계 개들의 개체수가 4억 마리인 데 비해 야생 늑대의 수는 40만 마리에 불과한 것만 보아도 이는 탁월한 전략이었다는 것이 증명된다. 따라서 늑대가 인간 세계로 들어온 것이 섭리에 맞지 않는다는 주장은 어설픈 야생주의로는 설명되지 않는다. 야생 늑대의 수명이 약 7년으로, 개보다 더 짧고 비참한 죽음을 맞는 경우가 대부분이라는 점도 인류 문명과의 조우가 순전히 재앙만은 아니라는 것을 나타낸다.

브레닌을 훈련할 때 사용한 퀄러 방식은 개와 야생의 형제인 늑대의 존재 특성에 대한 이해를 바탕으로 했기 때문에 궁극적으로 매우 성공적이었다고 생각한다. 캐리커처가 과감한 생략법으로 특징을 표현하듯, 나도 내 글에서 모든 걸 설명하지는 않았지만 말이다. 퀄러 방식을 적용할 수 있었던 것은 믿음 때문이었다. 즉 개나 늑대의 본질이 실존에 앞서지 않는다는 것이다. 내게는 개나 늑대는 인간보다 더하지도 덜하지도 않게 제 존재를 지배할 수 있다는 믿음이 있었다. 이 때문에 어떤 개나 늑대도 존중을 받아야 하고 그에 따라 권리, 특히 도덕적 권리도 부여받아야 하는 것이다. 이것은 퀄러가 말한 '행동의 결과에 대한 권리'이다. 늑대는 생물학적 유산에 따라 살아야 하는 꼭두각시 인형이 아니다. 최소한 인간과 마찬가지로 그렇다. 늑대는 무한히 적응하지는 못하더라도 적응할 수 있다. 도대체 무한히 적응할 수 있는 존재라는 것이 있기나 한가? 게다가 운명에 대처할 수도 있다. 운명을 잘 조절할 수 있게 되면 자신감은 커진다. 배우는 것을 즐기고 더 배우고 싶어 한다. 더 강해지고 더 행복해진다.

브레닌이 노예인가? 내가 가르칠 내용과 그에 따른 미래의 행동 방향을 정했기 때문에 나의 노예인가? 나도 7년간 진부한 학교를 다니고 3년은 매사추세츠, 2년은 옥스퍼드 대학에서 지내면서 내 교육의 조건이 다른 사람들에 의해 정해졌는데, 그렇다면 나도 그들의 노예인가? 만약 브레닌이 노예라면 나도 노예이다. 그러면 '노예'란 무슨 뜻인가? 우리 모두가 노예라면 주인은 누구인가? 주인이 없다면 누가 노예인가?

아마 이 주장은 내가 생각하는 것만큼 강력하지는 않으리라. 아마 내 판단은 브레닌이 내게 준 모든 축복으로 인해 객관성을 잃을 것이다. 어떤 사람은 개를 데려와 처음의 호기심이 가시고 나면 뒷마당에 방치해 둔다. 그 다음부터 개는 그저 일감에 불과한 존재로 전락하고 만다. 밥을 주고 물을 주는 지루한 의무 외에는 무언가를 함께 교류하는 일이 없는 관계로 말이다. 어떤 사람들은 개를 굶기지만 않으면 좋은 주인이라고 생각하기까지 한다. 그렇다면 뭐하러 힘들게 개를 키울까? 얻을 것도 없이 매일 귀찮은 일만 생기는데 굳이 그럴 필요가 있을까? 그러나 일단 개가 집에 들어오면, 개가 당신 삶 속에 깊숙이 들어와 그 일부가 되어 버리면, 그때에야 모든 즐거움이 생긴다. 개를 키우는 것은 보통의 관계들과 같다. 가는 정이 있어야 오는 정이 있다. 늑대도 마찬가지이다. 그러나 늑대는 개와 다르고, 늑대에게는 개에게 없는 약점들이 있기 때문에 교감하려면 훨씬 더 많은 노력이 필요하다.

때로는 동생처럼,
때로는 형처럼

브레닌과 나는 11년간 실과 바늘처럼 붙어 다녔다. 이사와 전직을 거듭하며 국경과 대륙까지 넘나들었고, 수많은 이들과 만나고 또 대부분 헤어졌지만 브레닌만은 항상 함께였다. 집에 있을 때도, 일을 할 때도, 그리고 놀 때도. 아침에 눈을 떠서 가장 먼저 보는 것이 브레닌이었다. 동틀 무렵 녀석이 그 큰 혀로 내 얼굴을 핥아 깨우니 그럴 수밖에 없었다. 새벽의 여명 속에서 커다란 혀를 내밀고 숨을 헐떡이는 녀석의 얼굴이 내가 마주하는 아침 풍경이었다. 이것은 평온한 아침의 광경이고, 때로는 정원에서 사냥한 새를 내 얼굴에 철퍼덕 떨어뜨려 잠을 깨웠다. 늑대와 동거하려면 이처럼 예기치 않은 사태를 각오해야 한다. 아침에 내가 글을 쓰고 있으면 녀석은 책상 아래 엎드려 있곤 했다. 그리고 거의 매일 나와 산책이나 조깅을 했다. 오후 강의를 나가면 강의실에 함께 있었다. 잭다니엘 위스키를 끝없이 들이키며 글을 쓰던 밤에도 녀석은 함께했다.

브레닌이 내 곁에 있다는 이유만으로 그를 사랑했던 게 아니다. 우리가 함께한 11년 동안 나는 어떻게 살아야 하는지, 또 어떻게 처신해야 하는지를 배웠다. 삶의 의미도 배웠다. 브레닌의 삶은 내 삶의 면면에 구석구석 파고들어 어우러졌다. 그래서 나는 나 자신을 브레닌과의 관계 속에서 이해하고 정의할 수 있었던 것이리라. 나는 인간이 무엇인지를 늑대에게 배웠다.

어떤 이들은 애완동물을 키우는 것이 동물을 소유하는 것이므로 옳지 않다고 주장한다. 틀린 말은 아니다. 최소한 법률적 의미에서 나는 브레닌의 '소유자'였다. 소유를 증명하는 서류 같은 건 없으므로 법정에서 이를 증명할 수 있을지는 의문이지만 말이다. 위의 주장은 그 자체로서 불합리하기 때문에 진지하게 곱씹어 본 적이 없다. 그 주장은 동물의 법적 주인은 오직 동물을 소유하고 지배할 뿐, 다른 관계를 맺을 수는 없다고 전제하고 있다. 그러나 사실상 이를 믿을 만한 근거는 거의 없다.

근본적으로 브레닌은 내 소유물이 아니었다. 애완동물은 더더욱 아니었다. 녀석은 내 형제였다. 어떤 면에서는 동생 같았다. 그런 측면에서 나는 녀석이 이해하지 못하고 또 녀석을 믿지 않는 세상에서 보호해 주는 보호자였다. 우리가 무엇을 할지 결정하고, 브레닌이 동의하건 아니건 실행하는 것도 내 책임이었다. 이 시점에서 동물보호 운동가인 내 친구들은 관계의 불평등에 대해 왈가왈부하며 브레닌이 동의도 하지 않은 상황에서는 죄수나 다름없다고 주장할 것이다. 그러나 이런 주장도 근거가 희박하다. 내 동생이 늑대가 아니라 사람이라고 하자. 동생이 너무 어려서 세상을 아직 모르고 자신이 하는 행동이 어떤 결과를 초래할지 모른다면, 어린 동생이 위험해질 수도 있는 행동을 하게 그대로 둘 수는 없지 않은가?

퀼러는 개에게도 실수를 저지르고 그 결과를 책임질 권리가 있다고 주장했다. 나도 동의하는 바이지만, 이 권리는 절대적 권리는 아니다. 이것은 적절한 상황에서는 양보할 수 있는, 철학에서 직견적 권리라고 부르는 권리이다. 예를 들어 개가 말을 듣지 않고 차 앞으로 뛰어든다면 그 결과를 감당하도록 내버려 두지는 않을 것이다. 사고가 나지 않게 최대한 저지할 것이다. 어린 동생이 차 앞으로 뛰어들려 해도 상황은 마찬가지일 것이다. 상식과 일반적인 도덕 선에서 어떤 행동의 결과가 너무나 크거나 치명적인 해를 입히지 않는다면 동생이 결과를 감당하도록 내버려 두어 스스로 깨닫게 할 것이다. 그러나 반대의 경우라면 동생이 동의하지 않더라도 최선을 다해 보호할 것이다. 이것이 죄수 취급이라면, 보호와 감호를 구분하지 못하고 지나치게 흥분한 주장이라고 할 수밖에.

사람들, 최소한 교양 있는 사람들과 반려동물 사이의 주된 관계를 설명하는 가장 합당한 개념은 소유가 아니라 보호일 것이다. 그러나 브레닌과의 관계에서는 이것도 맞지 않는 것 같다. 브레닌이 내가 알았던 다른 개들과 확실히 다른 것이 이 때문이다. 브레닌은 특정한 상황과 환경에서만 동생 같았고, 보통은 형처럼 느껴졌다. 누구보다 존경하고 본받고 싶은 형 말이다. 언뜻 보아도 알겠지만 그를 본받기는 쉽지 않았고 한 번도 제대로 성공하지 못했다. 그러나 그를 따라 하려고 노력하고 애쓰면서 나는 강해졌다. 브레닌이 없었더라면 나는 지금보다 더 나은 사람이 되기 어려웠을 것이라고 확신한다. 이보다 더 훌륭한 형이 있을까?

　　기억을 되살리는 데는 여러 가지 방식이 있다. 우리는 어떤 기억을 떠올릴 때 가장 분명한 것을 찾으려다 가장 중요한 것을 놓치곤 한다. 새의 날갯짓은 앞으로 나아갈 동력을 제공하는 것이지 그자체가 비행의 원리는 아니다. 원리는 날개 모양과 위아래로 가해지는 공기의 압력 차에 있다. 하늘을 날고 싶었던 인류는 초기 노력에서 가장 분명한 것에 치중하다가 가장 중요한 것을 간과한 결과, 날갯짓하는 기계를 개발했다. 기억도 마찬가지가 아닐까? 우리는 기억이 과거의 사건과 일화를 불러오는 의식적인 경험이라고 여긴다. 심리학자들은 이를 일화 기억이라고 부른다.

　　일화 기억은 날갯짓에 불과하며 항상 우리를 배반한다. 우리의 일화 기억은 수십 년에 걸친 연구에서 공통적으로 밝혀졌듯이 가장 좋았던 시간에는 특히나 신뢰성이 떨어지며, 우리 뇌 기능이 약화되면서 가장 먼저 사라지는 기억이다. 이것은 마치 멀리 갈수록 사라지는 새의 날갯짓과 같다.

　　그러나 누구도 이름을 불러 준 적 없는 훨씬 심오하고 중요한 기억의 방식이 있다. 각자의 개성에, 그리고 그 개성이 발현된 삶속에 깊이 새겨진 과거의 기억이다. 대부분 사람들은 이러한 기억을 모른다. 보통 의식할 수 있는 종류의 기억이 아니기 때문이다. 그러나 이런 기억들은 우리 자신을 형성한다. 우리가 내리는 결정, 취하는 행동, 그 결과 살아가는 삶 속에 드러난다.

우리 곁을 머물렀던 사람들에 대한 기억은 의식적으로 기억하지 않아도 우리의 생활 속에 자연스럽게 녹아 있다. 우리의 의식은 변덕스럽고 기억이라는 임무를 행할 만한 자격이 없다. 누군가를 기억하는 가장 중요한 방법은 그들이 형성하도록 도와준 나의 모습으로 살아가는 것이다. 가끔 기억할 가치가 없는 이도 있다. 그럴 경우 가장 중요한 실존적 과제는 우리의 삶에서 그들의 기억을 삭제하는 것이다. 그러나 기억할 가치가 있는 이들이라면, 그들이 만들어 준 사람의 모습으로 사는 것은 단순한 기억이 아니라 그들을 존경하는 방법이다.

나는 언제나 나의 늑대 형제를 기억할 것이다.

03

강의실에서
하울링을

기상천외한
강의계획서

8월 말, 브레닌과 나는 앨라배마 대학으
로 첫 수업을 하러 함께 갔다. 그해 여름 브레닌은 부쩍 자라 힘도
세어지고 덩치도 커졌다. 작고 귀여운 새끼 곰 같던 녀석은 길고 날
씬한 몸에, 얼굴에도 서서히 늑대의 이목구비를 드러냈다. 6개월
이 채 안 되었지만 어깨까지 키가 벌써 76센티미터에 무게는 36킬
로그램이나 나갔다. 녀석은 싫어했지만 나는 브레닌을 안고 욕실
저울에 서서 몸무게를 재곤 했다. 그리고 마침내 저울이 우리의 무
게를 감당하지 못하는 시점이 왔다.

털빛은 어렸을 때 그대로 검은 얼룩이 있는 갈색에 배 쪽은 크
림색이었다. 꼭 걸려 넘어질 것만 같이 큰 털신 같은 발을 부모로부
터 물려받았다. 다행히 한 번도 걸려 넘어진 적은 없지만 말이다.

머리에서 콧잔등 위로 길게 내려온 검은 선은 눈 주변을 둥글게 감았는데, 눈동자는 새끼 때처럼 아몬드 색이지만 쌍꺼풀이 숨고 끝이 길게 올라간 늑대의 눈매로 변했다.

당시 브레닌은 온몸에 넘치는 힘을 주체하지 못했다. 집 안에 아직 바닥에 쓰러져 있지 않은 물건이 있으면 무엇이든 넘어뜨려야 직성이 풀리는 버릇 때문에 녀석을 '들소'라고 불렀다. 여름에는 집을 나서는 것이 서서히 의식처럼 굳어져 갔다. "가자"라는 말이 떨어지면 녀석은 좋아 날뛰며 거실 벽을 타고 나르며 곡예를 펼쳤다. 긴 팔걸이의자에 뛰어 올라간 다음 벽을 타고 더 올라가는 것이었다. 최대한 높이 올라간 다음 뒷발을 들어 올려 돌렸다 다시 벽에 착지하곤 했다. 밖에 나가기 전에는 늘 이랬다. 가끔은 내가 가자고 말하지도 않았는데 마치 약속이나 갈 곳이라도 있는 듯 먼저 곡예를 하곤 했다. 사정이 이러하니, 브레닌을 데리고 첫 수업을 하기 위해 교문으로 차를 몰고 들어서던 순간에는 거의 전율을 느꼈다 해도 과언이 아니다.

그날 아침은 큰 사고가 없었다. 출근 전에 오랜 시간 산책을 했고 사람들이 많은 강의실에 익숙해진 다음에는 강의실 앞쪽 책상 아래 엎드려 잠을 잤다. 데카르트René Descartes의 '외부 세계의 존재에 대한 의심' 부분을 강의할 때쯤이면 일어나 내 샌들을 물기 시작했다. 이 정도는 수업에 활력을 주는 일이었다.

항상 이렇게 순조롭지만은 않았고, 가끔 사고도 일어났다. 몇

주가 지나자, 녀석은 강의가 반쯤 진행되었을 때 낮잠에서 깨어나 지루하다는 듯 목을 빼고 길게 울곤 했다. 이때 학생들을 흘긋 보면 다들 공감하는 표정을 짓고 있었다. 아니면 책상 사이를 쿵쿵대고 걸어 다니면서 가볍게 다리를 풀기도 했다. 하루는 그날따라 대담했던 건지, 배가 고팠던 건지, 혹은 둘 다였는지, 보통은 개만 나타나도 긴장할 것이 분명해 보이는 한 학생의 배낭 속으로 머리를 쑥 들이밀었다가 몇 초 후 도시락을 입에 물고 나타났다. 이후 도시락을 뺏긴 학생들의 집단 보상 요구에 시달릴 것을 예방하고자 나는 학기 초에 나눠 주는 강의계획서에 과거 어떤 철학 강의계획서에도 등장하지 않았을 세 문장을 넣었다. 참고 서적과 평가 과정을 설명하는 내용 뒤에 다음과 같이 썼다.

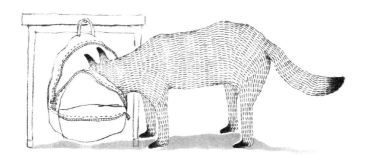

경고 : 늑대가 있지만 신경 쓰지 마세요. 사람을 해치지 않습니다. 하지만 가방 속에 먹을 것이 들었다면 꼭 가방을 잠가 두세요.

되돌아보면 아무 불만이나 소송도 없었던 것이 기적 같다.

여심
사로잡는 법

오후에는 교수에서 학생으로 나의 신분이 바뀌었다. 앨라배마에 처음 왔을 때 나는 스물넷이었고 내가 가르치던 많은 학생들보다도 나이가 어렸다. 영국에서 나는 약 18개월 만에 옥스퍼드 대학에서 박사 학위를 끝냈고 이는 거의 전례가 없는 드문 일이었다. 그러나 미국은 시스템이 매우 달라서 박사 학위를 취득하려면 최소 5년이라는 긴 시간이 걸렸다. 학사도 3년이 아니라 4년 이상 걸려, 결국 교수가 되려면 서른은 넘어야 했다. 내 관점에서 이것은 너무 고리타분했다. 일단 동료들의 절반 이상은 나보다 나이가 많았기 때문에 친구를 찾으려면 교수보다는 학생들 중에서 찾는 편이 빨랐다. 사실 학생들이 훨씬 더 재미있고 좋았다.

앨라배마에서 나는 이미 경험도 있고 검증된 사회생활 전략인 단체 운동을 선택했다. 영국에서 나는 꽤 우수한 럭비 선수였다. 미

국의 대부분 대학처럼 앨라배마 대학도 럭비 팀이 있었는데 지방치
고는 수준이 꽤 높았다. 미국 '럭비 풋볼 유니온'의 자격 심사가 까
다롭지 않아서, 아니 사실은 아예 없어서 나는 학생 자격으로 선수
가 될 수 있었다. 2년 뒤 브레닌을 입양하고 나서는 녀석을 훈련에
늘 데리고 다녔다. 평일에 브레닌과 나는 학교의 큰 종합 운동장 끝
에 있는 블리스 필드에서 거의 매일 오후 운동을 했다.

　　주말에는 다른 대학과의 홈 경기나 원정 경기가 있었고 브레
닌은 원정 경기도 늘 같이 다녔다. 그러나 개도 꺼리는 호텔에서 늑
대를 반길 리 만무했다. 하지만 모텔은 몰래 녀석을 데리고 들어가
기가 쉬웠다. 방 바로 앞에 차를 세우니까, 사무실에서 주차장을
내다보지만 않으면 늑대 한 마리 몰래 들여 넣기야 식은 죽 먹기였
다. 브레닌은 앨라배마, 조지아, 플로리다, 루이지애나, 사우스캐
롤라이나, 테네시 등 온갖 대학 캠퍼스의 럭비 경기는 말할 것도 없
고 뒤풀이까지 다 참석했다. 여름 기운이 채 가시지 않은 9월 초의
기분 좋은 밤에는 뉴올리언스시 버번 가에서 오징어를 먹고, 봄에
는 데이토나 해변에서 휴가도 즐겼다. 배턴루지에 있는 클럽 회관
은 녀석이 손바닥 안을 들여다보듯 훤히 알았다. 애틀랜타 서쪽 교
외 지구에 있는 싸구려 스트립 클럽도 이런저런 일로 여러 번 갔었
다. 전 경기가 야간에 치러지는 연례 미드나이트 세븐 럭비 토너먼
트 때는 라스베이거스까지 갔었다.

　　럭비 선수들은 브레닌의 존재 가치를 곧 깨달았다. 여자들의

관심을 사로잡는 자석과 같은 존재라는 점을 말이다. 사실 이보다 더 자극적인 표현을 썼지만 여기서는 생략하기로 한다. 대학의 럭비 파티장에서 몸집 큰 늑대 옆에 서 있기만 해도 매력적인 여자들이 다가와 "개가 너무 예뻐요"라며 말을 건다. 보통 남자들이 여자의 관심을 끌기 위해 힘들게 하는 사전 작업들이 하나도 필요 없는 것이다. 그날 경기에서 누가 MVP였건 상관없이 브레닌이 옆에 있으면 그 사람이 MVP였다. 나는 경기장에서는 어림도 없었지만, 브레닌 덕분에 언제든 MVP가 될 수 있었다.

학기 중에는 거의 격주 단위로 원정 경기를 다녔다. 금요일 오후에 출발해 왕복 1,600킬로미터를 달려 럭비 경기를 한 다음 진탕 술을 마시고 싸구려 모텔에 쓰러져 잠들었다. 일요일 오후에 집으로 돌아오는 길은 피곤과 술에 절어 있었지만 그래도 기분은 최고였다. 홈 경기가 있는 주말도 차만 달리지 않는다 뿐이지 똑같았다. 이것이 나의 들소와 내가 처음 4년간 함께 살던 모습이다.

놀이 본능
+ 싸움 본능

늑대는 개와는 다른 방식으로 놀이를 한다. 늑대와 개의 관계는 개와 강아지의 관계와 같다. 개들의 놀이는 15,000년간 이어진 유아증_{어른이 된 뒤에도 정신적·육체적으로 유아 상태에 머물러 있는 것}의 결과이다. 개는 나무 막대기를 던져 주면 신이 나서 정신 없이 막대기를 쫓아간다. 영리한 개 니나는 막대기라면 사족을 못 쓰고 쫓아다니며 그만 하라고 할 때까지 지칠 줄 모른다. 브레닌에 게도 막대, 공, 원반을 쫓아가서 물고 오는 즐거움을 알려 주려고 여러 번 시도했다. 하지만 녀석은 이상한 사람을 보듯 나를 쳐다보 며 이런 말을 하는 듯한 표정을 지었다.

'물어 오라고요? 왜요? 필요하면 식섭 가져올 것이지 왜 나더 러 시켜요? 다시 가져오게 할 거면 애당초 던지기는 왜 던져요?'

늑대들은 잘 모르는 사람들이 보면 싸우는 줄 알고 깜짝 놀랄 정도로 과격하게 논다. 나도 여러 해가 지나서 브레닌이 니나와 자 기 딸인 '테스'와 노는 것을 보고서야 알았다. 니나와 테스는 막대 물어오기 본능도 물론 있지만 브레닌과 함께 살면서 늑대의 특성도 많이 갖추게 되었다. 당시 나로서는 당연한 것들이 일반인들이 보 기에는 경악을 금치 못할 것이었으리라. 브레닌에게 놀이는 상대 의 목을 물고 바닥에 밀어붙여 움직이지 못하게 한 후 넝마 인형처 럼 앞뒤로 사납게 흔드는 것이었다. 거칠게 으르렁대면서 말이다. 그런 다음 상대를 놓아 주고 이번엔 자신에게 똑같이 하도록 한다. 이것이 늑대들의 놀이다. 늑대들이 왜 이렇게 거칠게 노는지 모르 겠다. 행동이 워낙 과격하다 보니 자칫하면 싸움으로 오인될 수 있 기 때문에 으르렁대는 소리는 상대에게 이것이 놀이라는 것을 알려 주는 신호이다. 내가 발견한 바로는, 늑대들이 정말로 싸울 때에는 기괴할 정도로 조용히 싸운다.

늑대에게는 당연한 이 사실을 개들은 알 수도, 모를 수도 있다. 그래서 젊은 시절 브레닌이 다른 개들과 함께 놀려고 하면 늘 사고가 생겼다. 개가 브레닌을 공격하거나 겁에 질려 비명을 지르는 것이었다. 영문도 모르는 브레닌은 두 가지 반응 모두 황당했을 것이다. 그런데 브레닌을 제압한 개가 딱 한 마리 있었다. '러거'라는 이름을 가진 덩치 크고 근성이 대단한 불독이었다. 러거는 거칠게 노는 것을 좋아했다.

러거는 몸집이 거대해서 43킬로그램이나 나갔는데, 주인 매트도 럭비 팀의 2열 포워드로 몸집이 우람했다. 불독은 악명이 높은 견종이지만 원래 나쁜 개는 아니다. 보통 개들의 성질을 나쁘게 만드는 것은 사람이다. 인간은 개인의 다양성을 존중하고 개성은 인간들만의 고유한 것이라고 말하곤 한다. 그러나 사실 개성은 인간 고유의 것이 아니다. 개들도 모두 개성이 있다. 어떤 개들은 사람을 잘 따르고 어떤 개들은 아주 못됐다. 대부분은 성장 과정이 잘못되어 못된 성질을 가지게 되었으리라. 어릴 적에 키웠던 블루가 첫 3년간 겪었던 고통 때문에 비정상적으로 변한 것처럼 말이다. 하지만 일부 인간들처럼 태어날 때부터 못된 개들도 있다고 생각한다. 못된 개라고 하면 개별 개체를 말하는 것이지, 견종 전체를 싸잡아 말하는 것이 아니다. 내 경험상, 견종과 성격 간에 약간의 연계성이 있기는 하지만 그 이상은 아니다.

매트가 문제가 없었기 때문에, 러거 역시 문제가 없는 개였다. 러거가 항상 브레닌을 제압했다고 해야 맞겠다. 나이도 몇 살이나 차이가 났으니, 브레닌이 새끼였던 시절 러거는 브레닌을 무시했다. 1년가량 둘이 아주 친하게 지내던 시절도 잠깐 있었다. 평일 오후에는 훈련장 한 켠에서 녀석들이 거칠게 뒹구는 통에 훈련이 어려울 정도였으니까. 그런데 아니나 다를까 브레닌이 18개월이 지나자 둘 사이는 전혀 새로운 국면을 맞이했다.

18개월에 접어들면서 다른 개에 대한 브레닌의 태도가 돌변했다. 새끼를 낳을 수 있는 암컷에게는 몸집이 크건 작건 상관없이 달려들었다. 웨스트 하이랜드와 요크셔, 그리고 그 견주들은 한번 혼이 나고부터는 평일 오후에는 블리스필드 근처에 얼씬도 하지 않았다. 그러나 진짜 문제는 성견이 된 수놈과 부딪칠 때였다. 경멸하며 무시하거나, 혹은 상대의 몸집이 위협이 될 만큼 클 경우는 강한 적개심을 드러내는 것이 브레닌의 반응이었다. 브레닌은 훈련도 잘되었고 내 허락 없이는 다른 개들에게 접근하지 않기 때문에 보통은 문제가 되지 않았다. 문제는 다른 개들이 눈을 빛내며 브레닌에게 다가온다는 점이었다.

러거는 위협적일 만큼 체격이 거대했다. 그만큼 위압적인 느낌을 주는 개는 상상조차 어려울 정도였다. 브레닌이 완전히 성숙했을 때쯤 이들은 다시 사이가 나빠졌고 럭비 훈련 중에 보면 다리

근육이 팽팽히 긴장되고 털을 세운 채 두 녀석이 상대를 의식하며 지나가는 것을 볼 수 있었다. 매트와 나는 열심히 녀석들을 떨어뜨려 놓았지만 결국 사고가 터지고 말았다. 어느 토요일 오후 연습이 한창이던 중 러거는 매트의 픽업 트럭에 묶어 놓은 줄을 풀고 탈출에 성공했다. 운동장 한가운데에서 경기를 위해 몸을 풀고 있던 나는 약 27미터 정도 떨어진 지점에서 두 녀석이 만나는 것을 보았다. 러거는 몸을 낮추고 웅크린 채 근육 가득 힘을 주고 공격적으로 브레닌에게 달려들었다. 브레닌은 끝까지 기다렸다가 살짝 옆으로 비켰다. 이제 브레닌은 러거의 뒤에 있게 되었고, 뒷덜미로 달려들어 목과 머리를 덥석 물었다. 단 몇 초 만에 러거의 한쪽 귀가 거의 뜯겨져 나가고 얼굴, 목, 갈비뼈에서 피가 솟구쳤다. 이 유혈 낭자한 참극을 보고 나는 운동장 중앙에서 전속력으로 달려갔다. 경악과 공포에 사로잡힌 나는 본능적으로 브레닌을 떼어내려고 했다. 그러나 이것이 실수였다. 어쩌면 큰일 날 수도 있었다. 러거는 기회를 노리다가 브레닌의 목을 물고 놓지 않았다.

　여기에서 나는 개싸움을 말리려면 어떻게 해야 하는지에 관한 아주 소중한 첫 번째 교훈을 얻었다. 늑대가 불독과 붙었을 때는 절대 떼어내지 말라는 것이다. 두 번째 교훈은 불독이 늑대의 목을 물었다면 늑대를 떼어내는 방법은 단 하나밖에 없으니 결코 섣불리 떼어내려 해서는 안 된다는 것이다. 입을 잡아 열거나 발로 늑골 부위를 세게 차서 떨어뜨리려고 해도 어림도 없다. 방법은 얼굴에 물을 퍼붓는 것뿐이다. 물면 놓지 않는 불독의 본능에 대응하는 유일한 방법은 본능적 반응을 유도하는 것이며 물은 효과가 있다. 다행스럽게도 매트가 나보다 먼저 이 사실을 알고 있었다.

이어진 작은 싸움에서 내가 배운 세 번째 교훈은 개와 싸움이 붙은 늑대를 떼어낼 때에는 꼬리나 엉덩이를 잡아야지 절대로 목을 잡아서는 안 된다는 것이다. 상대 개가 완벽히 제압당한 것이 아니라면 늑대의 목 근처에 손이 있어도 공격을 계속할 것이므로 다칠 수 있다. 그리고 브레닌과 상대가 될 정도의 개라면 결코 쉽게 제압당할 수준이 아닐 것이다. 내 손과 팔에는 아직도 당시 교훈을 얻기 위해 길고 고통스러운 시간을 보내면서 치른 수업료가 훈장처럼 남아 있다.

브레닌의 싸움 본능을 과장하고 싶지는 않지만 굵직한 싸움은 한 손으로 셀 정도로 적다. 이렇게 꼽을 수 있는 손가락이 아직 남아 있는 것에도 감사한다. 브레닌은 한 번도 다른 개에게 심각한 상처를 입힌 적이 없다. 심각하다는 것은 여기저기 몇 바늘 꿰매는 것 이상의 큰 상처를 의미한다. 러거의 상처도 그리 나쁘지는 않았다. 물론 늘 내가 옆에서 뜯어말렸기 때문에 그 정도였겠지만 말이다. 또한 브레닌이 먼저 싸움을 시작하는 경우도 드물었는데, 이것도 훈련 때문에 그럴 기회가 없었기 때문이다. 잠시 내가 한눈 파는 사이 다른 개가 다가올지라도 실제 싸움은 거의 일어나지 않았다. 보통 개들은 굴복이나 복종의 표시를 해야만 했다. 결국 크고 공격적인 개들과 싸움이 붙었는데 대부분이 불독이나 로트와일러 경비견으로 적합한 독일산 대형견였다. 브레닌에게 굴복할 생각이 전혀 없는 이 녀석들은 주인의 손을 벗어나 브레닌에게 달려왔다.

문제는 브레닌이 싸움을 좋아해서가 아니라 싸움을 잘해서 생겼다. 싸움이 벌어지면 나는 중간에 달려들어 말리려고 애썼다. 러거 때와 같은 사태가 다시 발생하지 않도록 두 녀석들을 동시에 붙잡아야 했다. 말이 쉬워 그렇지 보통 힘이 드는 일이 아니었다. 그래도 어쩔 수 없었다. 상대 개가 멈추지 않는 한 브레닌은 절대 멈출 녀석이 아니기 때문이다. 끝까지 붙으면 상대 개는 곧 숨이 끊어질 것이다. 이런 투지에 찬 녀석이 아침마다 내 얼굴을 핥으며 모닝 키스를 하거나, 하루에도 여러 번 내 무릎에 올라와 쓰다듬어 달라고 한다는 게 믿기 어려울 지경이었다. 그러나 두 가지 모습의 브레닌 모두 내가 결코 잊을 수 없는 한 녀석이었다.

말은 해도,
거짓말은 못 한다

늑대, 심지어 늑대개조차도 문명사회에서는 살 수 없다고 말하는 사람들이 있다. 수년간 이 주장을 곱씹는 동안 나도 같은 결론에 도달했다. 그러나 이유는 다르다. 브레닌이 위험한 동물인 것만큼은 분명한 사실이다. 그렇다 해도 (나에게는 이기적인 즐거움을 주는 사실이지만) 브레닌은 나 이외의 사람에게는 전혀 관심도 없었다. 다른 사람이 말을 걸거나 쓰다듬으려 하면 알 수 없는 눈빛으로 몇 초간 바라보고는 그냥 다른 데로 가 버렸다. 브레닌은 필요하다면 개 한 마리쯤은 즉사시킬 수 있었다. 녀석이 문명사회에 어울릴 수 없는 것은 위험해서가 아니다. 진짜 이유는 위험해서도, 사람을 따르지 않아서도 아니다. 오직 영장류만이 진정으로 문명화될 수 있기 때문이다.

브레닌이 한 살쯤 되었을 때였다. 어느 날 저녁, 나는 TV 앞에 앉아 혼자 사는 미국 남성들의 주식이라고 할 수 있는 MSG 범벅인 간편식 헝그리맨 ^{피나클푸드 사의 냉동식품 브랜드}을 먹고 있었다. 브레닌은 먹이를 낚아채려는 매처럼 내 옆에 엎드려 접시를 노리고 있었다. 그때 갑자기 전화벨이 울려 나는 거실 탁자 위에 접시를 두고 전화를 받으러 갔다. 혹시 와일리 코요테가 로드러너 ^{워너브라더스의 루니 툰 시리즈 만화의 주인공들}를 쫓아가다가 절벽으로 떨어지는 장면을 아는지? 추락 직전 뭔가 잘못된 것 같아 그제야 미친 듯 사지를 허우적댈 때의 당황한 표정을 떠올려 보라. 전화를 끊고 돌아오니 이런 상황이 벌어져 있었다. 내 접시의 헝그리맨을 허겁지겁 다 먹어 치운 브레닌은 거실 반대편의 자기 침대로 서둘러 돌아가는 중이었다. 내가 돌아올 줄 몰랐던 것도 아니지만 당황한 녀석은 고개를 돌려 나를 보더니 다리 한쪽만 앞으로 내디딘 채 그 자리에 얼어붙어 서서히

와일리 코요테의 당황한 표정으로 바뀌는 중이었다. 눈빛에 가득
했던 호기심은 혼란에서 결국 당혹감으로 바뀌고 있었다. 와일리
코요테는 벼랑 위로 폴짝 뛰어내리기 직전 가끔 '이런!'이라고 쓰여
진 푯말을 들어 올리곤 했다. 만약 브레닌에게도 이 푯말이 있었다
면 들어 올리고도 남을 상황이었다.

비트겐슈타인은 한때 사자가 말을 하더라도 사람들은 알아듣
지 못할 것이라고 말한 적이 있다. 그는 말할 것도 없이 대단한 석
학이다. 그러나 먼저 짚고 넘어가야 할 것은, 그가 사자에 대해 그
다지 아는 것이 없었다는 점이다. 늑대는 몸으로 말을 하며, 당시
브레닌의 언어는 명백했다.

'딱 걸렸네!'

이런 좀도둑질 정도는 시치미 뚝 떼고 능청을 떨며 넘어갈 수
도 있었을 것이다.

'접시가 왜 비었는지 나는 몰라요. 내가 안 그랬어요. 내가 와
보니까 저렇게 되어 있던데요'라든지, 심지어는 '전화 받으러 가기
전에 다 먹고 갔잖아요, 그것도 기억 못 해요?'라고 할 수도 있다.
그러나 늑대는 그러지 않는다. 늑대는 말을 할 수 있다. 게다가 우
리가 이해하기도 쉽다. 늑대들이 못 하는 것은 거짓말이다. 그래서
늑대는 문명사회에 맞지 않는 것이다. 늑대도 개도 사람에게 거짓
말을 하지 못한다. 그래서 인간은 자신이 이들보다 우월하다고 생
각하는 것이다.

사회적 지능의
핵심

영장류가 늑대보다 몸집에 비해 큰 뇌를 지녔다는 것은 잘 알려진 사실이다. 거의 20퍼센트가 더 크다. 그래서 영장류가 늑대보다 더 지능이 높다고 결론짓고, 영장류의 지능이 늑대과보다 우월하다고 주장한다. 이 결론은 단순하지만 틀린 것은 아니다. 단, 우월성이라는 것은 많은 것을 생략하고 있다. 만약 X가 Y보다 우월하다면, 특정한 측면에서는 항상 그렇다는 뜻이다. 영장류의 지능이 실제로 늑대과보다 우월하다면, 어떤 측면에서 그런지부터 자문해 봐야 한다. 이에 답하기 위해 영장류의 뇌가 더 크게 진화된 이유와 그 과정에서 어떤 대가를 치렀는지 알아보아야 한다.

한때 사람들은 지능은 단순히 자연 세계를 잘 다루는 것이라고 생각했었다. 예를 들어 침팬지는 개미굴에 막대기를 밀어 넣어 물리지 않고 개미를 잡아먹는다. 이것은 내가 앞에서 역학적 지능이라고 불렀던 것이다. 세상이 침팬지에게 물리지 않고 개미를 먹으라는 문제를 던져 주면, 침팬지는 역학적 지능을 활용하여 이를 해결한다. 역학적 지능은 사물 간의 관계에 기반한다. 이 사례에서는 막대기와 개미들의 예상 반응 간의 관계를 이용하여 목적을 달성하는 것이다. 우리가 앞서 보았듯이 늑대는 원숭이보다는 못할지 모르지만 개보다는 역학적 지능이 높다.

한데 사회적 동물의 뇌는 일반적으로 혼자 생활하는 동물보다 크다. 왜 그럴까? 사회적 동물이나 비사회적 동물이나 그들에게 주어진 자연의 문제는 같다. 호랑이, 늑대, 영장류 모두 같은 종류의 역학적 문제에 직면한다. 그렇다면 역학적 문제를 해결하는 지능이 뇌 크기를 키우는 것은 아니라고 결론 내릴 수 있다. 이것은 세인트앤드루스 대학의 두 영장류 학자인 앤드류 화이튼Andrew Whiten 과 리처드 번Richard Byrne이 '마키아벨리적 지능 가설'이라고 불렀던 것의 근거가 된다. 뇌 크기 증가에 따른 지능의 향상은 역학적 세계가 아니라 사회적 세계의 요구에 기인한다는 것이다.

여기서 본말이 전도되지 않도록 주의해야 한다. 예컨대 우리는 어떤 동물은 뇌가 크고 따라서 지능도 높기 때문에 지원도, 보호도 받을 수 있는 집단생활이 더 유리함을 깨달았다고 생각할 수 있다. 마키아벨리적 지능 가설에 따르면 진실은 오히려 그 반대이다. 사회적 동물이기에 지능이 더 높아졌다는 것이다. 큰 뇌는 집단생활의 원인이 아니라 결과이다. 사회적 동물은 비사회적 동물이 하지 않는 것을 해야 한다. 역학적 지능은 사물 간의 관계만 이해하면 될지 모르지만, 사회적 동물은 이보다 더 많은 것을 이해해야 한다. 바로 동료들과의 관계에서 사회적 지능이 필요한 것이다.

예를 들어 영장류, 원숭이 또는 늑대는 무리 내 다른 구성원의 움직임을 추적할 수 있어야 한다. 누가 누군지, 누가 우월하고 누

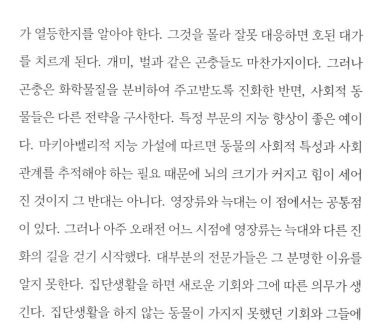

가 열등한지를 알아야 한다. 그것을 몰라 잘못 대응하면 호된 대가를 치르게 된다. 개미, 벌과 같은 곤충들도 마찬가지이다. 그러나 곤충은 화학물질을 분비하여 주고받도록 진화한 반면, 사회적 동물들은 다른 전략을 구사한다. 특정 부문의 지능 향상이 좋은 예이다. 마키아벨리적 지능 가설에 따르면 동물의 사회적 특성과 사회관계를 추적해야 하는 필요 때문에 뇌의 크기가 커지고 힘이 세어진 것이지 그 반대는 아니다. 영장류와 늑대는 이 점에서는 공통점이 있다. 그러나 아주 오래전 어느 시점에 영장류는 늑대와 다른 진화의 길을 걷기 시작했다. 대부분의 전문가들은 그 분명한 이유를 알지 못한다. 집단생활을 하면 새로운 기회와 그에 따른 의무가 생긴다. 집단생활을 하지 않는 동물이 가지지 못했던 기회와 그들에게 결코 부여된 바 없었던 의무이다.

첫 번째 기회는 동료를 이용하여 적은 비용으로 집단생활의 혜택을 얻는 것이다. 그 주된 방법인 속임수를 잘 써야 동료를 효과적으로 이용할 수 있다. 그러니 집단에 소속된 자의 제1과제는 속임수를 잘 쓰는 것이다. 동료보다 많은 비용으로 적은 효과를 얻어서는 안 되기 때문에 사회생활을 하려면 타인이 자기를 속이는 것을 알아챌 정도의 지능이 필요하다. 이런 과정에서 속지 않으면서 속이는 태도에 따라 지능이 높아진다. 영장류의 진화사에서 속임수 기술의 향상은 상대의 속임수를 알아내는 능력의 향상과 비례한다. 특히 후자는 반드시 전자를 능가해야 한다.

집단생활 속에서 잡을 수 있는 또 다른 기회는 동료와의 연합이다. 영장류 사회에서 연합은 특정 구성원을 이용하여 다른 구성원에 대항하기 위한 것이다. 이를 위해 계략을 짜는 능력이 필요하다. 그러나 이 기회는 또 다른 의무를 수반한다. 특정 연합의 희생양이 되어 계략의 대상이 되는 것은 장기적으로나 스스로의 행복에별로 좋지 않다. 끊임없는 박해 속에서도 여전히 그 연합에 소속되고 싶다면, 자신도 끊임없이 계략을 꾸며야 한다. 특정 집단에 소속되려면 계략에 빠지는 만큼 계략을 꾸밀 줄도 알아야 한다. 이처럼 집단에서는 계략을 짜야 하기 때문에 그러한 능력도 향상된다.

곧 영장류의 사회적 지능의 핵심은 속임수와 계략이다. 그러나 어떤 이유에서인지, 늑대는 이런 진화의 경로를 밟지 않았다. 늑대 무리 내에서는 계략이나 속임수를 거의 찾아볼 수 없다. 개들이 원시적이고 미미한 연합 형성의 성향을 보인다는 증거도 좀 있지만 충분하지는 못하다. 그것이 사실이라고 하더라도 한 가지 분명한 것은 개와 늑대가 이런 종류의 능력, 즉 속임수와 계략을 지녔다 해도 위대한 영장류에 비하면 유치한 수준이라는 것이다. 늑대가 왜 이런 영장류의 전략을 취하지 않았는지는 모르겠다. 하지만 이유를 모른다 해도 현상은 분명히 존재한다.

이런 종류의 지능은 영장류의 왕인 호모 사피엔스를 신격화하는 근거가 되기도 한다. 우리는 늑대과보다 높은 영장류의 지능을 말할 때 그것이 상대적 우월성이라는 점에 주의해야 한다. 영장

류는 늑대보다 계략과 속임수에 더 능하며, 지능의 차이는 여기에서 기인한다.

우리 영장류는 늑대들이 결코 꿈꿀 수도 없는 것을 해낸다. 바로 예술·문학·문화·과학 등 사물의 진리를 추구하는 일이다. 늑대 아인슈타인이나 늑대 모차르트, 늑대 셰익스피어를 들어 보았는가? 대수로운 일은 아니지만 그래도 브레닌이 이 책을 직접 쓸 수는 없다. 오직 영장류만이 이런 일들을 할 수 있는 것은 분명하다. 그러나 우리는 이 모든 것이 어디에서 비롯했는지 기억해야 한다. 인류의 과학적·예술적 지능은 속임수와 계략의 피해자가 되기보다는 가해자가 되고자 하는 진화의 부산물이다. 과학적이고 창조적인 지능이 단순히 속임수와 계략에 불과하다고 폄하하려는 것은 물론 아니다. 베토벤이 〈영웅〉 교향곡을 작곡할 때에도 결코, 무의식에서라도 속임수와 계략 따위가 끼어들 여지는 없었을 것이다. 베토벤의 작곡 능력에 대해 우스꽝스럽게 폄하할 생각은 털끝만큼도 없다. 오히려 내 요지는 교향곡도 거짓말에 속기보다는 거짓말을 잘 하는, 계략에 속기보다는 계략을 짜는 능력을 키우도록 발전해 온 자연 역사의 연장된 산물이라는 말이다.

우리는 이 같은 지능이 어디에서 비롯되었는지를 망각할 때 다른 존재를 부당하게 대하고 우리 자신을 학대한다. 여기에는 대가가 따랐다. 오랜 진화의 역사에서 우리는 늑대들이 가지 않은 길을 걸었다. 그 이유는 알 수 없다. 우리가 걸은 길을 비난할 수도 없지만 자축할 것도 없다. 길은 우리가 선택할 수 있는 것이 아니었기에. 진화는 선택의 문제가 아니다. 우리의 복잡성, 정교성, 예술·문화, 과학·진실, 그리고 우리가 그토록 주장하고 싶어 하는 위대함은 모두 대가를 치르고 얻은 것이며 그 대가는 속임수와 계략이다. 마치 사과 속에 웅크리고 숨어 있는 벌레처럼 음모와 거짓은 우리의 우월한 지능 속에 웅크리고 있다.

사회적 정서의
착각

인간 존재의 특수성을 의도적으로 편협하게 보는 건 아니냐고 생각할 수도 있겠다. 인간이 이중성과 음모를 가지고 있다는 건 사실일지도 모른다. 그러나 우리에게는 더 좋은 부분이 있지 않은가? 사랑, 공감, 이타주의는 어떤가? 물론 인간에게 그런 능력이 있다는 것을 부정하지는 않겠다. 그런 측면에서 인간은 위대한 영장류다. 그러나 나는 인간의 본질을 탐구하고자 노력해 왔을 뿐, 인간의 고유성이 무엇인지를 주 연구 대상으로 삼지는 않았다. 오직 인간만이 더 긍정적인 특성을 가지고 있다는 주장은 성립되기 힘들다.

사회적 포유류들이 동료에 대해 깊은 공감을 느낀다는 것을

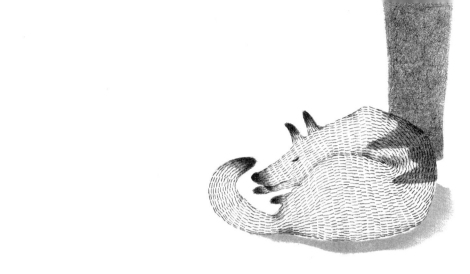

입증하는 경험적 증거들은 매우 방대하기 때문에, 고집불통인 행
동주의자들을 제외하고는 누구나 이를 수긍할 것이다. 늑대나 코
요테는 무리의 일부가 사냥을 나갔다가 집에 돌아오면, 미친 듯이
환호하고 재회를 기뻐한다. 꼬리를 흔들고 온 힘을 다해 껑충껑충
뛰어오르며 서로 주둥이를 핥고 다리를 휘두르며 바닥을 구른다.
아프리카 들개도 감정을 주체하지 못해 긴 울음소리를 내고 열광
적으로 꼬리를 치며 즐거움에 날뛴다. 코끼리도 귀를 펄럭대고 빙
빙 돌며 사무치게 반가운 소리를 낸다. 다른 모든 동물들에게는 적
용하면서 인간만은 예외로 삼는, 도저히 변호의 여지가 없는 행동
주의 이데올로기를 들먹이려는 충동에 사로잡히지만 않는다면, 이
동물들이 서로에게 애착이 있고, 함께 있는 것을 좋아하며, 다시 만
난 것을 기쁘게 여긴다는 것을 모를 수는 없을 것이다.

　　슬픔의 증거 역시 마찬가지로, 현장 연구를 하면 할수록 더욱
강하게 와 닿는다. 마크 베코프Mark Bekoff의 저서《동물의 감정Minding
Animals》에는 그가 연구한 그랜드 테톤 국립공원의 한 코요테 무리
이야기가 등장한다.

　　어느 날 어미가 무리를 떠나 돌아오지 않았다. 무리는 안절부절 못
　　하고 수일을 기다렸다. 어떤 코요테는 곧 새끼를 낳을 어미처럼 불
　　안하게 이리저리 걸어 다니고, 또 어떤 코요테는 어미를 찾으러 나
　　갔다 오기도 했다. 어미가 갈 법한 경로를 찾아 냄새를 좇아 길을 나

서고 집으로 돌아오라고 부르는 것처럼 울부짖었다. 일주일 이상 불안한 나날들이 계속되었다. 가족은 어미를 그리워했다. 코요테들이 눈물을 흘릴 수 있다면 아마도 대성통곡했을 것이다.

여우가 죽은 배우자를 묻는 것도 목격되었다. 그런가 하면 밀렵꾼에게 죽임을 당해 상아가 빠진 늙은 암컷 코끼리 옆을 수컷 코끼리 세 마리가 사흘간 지키면서 죽은 암컷을 만지고 일으켜 세우려고 노력한 사례도 있다. 유명한 자연주의자 어니스트 톰프슨 시턴Ernest Thompson Seton은 수컷 늑대 로보가 짝을 잃은 슬픔을 못 이겨 스스로 덫에 걸려 죽은 이야기를 글로 쓴 바 있다. 한때 늑대 사냥꾼이었던 시턴은 로보의 짝 블랑카의 시체를 덫 주변에 문질러서 냄새를 퍼뜨렸다. 로보는 사랑하는 블랑카의 냄새를 쫓아와서 저항도 하지 않고 시턴에게 죽임을 당했다.

이것들을 그저 특이한 사례에 불과하다고 생각할지 모르겠다. 그러나 이런 사례는 수천 개가 쌓이고도 매일 늘어나고 있으며, 많은 이들이 들려주는 그들의 반려동물 이야기까지 포함하면 어마어마할 것이다. 베코프가 말한 것처럼 사례가 충분히 쌓이면 데이터가 되는 것이다. '충분히'라는 용어의 의미대로라면 충분한 지점은 이미 오래전에 지났다.

영장류학자 제인 구달Jane Goodal의 저서를 읽어 보면, 영장류 사이에서는 애착, 공감, 심지어 사랑도 흔하다는 것을 알 수 있다. 예

를 들어 《창을 통해Through a Window》에 나오는 침팬지 모자의 이야기
를 보자. 어미 침팬지 플로가 죽자 시름시름 앓다가 따라 죽은 어린
아들 플린트의 이야기는 아무리 무뚝뚝한 사람이라도 뭉클하게 할
것이다. 영장류 이외의 포유류에게도 이런 종류의 감정이 존재한
다는 증거들 또한 그만큼 강력하다. 애착, 공감, 사랑은 인간의 전
유물이 아니며 영장류에게만 있는 것도 아니다. 이것은 모든 사회
적 포유류에게 공통적으로 발견되는 특성이다.

　　사실 찰스 다윈Charles Robert Darwin이 제시한 좋은 이론적 근거도
있다. 모든 사회적 집단은 서로를 결속할 매개체가 필요하다는 주장
이다. 사회적 곤충에게는 의사소통을 위해 분비하는 페로몬이 있고,
각 곤충은 하나의 유기체라기보다는 개별 세포와 같다고 한다. 즉
각 세포의 행복이나 정체성이 벌집이나 군체적 유기체Colony organism
에 종속된다는 것이다. 그러나 포유류의 진화는 다윈이 '사회적 정
서'라고 부른 애착, 공감, 사랑의 발전을 포함하는 매우 다른 전략을
취한 것이 분명하다. 늑대, 코요테 혹은 아프리카 사냥개 무리를 하
나로 묶는 것은 침팬지나 인간의 가족을 하나로 묶는 특성과 같은 것
이다. 이것은 우리 모두 공통적으로 가지고 있다.

　　그러나 나는 공통점보다는 차이점에 더 관심이 쏠린다. 우리
대부분은 '무지한 야수'들과는 달리 인간에게만 자랑스러운 지능이
있다고 주장한다. 그러나 이러한 지능은 대가를 치르고 얻은 것이
다. 이는 오래전 우리 조상들이 다른 사회적 동물이 걷지 않았던 이

중성과 음모로 포장된 길을 걸었기 때문이다.

속임수

　　　　　　　　인간 지능에 대한 이 일반적인 주장은 크게 의심의 여지가 없다. 네덜란드 아넴 지방의 침팬지 집단을 연구한 명저 《침팬지 폴리틱스Chimpanzee Politics》에서 프란스 드 발Frans de waal은 침팬지 집단의 복잡한 역학관계를 잘 보여 주고 있다. 한무리에서 세 마리의 수놈이 끝없이 일인자 자리를 차지하기 위해 싸우고 있었다. 연구에 따르면 처음에는 알파 수컷의 자리를 이에론이 차지하고 있었다. 권력의 가장 큰 지지 기반은 바로 암놈들이었다. 이러한 암놈들의 지지 기반을 무너뜨리려는 루이트의 끈질긴 노력으로 결국 이에론은 권좌에서 내려와야 했다. 그전에 루이트는 무리의 위계에서 상대적으로 바깥쪽에 위치하고 있었다. 이에론이 무리에서 그를 밀어냈기 때문이다. 그러나 젊은 니키가 성장하여 루이트와 연합을 구축할 만한 충분한 힘을 갖추게 되면서 변화가 왔다. 루이트와 니키는 암놈들을 혼내 줄 '응징' 전선을 구축하기 시작했다. 이것은 꼭 괴롭히는 것이 목적이라기보다는 이에론이 더 이상 암놈들을 보호하지 못한다는 것을 보여 주려는 목적이었다. 넉 달 간 이렇게 하자 암놈들은 루이트 쪽으로 기울었다. 두

놈이 지속적으로 괴롭히는 것도 지긋지긋하거니와 이에론이 이를 막아 주지 못했기 때문이다.

일인자 자리에 올라선 루이트는 노선을 신속히 바꾸었다. 지도자로서 암놈과 수놈 모두에게 태도를 바꿀 필요가 있었던 것이다. 암놈에게는 예전처럼 지지를 얻으면서 공정한 평화의 수호자 역할을 한 반면, 수놈을 대할 때는 약자의 편에 서는 전략을 취했다. 수놈 두 마리 간에 분쟁이 벌어지면 약자의 손을 들어 줬다. 따라서 그가 니키의 지원을 받아 지도자의 자리에 오르기는 했지만 다른 수놈들이 니키와 분쟁을 하게 되면 늘 다른 침팬지의 편을 드는 전략을 취했다. 두 수놈의 싸움에서 승자는 바로 루이트의 자리를 위협할 것이므로 그럴싸한 전략이었다. 그러나 한편으로는 논리가 맞지 않았다. 루이트는 향후 다른 분쟁에서 패자의 지원을 얻을 확률이 높았다. 즉 리더십을 발휘하려면 자신을 보호해 줄 수 없는 약자들과 연합을 맺어야 한다는 모순이 생기는 것이다.

결국 이번에는 이에론과 니키가 힘을 합쳐 루이트를 몰아냈다. 니키는 공식적으로 새로운 일인자가 되었지만 진짜 권력은 이에론이 쥐고 있는 듯 보였다. 니키에게 정말 권력이 있기나 한지 의심이 갈 정도로 효과적으로 반기를 들었던 것이다. 니키는 어리석게도 분쟁에서 승자의 편을 들어 주었다. 그리고 평화는 이에론이 수호했다. 예를 들어 니키가 암놈 두 마리의 분쟁에 개입하려고 할 때면, 이에론은 분쟁하는 두 암놈의 지지를 등에 업고 니키를 쫓아

버렸다. 니키는 왜 참고만 있었을까? 선택의 여지가 없었기 때문이다. 니키는 루이트를 견제하기 위해 이에론이 필요했다. 결국 니키는 단 한 번도 암놈들의 인정을 받은 적이 없는 지도자였다. 사실 니키는 암놈들의 연합에 주기적으로 위협당했다. 반면 이에론은 암놈들과 연합하여 니키를 압박하고, 니키와 연합하여 루이트를 견제했다. 진짜 힘을 가진 자가 누구인지는 명백했다.

루이트와 니키에 비해 우월한 이에론의 지능은 목적에 맞는 여러 개의 연합을 구축한 데서 잘 드러난다. 한쪽에서는 니키를 견제하는 연합을, 또 한쪽에서는 루이트를 견제하는 연합을 결성한 행동 말이다. 반면에 루이트와 니키의 연합은 허술해 보인다. 최고의 지능을 과시하는 진정으로 우월한 영장류가 되려면 하나가 아닌 여러 영장류를 대상으로 음모를 꾸며야 한다. 그리고 가장 훌륭한 영장류는 적과 연합하여 다른 영장류를 적으로 만들 줄도 알아야 한다.

이에론과 루이트의 계략뿐 아니라, 고착되지 않고 끝없이 변화하는 연합에 드러나는 계략에서는 속임수가 결정적 역할을 하는 것으로 모든 고전적인 영장류 연구에서 공통적으로 나타난다. 실제로 화이트과 번은 저서 《마키아벨리적 지능Machiavellian Intelligence》에서 '영장류의 계산된 속임수에 나타난 주의 조작'이라는 영향력 있는 연구를 통해 열세 가지나 되는 다양한 영장류의 일반 속임수를 분류했다. 이것들을 모두 세세히 들여다볼 필요는 없고 몇 가지 대표적인 범주만 살펴도 큰 그림을 알 수 있다.

　　종속적인 수놈 침팬지나 비비는 우두머리 수놈 앞에서는 발기한 성기를 숨기면서 암놈에게는 의도적으로 보여 준다. 우두머리 수놈 쪽의 팔을 무릎 위에 올려 아래로 늘어지도록 해서 성기를 숨기고는, 엉큼하게 동태를 살핀다. 너무나 빤한 수작이어서 이 사례가 더 흥미롭다. 이런 야비하고 음탕한 행위는 오직 영장류에게서만 찾아볼 수 있다. 화이튼과 번이 소위 은폐라고 칭한 속임수다. 이러한 은폐술은 또 다른 결과를 낳는데, 이번에는 엉큼한 수놈이 바위나 나무 뒤에 몸을 숨기고 암놈과 몰래 교미를 하는 것이다.

　　딴청 피우기라고 부르는 또 다른 형태의 은폐술도 있다. 비비한 무리가 좁은 길을 지나고 있다. S라는 암놈 한 마리가 맛있는 꼬리겨우살이 덩굴을 숲속에서 발견한다. S는 이를 못 본 체하고 길 끝에 앉아 열심히 털을 손질한다. 나머지 무리가 모두 그 자리를 지나쳐 떠나고 나서야 S는 덤불 속으로 뛰어 들어가 맛나게 식사를 한다. 인간들이 바닥에 떨어진 지폐를 보면 신발 끈을 묶는 척하면서 얼른 챙기는 것처럼, 비비들이 하는 의뭉스런 행동이다.

독심술

　　연합을 형성하고 속임수를 쓰면 지능이 향상되는 상관관계를 이해하기는 쉽다. 두 가지 행위 모두 세상을

이해하고 상대의 의중을 꿰뚫어야만 가능하다. 그 밑바닥에는 상
대가 세상을 어떻게 보고 이해하고 예측하는지를 파악하는 능력이
있다. 우두머리 수놈 몰래 암놈에게 발기한 성기를 드러내는 야비
한 침팬지를 예로 들어 보자. 먼저 녀석은 우두머리 수놈의 관점에
서 세상을 볼 줄 알아야 한다. 또 자신이 보는 것이 반드시 다른 침
팬지가 보는 것과 같지 않다는 점도 알아야 하며, 이런 상황은 자신
이 다른 침팬지와 어떤 관계에 있는지에 따라 달라진다는 점도 알
아야 한다. 즉 성공적인 은폐를 위해서는 최소한 다른 침팬지가 무
슨 생각을 하고 있는지 알아야 한다는 것이다. 이것이 바로 영장류
학자들이 말하는 영장류의 놀라운 '독심술' 능력이다.

　　독심술은 두 번째 속임수 사례에서 더욱 정교하게 드러난다.
비비 S가 자신이 꼬리겨우살이 덩굴에 주의를 기울이고 있는 것처
럼 보이지 않으려고 능청을 떤다는 것은, 다른 비비들도 그 덩굴을
볼 가능성이 있을 뿐 아니라, 자신이 무엇인가에 주목하고 있는 것
을 다른 비비들이 눈치 챌 수도 있음을 안다는 뜻이다. S가 덩굴을
보는 것은 1차 상*이다. 세상에 대한 시각적 상을 형성한 것이다.
만약 이를 눈치 채는 동료가 있다면, S가 덩굴을 보는 것을 본 그 동
료의 상은 2차 상이다. 2차 상은 1차 상에 대한 상이다. 그런데 S 자
신이 뭔가 흥미로운 것을 발견했다는 것을 동료들이 눈치 챌 수 있
다는 것까지 S가 알고 있다면 상에 대한 상에 대해 다시 상이 생기
는 것이므로, 3차 상이 된다.

화이튼과 번이 제시한 더욱 놀라운 사례도 있다. 침팬지 1에게 바나나를 주려고 한다. 바나나는 멀리서만 열 수 있는 금속 상자에 들어 있다. 상자가 열리는 순간 침팬지 2가 나타난다. 침팬지 1은 금속 상자를 얼른 닫고 몇 미터 떨어진 곳에 앉는다. 침팬지 2는 상자 근처를 떠나 나무 뒤에 숨어서 침팬지 1의 동태를 살핀다. 침팬지 1이 상자를 열자마자 침팬지 2가 나무에서 뛰쳐나와 침팬지 1의 바나나를 빼앗는다. 침팬지 1은 침팬지 2가 자신이 무엇을 보고 있는지 알고 있었다는 것을 깨닫는다. 여기까지가 3차 상이다. 그런데 침팬지 2는 침팬지 1이 무엇을 보고 있는지를1차 상 자신이 알고 있었다는 것을2차 상 침팬지 1이 깨닫게 될 것까지도3차 상 미리 알고 있다4차 상. 이것이 바로 놀라운 4차 상이다.

상대의 마음을 꿰뚫는 이러한 종류의 능력은 영장류의 합종연횡 과정에서 쉽게 알 수 있다. 아무리 단순한 연합이라도 성공시키려면 자신의 행동이 상대에게 미치는 영향뿐 아니라 상대가 어떻게 반응할지도 알아야 한다. 즉 자신의 행동과 자신의 행동으로 인한 상대의 행동 간의 상관관계를 알아야 하는 것이다. 루이트와 니키가 암놈 집단에게 가했던 지속적인 괴롭힘을 생각해 보자. 이를 이해하는 것은 자신의 어떠한 행동 때문에 상대의 특정한 행동이 나타나는지 그 인과관계를 파악하는 것과 같다. 복잡성을 떠나 모든 성공적인 연합은 상대 영장류의 마음을 읽는 기술이 필요하다.

간단히 말해 다른 사회적 동물에 비해 유난히 발달한 영장류 지능의 특성은 두 가지 필요, 즉 상대보다 더 교묘한 계략을 짜고, 더 철저히 거짓말을 해야 할 필요에 따라 발달했다. 영장류 지능의 특성은 이러한 어쩔 수 없는 필요에 의한 것이다. 우리는 더 지능이 높아졌기 때문에 동료의 마음을 더 잘 이해할 수 있게 되었고, 우리의 목적에 맞게 정확히 상대를 능가하여 속이고 이용할 수 있는 것이다. 자연에 대한 놀라운 이해와 지적·예술적 창조성 등은 모두 그에 따른 결과일 뿐이다.

고 의 성

그러나 현재까지 우리는 가장 흥미로운 질문에 대한 아직 답을 얻지 못했다. 영장류가 이렇게 효과적으로 진화해 온 그 길을 늑대는 왜 가지 않은 것일까? 이 지점에서는 전문가조차도 고개를 갸웃거린다. 어떤 사람들은 집단의 크기와 상관이 있다고 주장한다. 그러나 집단의 크기와 속임수와 계략에 대한 욕망 사이의 명확한 상관관계를 규명해 낸 이는 아무도 없기 때문에 이것은 막연한 추측에 불과하다. 나는 생각이 다르다. 조심스럽지만 분명히 영장류에 관한 모든 글에서 스멀스멀 새어 나오는 가설이 있다.

니키가 공식적 알파 수컷이던 당시의 일이다. 루이트가 니키가 누운 자리에서 40여 미터 떨어진 곳에 있던 암컷에게 다가간다. 어떤 식으로 암컷을 유혹할지는 예상할 수 있을 것이다. 니키에게 등을 돌린 채 발기한 성기를 암컷에게 보여 주는 것이다. 낌새를 알아차린 니키가 일어선다. 루이트는 암컷으로부터 몇 발짝 떨어져 나와 여전히 니키에게 등을 돌린 채로 바닥에 앉는다. 루이트는 니키에게 들켜서 움직인 것으로 보이고 싶지 않아 한다. 그럼에도 불구하고 니키는 서서히 루이트 쪽으로 다가가면서 큼직한 돌 하나를 집어 든다. 루이트는 한 번씩 뒤를 돌아보며 니키가 얼마나 가까이 왔는지 확인하면서 서서히 줄어드는 자신의 성기를 내려다본다. 발기가 완전히 가라앉은 후에야 루이트는 몸을 돌려 니키에게 다가간다. 그리고 배짱 좋게도 니키의 손에 들린 돌 냄새까지 킁킁 맡고는 니키와 암컷을 뒤로한 채 멀어진다.

　왜 우리는 늑대가 선택하지 않은 길을 걸어온 것일까? 학자들은 공통적으로 섹스와 폭력 때문이라고 입을 모은다. 오늘날 인류로 진화한 것이 바로 이 때문이다. 운 좋은 늑대인 알파 수컷이나 암컷도 1년에 겨우 한두 번 교미를 한다. 대부분의 늑대는 하고 싶어 하지도 않고 또 하지 못하는 것에 대해 불만을 표시하지도 않는다. 나 자신도 영장류에 속하지만, 섹스를 객관적으로 바라보기 어렵다. 그러나 화성에서 온 동물행동학자가 늑대와 인간의 성생활을 비교 연구한다고 가정해 보자. 섹스를 한다면 즐기겠지만, 그럴 수 없는 상황이라면 굳이 신경을 쓰지 않는 늑대의 태도가 여러 면에서 더 건전하고 절제되어 있다고 결론 내리지 않을까? 섹스 대신 술을 놓고 생각해 보면 인간은 중독과 절제 사이에서 효과적인 균형을 이루고 있다고 말할 것이다. 그러나 섹스에 대해서는 자신할 수 없다. 우리는 섹스를 할 수 없을 때에도 이를 그리워하며 그것이 자연스럽고 건강한 것이라고 강력하게 주장한다. 이는 우리가 영장류이기 때문이다. 늑대와 달리 영장류는 섹스에 중독되어 있다.

왜 그럴까? 참 흥미로운 질문이다. 아마 늑대는 무엇이 하고 싶은지를 모르기 때문일 것이다. 최소한 이것이 내 안의 영장류가 하고 싶은 말이다. 암컷 늑대는 1년에 한 번만 배란을 한다. 전체 주기는 3주인데 늑대는 2주차에만 수정이 가능하다. 어느 무리에서나 발정이 나는 것은 알파 암컷들이다. 이유는 알려져 있지 않다. 연구에 따르면 이것은 무리의 나머지 암컷들이 발정을 하지 못하도록 막는 일종의 사회적 스트레스에 따른 것이라고 한다. 그러나 이것도 추측에 불과하다.

반면 영장류는 무엇이 하고 싶은지를 안다. 가엾은 젊은 날의 브레닌은 터스컬루사의 모든 암캐들과 교미를 하고 싶어 했지만 그럴 수는 없었고 허락되지도 않았다. 브레닌은 종이나 몸의 크기를 가리지 않았고, 물리적으로 제압해서 막으려는 노력도 소용없었다. 녀석은 아직 화성 연구원이 칭송하는 건강하고 절제된 섹스에 대한 태도를 형성하지 못한 채 뭔가를 갈망하는 듯한 태도였다. 그러나 나의 계속된 감시 탓에 정확히 자신이 무엇을 갈망하는지 알

길은 없었고, 이후에도 오래도록 알 수 없었다.

인간은 브레닌과는 달리 일단 갈망하는 것의 실체를 알고 나면 섹스와 교미를 구분한다. 브레닌은 경험해 본 적이 없어 알 수도 없는 쾌락 때문이 아니라, 순전히 번식 본능에 의해 교미를 원했던 것이다. 그러나 모든 영장류는 그 쾌락을 안다. 늑대에게 쾌락은 번식 본능의 결과물일 뿐이다. 영장류는 이 관계를 뒤집었다. 영장류에게 번식은 가끔 있는 귀찮은 일이고 쾌락을 추구하는 과정의 부산물이다. 물론 영장류의 이런 공식이 잘못되었다는 것은 아니다. 종마다 쾌락과 번식의 상관관계가 다를 수 있다. 다르다고 해서 옳지 않은 것은 아니다.

그러나 이 전도된 공식은 한 가지 분명한 결과를 불러온다. 속임수와 계략을 향한 영장류의 욕구가 늑대보다 훨씬 강하다는 것이다. 속임수와 계략은 영장류가 쾌락이라는 갈망을 충족하기 위해 반드시 필요하다. 물론 섹스 외의 목적을 위해서도 속임수와 계략을 쓴다. 앞서 비비 S가 속임수를 써서 맛있는 덤불을 차지했듯이. 늑대도 숨겨진 먹이를 먹고 싶어 하지만 영장류와는 달리 속임수로 먹이를 취하지는 않는다. 결론적으로 영장류의 속임수 능력은 늑대와는 다른 상황 속에서 다른 이유로 발전한 것 같다. 나는 그러한 차이가 부분적으로 쾌락과 번식의 전도된 관계에서 비롯된 것이라고 짐작한다.

서양 철학뿐 아니라 모든 인간의 철학은 이성과 지성 대 쾌락과 즐거움 간의 대립의 역사였다. 후자는 원초적 혹은 동물적 본능으로 치부되었다. 이성이나 지성은 인간을 구성하는 뿌리이며 다른 동물과의 차이점이다. 그러나 이성과 쾌락은 우리가 받아들이기 힘들 만큼 긴밀히 연계되어 있다. 이성은 부분적으로 쾌락 욕구의 결과물이다. 속임수와 계략에 대한 욕구는 영장류에서 더 강하게 나타나며 위험도 그만큼 더 크다. 니키는 루이트를 대충 넘길 심산이 아니었다. 무거운 돌을 집어 든 것은 손으로 때리는 것보다 더 강하게 후려치기 위해서였다. 영장류의 놀라운 속임수와 계략 능력을 논할 때 흔히 간과하는 것은 계략을 처벌하는 방법이 매우 악독하다는 것이다. 그런 지독함은 늑대 사회에서는 볼 수 없는 것이다.

브레닌과 러거의 싸움은 한마디로 욱하고 붙은 충동적 싸움이었다. 물론 상대를 죽일 만큼 거칠어질 수도 있었다. 그대로 뒀으면 정말 한쪽이 죽었을지도 모른다. 그렇다고 해도 전혀 예상하지 못한 바는 아니다. 그러나 죽음은 싸움에 따른 결과이지 의도한 것은 아니다. 브레닌과 러거는 그저 화가 났을 뿐이다. 둘이 싸움을 한 것은 화를 못 이겨 그런 것이고, 감정 폭발이 그 죄목이다.

브레닌과 러거, 니키와 루이트가 인간이라면 어떨까? 법정에서 어떻게 판결이 났을까? 브레닌과 러거는 성질을 못 이긴 죄로 판결을 받을 것이다. 그리고 만약 루이트가 암컷들을 도발하는 것을 보고 분노한 니키가 현장에서 루이트를 공격했다면 유사한 판결을 받을 것이다. 그러나 니키는 루이트에게 다가가면서 중간에 멈춰서 돌을 집어 들었다. 만약 니키가 루이트를 공격했다면, 그리고 루이트가 경솔해서 이런 행동을 했다는 것이 증명된다면 니키의 죄는 더욱 중해질 것이다. 돌을 집어 든 것은 의도를 반영한다. 법리상으로는 고의성이 충분히 드러난다. 니키의 죄는 왕성한 혈기 때문이 아니라 냉정함에 의한 죄이다. 만약 브레닌과 러거의 싸움이 한쪽의 죽음으로 끝났다고 할 때 합리적인 판사라면 승자의 죄는 감정의 폭발이나 사고에 의한 고살故殺, Manslaughter이라고 판결할 것이다. 그러나 돌을 집어 든 니키는 고의에 따른 모살謀殺, Murder 판결을 받게 된다. 고살과 모살의 차이 ― 이것이 늑대와 영장류의 악의에 대한 정의의 차이라고 본다.

고의는 영장류 간의 상호작용에 너무나 만연해서, 영장류 고유의 특성이라고밖에 볼 수 없을 정도이다. 사실 영장류가 세상에 기여한 것 하나를 꼽으라면, 그리고 영장류를 떠올리면 항상 따라다닐 업적은 바로 '고의'의 발명이다. 쾌락과 번식의 전도가 영장류의 공식이라면, 고의는 영장류의 발명품이다.

속임수와 계략은 고의를 사용할 수 있는 동물을 대할 때 훨씬 더 중요해진다. 루이트의 입장이 되어 니키가 손에 무기를 들고 다가오고 있다고 생각해 보자. 늑대라면 상황은 훨씬 간단할 것이다. 우두머리 수컷이 공격을 할 수도 있었겠지만 니키 앞에 굴복함으로써 큰 처벌은 피할 것이다. 그러나 영장류인 이상 니키가 속임수에

넘어가지 않는다면 루이트는 처참하게 처벌당할 것이다. 아무리 비굴하게 사과하고 아무리 사무치게 후회해도 결과는 똑같을 것이다. 늘대는 용서도 빠르고 금방 잊어버린다. 그러나 영장류는 고의에 의해 행동하며 용서도 쉽게 하지 않는다. 영장류는 늑대가 결코 꿈도 꾸지 못하고 실행하지도 못할 무자비한 방식으로 동료를 대한다.

오직 인간만이
정의롭기에 충분하다

이마누엘 칸트Immanuel Kant는 "생각하면 할수록 놀라움과 경건함을 주는 두 가지가 있으니 하나는 내 위에서 항상 반짝이는 별을 보여 주는 하늘이며, 다른 하나는 나를 항상 지켜 주는 마음속의 도덕률이다"라고 쓴 바 있다. 이것은 전혀 새로운 말이 아니다. 인류사를 살펴보면 우리는 다음 두 가지를 항상 최고의 가치로 꼽고 있다. 첫째, 지성이다. 다른 무엇보다도 지성은 하늘의 별이 왜 빛나는지 우리가 이해할 수 있도록 해 주는 힘이다. 둘째, 무엇이 옳고 그르며 좋고 나쁜지 구분해 주고 도덕률로 우리를 안내하는 도덕성이다. 인간이 동물과 다른 것은 지성과 도덕성 때문이라고 한다. 맞는 말이다.

그러나 이성과 도덕은 바다의 거품에서 태어난 아프로디테 여

신처럼 처음부터 완벽하지는 않았다. 인간의 이성은 놀랍고 독특하지만 폭력과 쾌락 추구의 욕구 위에 세워진 구조물이기도 하다. 니키의 사례에서 우리는 도덕성의 위협에 대한 기원을 발견할 수 있다. 니키가 충분한 증거를 발견하지 못했기 때문에 루이트는 처절한 응징을 피할 수 있었다. 영장류에게 있어서는 정의의 근거가 먼저 확보되어야 한다는 것은 우연이 아니다. 영장류가 동료를 공격할 때, 이 공격은 고의로 이루어지고 희생자의 의례적 화해 제의 정도로는 책임을 모면할 수 없기 때문에 이러한 공격이 아주 빈번하게 나타나지는 않는다는 점이 중요하다. 이런 일이 늘 있다면 아마 그 사회는 곧 해체될 것이다. 사악하고 폭력적인 성격을 보면 영장류에게 일종의 신경과민이 시작었음을 알 수 있다. 니키는 공격하려면 근거가 필요하다는 것을 막연하게 감지하고 증거를 찾는 것이다. 증거만 확보되면 그 행위는 정당한 것으로 보장받는다.

근거·증거·정당화·보장. 정말 사악한 동물들에게만 필요한 개념이 아닌가? 불만이 많을수록 더 사악해지고, 화해에 무감할수록 정의는 더욱 필요해진다. 자연계에서 유일하게 영장류만이 도덕적 동물이 되기에 충분할 만큼 불만으로 가득하다.

최고의 상태는 최악의 상태에서 나온다. 그것이 꼭 나쁘지만은 않다. 그러나 마음속에 새겨둘 만은 하다.

04

너에게 길드니,
사람이 보인다

좀 거칠게
놀아 보자

　　　　　　　　브레닌이 어렸을 때 가장 좋아했던 놀이는 소파나 안락의자 쿠션 물고 도망가기였다. 내가 서재에서 일을 하거나 다른 방에 있으면 녀석은 쿠션을 입에 물고 문에 나타나 내가 자기를 본 것을 확인한 다음 거실과 주방을 지나 정원까지 냅다 뛰어 달아났고, 나는 눈썹이 휘날리게 녀석을 쫓아갔다. 쫓아가기 놀이는 한동안 계속되었다. "나가!"라는 명령에 물건을 내려놓으라는 지시가 포함되는 것으로 브레닌을 훈련시켰기 때문에, 내가 원하면 얼마든지 쿠션을 내려놓게 할 수 있었다. 그러나 나는 그럴 마음이 없었다. 사실 이 놀이를 더 즐긴 것은 나였다. 그래서 브레닌은 꼬리를 바짝 내리고 귀는 뒤로 붙인 채 눈을 반짝이며 정원을 돌며 달렸고, 나는 하릴없이 소리를 지르며 녀석의 뒤를 쫓았다.

　3개월이 될 때까지는 따라잡기가 쉬웠기 때문에 일부러 잡기 힘든 척 연기를 했다. 그러나 점점 연기가 아니라 실제 상황이 되어 갔다. 게다가 브레닌은 약간씩 꾀를 내기 시작했다. 이쪽으로 가는 척하다가 저쪽으로 가고, 내가 안 넘어가면 다시 이중으로 속임수를 썼다. 결국 이 놀이는 속이고 또 속이고 다시 속이는 것의 연속이 되어 속임수가 꼬리에 꼬리를 물었다. 한창 놀이에 빠지면 녀석은 다음 수를 잊어버렸고, 나는 그것을 눈치 챘다. 놀 때는 몰랐다. 그처럼 녀석과 대치하면서 사이드스텝을 연습한 것이 내 럭비 기술 향상에 그토록 도움이 될지. 나는 항상 럭비를 할 때 상대의 옆으로 가기보다는 그냥 마구잡이로 위에서 덮치는 편이었다. 이런 기술이 영국에서는 나름 먹혔지만 미국에서는 그다지 소용이 없었던 것이, 덩치도 크고 무지막지한 태클을 거는 미식축구에 익숙한 미국 선수들에게는 상대가 안 되었기 때문이다. 그러나 그들을 속이는 것은 매우 쉬웠고, 브레닌과의 강훈련 덕분에 나는 발끝으로 빠르게 사이드스텝을 밟는 미국 남동부의 날쌘돌이로 등극하게 되었다.

　놀이의 초창기에 브레닌은 자기를 잡아 보라고 으스대곤 했다. 내가 어느 정도 지치면 브레닌은 중간에 쿠션을 떨어뜨렸다. '쿠션 여기 놨으니 잡아 봐요!'라고 도발하는 것이었다. 내가 쿠션을 집어 들려고 허리를 굽히기 무섭게 녀석이 달려들어 쿠션을 낚아채면서 다시 추격전이 시작되었다. 내가 아무리 빠르게 집는다고 해도 녀석을 당할 재간이 없었다. 이것은 유용하고 배울 만한 기술이었다. 한번은 내가 잠시 주의를 늦춘 사이 녀석이 주방에서 갓 구운 닭을 물고 달아난 적이 있었다. 물론 내가 내려놓으라고 하면 내려놓았을 수도 있다. 하지만 굳이 그럴 필요가 없었다. 벌써 브레닌의 입 속에 들어간 닭을 꺼내서 내가 먹을 수도 없는 노릇이니 어차피 벌어진 일, 추격전에나 몰두하기로 했다. 전문 동물조련사라면 우리의 이런 놀이에 경악을 금치 못할지도 모르겠다.

　실제로 그런 말을 듣기도 했다. 그들이 반대하는 건 두 가지 이유에서이다. 첫째, 늑대를 흥분시키는 것은 위험한데 이 놀이는 그 특성상 브레닌을 더 흥분시킨다는 것이다. 둘째, 내가 따라잡지 못하면 브레닌이 체력적으로 더 우월하다고 느껴 알파 수컷의 지위를 넘보게 된다는 것이다. 그것은 일리가 있을 수도 있지만, 브레닌에게는 맞지 않는 원칙이었다. 명확한 시작과 끝이 있는 확실한 의식처럼 놀이가 이루어져서 그런지도 모르겠다. 내가 거실에 있을 때에는 결코 브레닌이 쿠션을 가져갈 수 없었다. 만약 녀석이 그런 시도를 하면 내가 단호하게 "나가!"라고 한다. 이것은 놀이는 때가 있다는 뜻이었다. 그리고 놀이는 항상 끝이 분명했다. "자, 이제 그만!" 하면 끝이다. 그러면 브레닌이 쿠션을 내게 가져와야 했다. 그리고 안으로 들어가 녀석에게 약간의 보상을 하여 이렇게 놀이를 끝내면 뭔가 좋은 일이 있다는 것을 인식시켰다.

　한동안은 이렇게 잘 지냈다. 그러나 9개월쯤 되자 브레닌은 놀이의 난이도를 높이고 싶어 했다. 어느 날 아침, 내가 서재에서 글을 쓰고 있는데 거실에서 연신 쿵쿵대는 큰 소리가 들렸다. 브레닌은 쿠션을 정원으로 물고 나가는 것으로는 성에 안 차는지, 안락의자를 통째로 들고 나가기로 결심했던 모양이다. 의자를 끌고 나가느라 문에 부딪히는 소리가 그렇게 크게 났던 것이다. 브레닌의 놀이가 좀 더 거칠어져야 한다는 것을 그때서야 깨달았고, 모든 것을 고려해 볼 때 브레닌을 계속 지치게 만드는 것이 우리 둘에게 가장 좋겠다는 전제하에 결정했다. 함께 달리기로!

아름다운
활주

늑대를 계속 지치게 만들어 통제하는 것은 한 가지 방법이다. 그러나 잠깐만 생각해 보아도 그다지 좋은 생각이 아니라는 것을 알 수 있다. 사실 처음에는 브레닌도 좀 지쳤다. 나도 마찬가지였다. 그러나 내가 지치는 것이 문제가 아니었다. 왜냐하면 의자를 정원으로 끌고 나가는 것은 내가 아니었기 때문이다. 반면에 브레닌은 점점 더 튼튼해져서 언제든지 집과 기물을 파손할 수 있는 가능성이 더 높아졌다. 과거에는 이 정도 운동량이면 오후 시간은 지쳐서 잠들 정도였지만 이제는 가뿐한 놀이에 그쳤다. 그래서 꼭 필요한 운동 시간이 점점 더 길어졌다. 힘이 넘치는 브레닌과 계속 뛰려면 자전거도 한 가지 방법이 될 수 있었다. 그러나 당시 앨라배마는 자전거에 그다지 호의적이지 않다는 것을, 야구방망이를 들고 픽업트럭에 탄 술에 취한 시골뜨기와 내가 타고 가던 자전거가 부딪혀 목이 거의 날아갈 뻔한 사고를 통해 알고 있었다. 공산주의자 아니면 히피 나부랭이나 힘들여 자전거를 몰고 다닌다는 것이 당시 앨라배마의 정서였다. 그런 상황이니 자전거는 후보에서 제외되었다. 그래서 별 수 없이 계속 달렸고, 브레닌도 나와 함께 달린 결과 우리 둘은 날이 갈수록 근육이 붙어 단단하고 늘씬해졌다.

전에 없이 몸이 좋아지면서 나는 새로운 국면을 맞이했다. 함께 뛰는 과정에서 뭔가 겸손해지고 심오해지는 느낌을 받은 것이다. 무엇보다도 나 자신에게서 의심의 여지없이 명확하고, 범주 자체가 아예 다른 절대적으로 우월한 존재를 느꼈다. 이것은 내 인생의 전환점이었다. 나는 자신감 넘치는 남자였다. 거만해 보였을 테지만 혹시라도 그런 기색을 못 느꼈다면 내가 잘 숨겨서일 것이다. 나는 어느 누구도 부러워해 본 적이 없으며, 사람들 앞에서는 전혀 위축되지 않았다. 그러나 이제 나는 내가 나 자신이기보다 브레닌처럼 되고 싶어 한다는 것을 깨달았다.

나의 깨달음은 근본적으로 미학적인 것이었다. 우리가 함께 달릴 때면 브레닌은 개와는 전혀 다른 우아하고 효율적인 동작으로 땅 위를 미끄러지듯 달렸다. 개들의 경우 아무리 세련되고 효율

적이라 해도, 빠르게 걸을 때는 발이 수직 방향으로도 움직인다. 개
를 키운다면 한번 자세히 관찰해 보라. 발이 앞으로 나아갈 때 미
세하게나마 위아래로도 움직인다. 그리고 이런 발의 움직임은 어
깨와 등에도 전달된다. 자세히 보면 개가 앞으로 나아갈 때마다 어
깨가 들썩이는 것이 보일 것이다. 견종에 따라 이런 움직임은 뚜렷
하거나 미세하게, 정도 차이는 있더라도 자세히 관찰하면 공통적
으로 그런 움직임을 볼 수 있다. 그러나 브레닌은 전혀 그런 움직임
이 없었다. 늑대는 앞으로 나아가는 추진력을 발목과 두툼한 발에
서 얻는다. 그 결과 다리의 움직임이 훨씬 적으며, 다리는 곧게 뻗
은 채로 앞뒤로만 움직이지 아래위로는 움직이지 않는다. 그래서
빨리 걸을 때에도 어깨와 등은 움직임 없이 꼿꼿했다. 멀리서 보면
마치 공중에 약 2~5센티미터 정도 떠 있는 것 같았다. 특별히 기분
이 좋거나 자신이 한 행동이 만족스러울 때는 펄쩍펄쩍 뛰며 기쁨
을 표시하기도 했지만, 기본적인 동작은 활주였다. 브레닌은 이제
없지만 녀석을 생각할 때마다 섬세하고 구체적인 내용보다는 그 본
질적 이미지가 내 기억 속에 남아 있다. 이른 아침 앨라배마의 안개
속을 헤치며 땅 위를 가볍고 조용하며 우아한 모습으로 유연하게
미끄러지듯 달리던 늑대의 환영 말이다.

　그 옆에서 시끄럽게 헐떡대며 털썩털썩 달리는 영장류의 모
습은 더없이 볼썽사납고 불만스러웠다. 나도 브레닌처럼 성큼성
큼 달리고 싶었다. 나도 공중에 2~5센티미터쯤 떠서 활주하고 싶

었다. 물론 내 달리기 실력도 일취월장했지만 브레닌 앞에서는 뛰어야 벼룩이었다. 아리스토텔레스Aristoteles는 식물과 동물의 영혼을 다음과 같이 구분했다. 식물은 단순히 영양을 흡수·처리·배출하는 영양영혼을 지닌 반면 동물은 장소운동혼을 지니고 있다는 것이었다. 그가 동물의 영혼을 움직임과 연관시켜 규정한 것은 우연이 아니라고 생각한다. 학생 때 배웠던 것과는 달리 나는 아리스토텔레스가 단순히 식물은 특정 장소에 고착되어 있지만 동물은 돌아다닐 수 있다는 뜻으로 말한 것이 아니라고 생각한다. 아리스토텔레스는 진부한 표현을 좋아하지 않았다. 오히려 나는 늑대의 영혼, 즉 늑대의 본질을 이해하려면 늑대의 움직임을 관찰해야 한다는 뜻이라고 본다. 덧붙여 슬프고 불만스럽지만 어쨌든 우아함이 없이 비틀대고 번잡스러운 영장류의 걸음걸이는 그 안에 깃든 영혼도 비틀대고 우아하지 않다는 뜻인 것이다.

이 불행한 종의 질투심 속에서도 브레닌은 빠르게 성장했다. 한 살이 될 때쯤 브레닌은 어깨까지 키가 약 86센티미터, 몸무게는 약 54킬로그램에 달했다. 완전히 자라자 2.5센티미터가 더 크고 몸무게는 13.5킬로그램이 더 늘었다. 힘은 어마어마하게 세졌다. 그래서 나도 더 강해져야 했다. 한편으로는 녀석이 알파 수컷의 자리를 넘볼 불상사를 방지해야 했고, 한편으로는 개들과의 싸움을 저지할 책임이 있었다. 브레닌이 내 말을 잘 들었기 때문에 제2의 러거 사태는 거의 일어나지 않았지만 말이다.

나는 체력 단련을 계속했다. 일주일에 네다섯 번은 브레닌을 두 시간 정도 남에게 맡겨 놓고 헬스장에 가서 피나게 운동을 했다. 브레닌이 한 살이 되었을 때 나는 스물일곱이었는데 키가 약 179센티미터, 몸무게가 91킬로그램였고, 체지방은 8퍼센트에 불과했다. 벤치프레스는 143킬로그램까지 했다. 컬Curl, 팔이나 다리를 구부리는 체력 단련 동작도 약 55킬로그램까지 했다. 헬스장에서 단련해서라기보다는 다른 개와 싸움이 붙은 브레닌을 떼어 내다 보니 실력이 느는 것이었다.

앞서 말했듯이 실제 싸움은 거의 일어나지 않았다. 그러나 나는 싸움이 일어나려는 순간을 감지하는 데에는 도사였다. 그러면 얼른 브레닌의 양 목을 움켜잡고 공중으로 치켜 올려 나를 쳐다보게 했다. 녀석의 호박색 눈을 들여다보며 "나랑 한번 해 볼래, 응?"이라고 속삭였다. 나는 의도적으로 강한 느낌을 주려고 했다. 일주일에 다섯 번 헬스장을 가면서 몸을 만들다 보니 남성 호르몬이 넘쳐서 가만히 있어도 강한 느낌이 났지만 말이다. 그러나 강한 어조 외에도 기술이 있었다. 늑대들은 새끼의 목덜미를 물어 옮긴다. 이렇게 하면 저항을 멈추고 시키는 대로 따른다. 녀석의 목덜미를 움켜쥐는 것은 내가 너의 아빠이니 저항을 멈추라는 뜻이다. 브레닌도 어떤 상황인지 알고 있었을 것이라고 확신한다. 내가 제시한 것은 쉽게 이해할 수 있는 시나리오였고 원래 하려던 것이 무엇이든 간에 관두라는 신호였다. 사실 이것은 브레닌이 몸을 구부려 줬기 때문에 가능했다. 키가 나만큼 큰 녀석을 땅에서 들어 올릴 수 있었던 것은 마치 마술사의 모자에서 토끼를 들어 올리듯 브레닌이 뒷발을 말아서 몸에 붙여 줬기 때문이었다.

감전의
추억

뜨겁고 끈적대는 앨라배마의 긴 여름날 어느 오후, 나는 조깅을 나갔다. 평소와는 달리 브레닌을 두고 혼자 갈 참이었다. 지난 며칠간 브레닌은 기운이 없었기 때문에 뜨겁고 습한 날씨에 데려가기에는 불안하다고 판단했다. 브레닌은 이런 나의 결정에 극심하게 반대했고 불쾌해했다. 그러나 나는 여자친구에게 브레닌을 맡기고 집을 나섰다.

많이 애쓴 것 같지도 않은데 브레닌은 결국 정원의 문을 열고, 아니 경첩을 박살내고 뒤를 따라왔다. 정해진 코스는 없고 매일 바뀌었기 때문에 내 냄새를 따라왔다고 짐작된다. 10분 정도 뛰었을 때 급브레이크를 밟는 소리가 들리더니 '쿵!' 하고 둔탁한 소리가 났다. 고개를 돌려 보니 브레닌이 쉐보레 블레이저에 치여 바닥에 쓰러져 있었다. 미국인이 아니라면 잘 모를 수 있으니 덧붙이자면 블레이저는 SUV이다. 유럽에서는 복스홀 프론테라로 알려져 있는 차종이다. 크기는 블레이저가 더 크다. 이 차는 좀 전에 내 옆을 시속 약 60~80킬로미터로 지나갔었다. 몇 초간은 아무 소리도 내지 못하고 바닥에 누워 있던 브레닌은 길게 울더니 벌떡 일어나 길 옆 숲속으로 뛰어 들어갔다. 녀석을 찾는 데 거의 한 시간이 걸렸다. 다행히 브레닌은 괜찮았다. 수의사인 제니퍼는 몇 군데 상처와 멍이 있기는 하지만 뼈가 부러지지는 않았다고 했다. 하루 정도 지나자 정상으로 되돌아왔다. 사실 더 피해가 심했던 것은 브레닌이 아니라 자동차였다.

내가 차에 치였다면 아마 죽었을지 모른다. 그러나 브레닌의 상처는 며칠 만에 나았고 심리적 충격도 전혀 없었던 것 같다. 바로 다음 날, 브레닌은 함께 조깅을 하러 가자고 나를 졸라 댔고, 길에서 옆을 휙휙 지나는 자동차를 보아도 전혀 두려워하지 않았다. 브레닌은 매우 강하고 또 침착한 동물이었다. 신체적으로나 정신적으로나 모두 그랬다. 이제 곧 하게 될 이야기에 앞서 이 이야기를 꼭 해 두고 싶었다.

이 이야기는 그로부터 몇 년 뒤에 벌어진 일이다. 아일랜드의 코크 시로 이사를 온 우리는 리 강을 따라 함께 달렸다. 리 밸리 공원을 뒤로하고 강가를 따라 소들이 늘어서 있는 방향으로 뛰었다. 보통은 소를 느리고 둔한 동물로 알지만, 소들은 풀밭에 서서 풀을 뜯고 주변을 살피는 일로 언제나 바쁘다. 그러나 브레닌과 내 관점에서는 달랐다. 햇빛이 좋고 바람에 여름이 실려 올 때면, 소들은 만 년에 걸친 선택적 교배로 인해 탄생한 자신의 운명을 잠시 잊고, 오늘처럼 아름다운 날 살아 있다는 것에 기뻐하며 노래하고 춤추는 것 같았다.

소들은 지나칠 정도로 브레닌을 좋아했고 브레닌도 마찬가지였다. 이렇게 아름다운 봄날, 소들은 우리가 나타나면 항상 들판의 저 먼 끝에서부터 인사를 하려고 우르르 요란하게 달려오곤 했다. 젖소이다 보니 송아지를 강제로 뺏겼을 테고, 아마도 브레닌을 고향의 푸른 초원으로 돌아온 그리운 제 새끼로 착각한 게 아닐까 생각했다. 브레닌은 아마도 소들이 자신을 소의 신으로 생각하는 것 같다고 여긴 듯했다. 이유야 어쨌든, 브레닌은 소에게 껑충껑충 뛰어가서 커다랗고 촉촉한 코를 일일이 핥아 주었다. 브레닌은 개는 좋아하지 않는 것 같았는데 소는 정말 좋아했다.

소들이 도망가지 못하게 설치한 전기 담장이 있었다. 조깅을 나갔다가 돌아오는 길에 나는 커다란 세인트 버나드_{구조 능력이 뛰어난 스위스의 대형견}인 파코가 앞에 있는 것을 보고 브레닌의 목덜미를 움켜잡았다. 브레닌은 여전히 큰 수컷 개들에게는 적대감을 보였기 때문이다. 내가 목덜미를 잡자 우리는 전기 담장 아래로 함께 몸을 숙여 들어가는 모양이 되었다. 그때 내 팔꿈치가 담장에 닿았는데 전기가 나를 지나 브레닌에게까지 전달되었다. 브레닌은 소의 신이라기보다는 불에 덴 고양이처럼 모양 빠지게 화들짝 뛰쳐나가 얼떨떨하게 서 있는 파코를 지나 쏜살같이 도망갔다. 약 3킬로미터 떨

어진 우리 차가 있는 곳에 다다르기까지 멈추지 않고 달렸다. 걱정
스러워 숨을 몰아쉬며 쫓아간 내가 도착할 때까지 브레닌은 차에
서 나를 기다리고 있었다. 비가 오나 눈이 오나 우리는 같은 코스로
거의 1년을 달렸는데, 그 사건 이후로 브레닌은 다시는 그곳에 가
지 않았다. 아무리 사정하고 뇌물을 줘서 꼬드겨 봐도 딱 잘라 거절
하고 절대 흔들리지 않았다. 그것을 보면 전기가 늑대에게 얼마나
끔찍한지를 알 수 있다. 늑대가 얼마나 전기를 싫어하는지 말이다.

브레닌이 너무 과장되게 반응한 것이 아닐까? 아주 가벼운 감
전 정도이니까 말이다. 그렇다면 블레이저에 치였던 사고를 한번
생각해 보자. 이렇게 가벼운 감전이라도 브레닌에게는 SUV에 부
딪치는 것보다 훨씬 더 강한 충격이었던 것이다.

사악한
전기 왕복 상자

　　　　　　　　　순수, 창조, 자유의 가치 속에 숨겨진 인
간의 사악함을 알고 싶다면 왕복 상자를 보면 된다. 왕복 상자는 솔
로몬R. Solomon, 카민L. Kamin, 그리고 와인L. Wynne이라는 하버드 대학
의 심리학자들이 개발한 도구이다. 이 상자는 울타리 구획을 둘로
나눈 장치이다. 각 구획은 전기가 통하는 석쇠 바닥으로 되어 있다.

솔로몬과 동료 실험자들은 한쪽 구획에 개를 넣고 바닥에 강한 전기충격을 주었다. 본능적으로 개는 울타리를 넘어 반대편 구획으로 가려고 한다. 실험에서는 보통 이 과정을 수백 번 반복한다. 실험이 진행될수록 점점 더 울타리의 높이를 높여 개가 뛰어넘기 어렵게 만든다. 결국 울타리를 넘을 수 없는 개는 전기가 흐르는 바닥에 누워 숨을 헐떡이고 경련을 일으키며 비명을 지른다. 혹은 양쪽 바닥에 모두 전기를 흘리기도 한다. 개가 어느 쪽으로 뛰든 충격을 받는 것이다. 그렇지만 충격이 너무 강하기 때문에, 소용없는 일이 될지라도 개는 반대편으로 넘어가려고 안간힘을 쓰게 된다. 결국 한쪽의 고통을 피해 다른 한쪽의 고통을 선택하는 꼴이다. 이 실험에 대한 결과를 정리하면서 실험자들은 '고통을 벗어나려 깽깽대지만 결국 전기가 흐르는 반대편 석쇠에 착지하면 같은 고통에 깽깽댄다'고 묘사했다. 지친 개는 바닥에 쓰러져 똥오줌을 싸고 깽깽대며 몸을 부르르 떤다. 이런 시도를 10~12일간 하고 나면 개는 더 이상 충격에 저항하지 않는다.

이런 짓을 집에서 몰래 했다면 솔로몬, 카민, 와인은 기소되어 벌금형에 처해지고 아마도 향후 5~10년간 동물을 키우지 못하도록 하는 판결을 받았을 것이다. 감옥에 갔어야 마땅하다. 그러나 이것을 하버드의 실험실에서 했기 때문에 이들은 학문적 성공이라는 기묘한 보상을 받았다. 편안한 생활, 높은 급여, 학생들의 존경, 심지어 동료의 부러움까지. 개를 고문한 것에 대한 대가로 경력이 쌓였

고 이를 흉내 낸 실험들이 줄을 이었다. 이런 종류의 실험은 30년 이
상 계속되었는데, 가장 유명한 후계자는 마틴 셀리그먼Martin Seligman
이다. 그는 미국심리학협회의 회장을 역임하기도 했다. 셀리그먼
은 이제 더 이상 이런 종류의 실험을 하지 않으며 지금은 행복을 연
구하고 있다. 그런데 행복 연구에는 개들이 등장하지 않는다. 개들
이 이용되는 것은 오직 사악한 실험뿐이다.

   왜 그런 고문이 허용되었을까? 왜 그것이 가치 있는 실험이라
고 인식되었을까? 이 실험은 우울증의 원인이 절망의 반복학습이
라는 소위 '학습된 무기력' 모델을 증명하기 위해 사용되었다. 한동
안 심리학자들은 이를 중요한 결과로 받아들였다. 그러나 이런 어
처구니없는 실험으로 혜택을 입은 사람은 아무도 없다. 30년간 개
를 비롯한 다른 동물들에게 전기고문을 가한 결과, 이 모델은 결국
고려할 가치가 없는 헛된 짓으로 결론이 났다. 이 실험은 최소한 인
간의 사악함을 증명하는 데에는 성공한 듯하다.

악은 의외로
평범하다

                        최근 들어서는 사악함에 대한 정의가 난
국에 처했다. 인간의 사악함은 줄어들지 않고 늘었는데, 소위 지식

인들은 그 존재 자체를 인정하려 들지 않는다. 사악함이란 사람들 마음에 악을 주입하는 못된 악마로부터 오는 중세 시대의 구시대적 유물이라고 생각하기 때문이다. 현대인은 악을 특별한 인용구처럼 사용하는 경향이 있다. 악을 정신병과 같은 의학적 문제나 사회적 병리의 결과로 본다. 그럴 경우 다음과 같은 추론을 낳는다. 첫째, '악'은 정신적·사회적 약자들인 사회의 비주류에게만 존재하는 것이 된다. 둘째, '악'은 누구의 잘못도 아니다. 누군가 악한 일을 해도 그들은 자신의 행동에 책임을 지지 않는다. 정신적·사회적인 기능에 문제가 있는 것이지 도덕적 문제가 있는 것이 아니기 때문이다. 악은 항상 보이는 그대로가 아니라 다른 어떤 것이다.

나는 이것이 모두 틀렸다고 생각한다. 현대적 또는 계몽적 관점에서 악에 대한 관념은 매우 중요한 것을 놓치고 있다. 중세의 초자연적 개념을 고수하려는 것이 아니다. 현대적 악의 개념에서 중요한 두 가지 내용, 즉 악은 비주류 계층에서만 존재하고 개인의 잘못에서 오지 않는다는 주장이 잘못됐다는 말을 하고 싶은 것이다. 여기서 더없이 간단한 악의 정의를 내려 보도록 하겠다. 첫째, 악은 매우 나쁜 일이다. 둘째, 악한 사람이란 스스로 매우 나쁜 일을 행하는 사람이다.

악의 개념에 대해 우리가 왜 그렇게 의심을 품게 되었는지 먼저 고찰해 보자. 악에 대한 현대인의 의심은 악한 행동에는 악한 사람이 필요하고, 악한 사람은 악한 동기에서 행동한다는 전제에서 출발한다. 어디가 아프거나 사회에 잘 적응하지 못해 자신의 동기를 통제할 수 없는 사람이라면 자신의 행동 역시 통제할 수 없을 것이다. 악한 행동과 악한 동기 사이의 이러한 상관관계는 우연한 것이 아니다. 이것은 중세 시대 도덕적 악과 자연적 악의 구분으로까지 거슬러 올라간다. 토마스 아퀴나스Thomas Aquinas와 같은 중세 철학자들은 악을 아픔, 고통 및 그와 관련된 현상으로 간주했고, 자연적 현상과 인간 행동이라는 두 가지 원인에서 악이 기인한다고 했다. 지진 · 홍수 · 허리케인 · 질병 · 가뭄 등은 모두 극심하고 긴 고통을 가져온다. 이런 식으로 발생한 아픔과 고통이 자연적 악이다. 이는 인간 행동, 즉 인간이 초래하는 아픔 및 고통인 도덕적 악과 구분되었다.

인간 행동에는 동기나 의도의 개념이 포함된다. 지진이나 홍수는 동기가 없다. 자연 현상은 행동하는 것이 아니라 그저 발생하는 것일 뿐이다. 반면에 인간은 행동할 수 있고, 무언가를 초래할 수 있다. 단순히 발생하는 것과 달리 어떤 결과를 초래하려면 동기가 필요하다. 계단이 무너진 것은 자신이 초래한 것이 아니라 그저 자신에게 닥친 일이다. 진정한 행동은 동기가 있어야 한다. 따라서 사람들은 사실상 그렇지는 않더라도 악한 사람은 악한 동기에서 행동하는 사람이라고 유추하게 된 것이다.

그 결과 고도로 지식화된 도덕적 악의 개념이 등장했다. 한 예로, 나의 친구이자 최고의 철학자 중 한 명인 콜린 맥긴Colin McGinn

은 도덕적 악을 남의 고통이나 불행에 대해 갖는 쾌감인 샤덴프로이데Schadenfreude의 일종으로 본다. 물론 맥긴 교수가 이것을 도덕적 악의 일반화로 사용한 것이라고는 생각하지 않지만 이것은 악을 이해하는 한 가지 좋은 방법일 수 있다. 그런데 남의 고통이나 불행에서 쾌감을 느낀다면 그것이 정말 악인가? 그런 행동을 하는 사람이 진정한 악인에 대한 적합한 예인가? 나는 실제로 그렇지는 않다고 본다.

한 소녀가 아주 어렸을 때부터 친부에게 강간을 당하며 오랜 기간 학대받았다. 이에 충격을 받은 사람들은 내가 그랬던 것처럼 소녀의 어머니는 도대체 뭘 하고 있었냐고 반문할 것이다. 무슨 일이 벌어지고 있는지 어머니가 몰랐단 말인가? 나는 소녀의 대답에 경악을 금치 못했고, 지금도 그 생각만 하면 몸서리가 쳐진다. 술에 만취한 아버지가 집에 와서 행패를 부리는 것은 그 집에서는 일상이었고, 그럴 때면 어머니는 딸에게 들어가서 아버지를 조용히 시키라고 했다는 것이다.

여기에는 두 가지의 악이 개입되어 있다. 반복적인 아버지의 강간과 어머니의 적극적 공모였다. 어느 것이 더 나쁜지 따지기는 정말 어렵다. 한편으로는 어머니도 희생자였지만 그렇다고 해서 그녀의 죄가 가벼워지는가? 아무것도 모르는 어린 딸의 몸과 미래의 행복을 거래 조건으로 망나니 남편에게서 벗어나고자 했던 비정한 어머니. 그녀의 행동은 딸의 고통이나 불행에 쾌감을 느껴서 비롯된 것이 아니라 공포에서 비롯된 것이었다. 그렇지만 어머니의 행동에 면죄부를 줄 수는 없다. 희생자들은 악할 수 없다고 가정해 보자. 만약 아버지와 어머니가 둘 다 악하지 않다면 도대체 악한 사람은 어떤 사람이란 말인가?

그들의 악행은 어떤 동기를 지녔다 해도 이해하기 어렵다. 악행의 동기가 무엇이든 간에, 적어도 맥긴이 자신있게 주장한 동기를 통해서도 이해하기가 어렵긴 마찬가지이다. 아버지의 동기가 무엇인지 어떻게 알 수 있단 말인가? 그는 자신의 행동이 악하다는 것을 알았을 수도 있고 몰랐을 수도 있다. 몰랐다고 해 보자. 본인이 자라난 환경이 그랬기 때문에 원래 가족이란 그렇게 하는 것이라고 알고 있었다면? 전혀 잘못된 행동이 아니라고 생각했을 것이다. 딸을 세상에 태어나게 해 준 아버지는 딸에 대한 전적인 소유권을 가지기 때문에 그렇게 하는 것이 마땅한 권리라고 생각했을지 모른다. 미래에 다가올 성생활에 필요한 예절을 미리 가르치는 것이 아버지로서 의무를 다하는 것이라고 생각했을 수도 있다.

논점은 동기가 과연 그리 중요하냐는 것이다. 아버지의 동기 따위는 우리가 알 바 아니다. 소녀의 아버지가 자신은 잘못이 전혀 없고, 오히려 도리를 다했다고 생각한다 하더라도 그의 악행이 가벼워지는 것은 아니다. 그의 행동이 인간이 상상할 수 있는 가장 사악한 행동임에는 변함이 없다. 어머니의 경우엔 자식에 대한 보호의 의무를 다하지 않은 것만으로도 사악하다고 볼 수 있다. 어떤 공포 상황이었는지는 여기서 문제가 되지 않는다.

　상상으로 재구성해 본 아버지의 경우처럼, 우리 또한 회복이 불가능할 정도로 멍청하다면 사악한 것이다. 우리의 악함은 타인의 고통과 불행에서 얼마나 기쁨을 얻는가라는 문제와는 무관하다. 고의성은 악의 본질과는 거의 상관이 없다. 그러한 악의가 악한 행동의 실행에 아무런 역할을 하지 않는다고 주장하려는 것은 아니다. 어떤 경우에는 분명히 관련이 있다. 그러나 그런 사례들은 상대적으로 드물다는 것이 나의 논지이다.

　이제 판결로 가 보자. 소녀의 아버지와 어머니가 결국 붙잡혀 처벌을 받게 될 상황이다. 그 처벌이 응당한 것인지에 대한 논의는 잠시 접어 두자. 이런 상황에서 딸의 감정적 반응은 어떨까? 아마 복합적일 것이다. 그러나 그렇지 않다고 가정해 보자. 부모가 처벌받는 것에 완벽하게 기뻐했다고 하자. 오히려 긴 수감 기간 동안 교화되어 착한 사람이 되어 버릴 것이 불만이라고 해 보자. 부모가 감옥에 갇혔기에 더 이상 자기 같은 희생자가 한 명이라도 줄어드는 것이 억울하다고 해 보자. 판결에 따라 추가적인 소아성애 범죄가 줄어드는 억제 효과도 불만이라고 해 보자. 복수를 할 수 있다는 더 간단하고 원초적인 이유로 기뻐한다고 가정해 보자. 아버지가 감옥에 수감되는 것 정도로 만족하지 않고, 남색과 강간 성향을 가진 거대한 몸집의 죄수와 한 방에 수감되어 똑같이 당하기를 바란다고 해 보자.

이것이 사악한 바람인가? 그런 것을 바란다고 해서 악한 사람이 되는 것인가? 나는 그렇게 생각하지 않는다. 딸이 복수심을 갖는 것은 안타까운 일일 수 있다. 지워지지 않는 심리적 상처를 남겨 앞으로의 인생에 큰 장애물이 될 수 있기 때문이다. 그럴 수도 있다. 그렇다고 해서 누가 이 소녀에게 돌을 던질 수 있을까? 희생자가 가해자의 고통에서 쾌감을 느끼는 심정은 도덕성의 발전과 성숙의 빛나는 사례는 아닐 수 있다. 그러나 악한 것과는 아주 거리가 멀다.

그래서 나는 샤덴프로이데가 악인의 정의에 있어 필요조건도 충분조건도 아니라고 보는 것이다. 타인의 고통과 불행에서 쾌감을 느끼지 않아도 악인이 될 수 있기 때문에 이는 필요조건이 아니다. 의무를 다하지 않았기 때문에 어머니는 악인이다. 우리가 재구성한 추측에 근거한 조건법적 동기에 따라서는 근본적으로 어리석은 믿음을 가지고 있기 때문에, 아버지는 악인이다. 샤덴프로이데는 악인의 충분조건도 되지 못하는데, 희생자가 가해자의 고통과 불행에서 쾌감을 느낀다고 해서 자동적으로 그가 악인이 될 수는 없기 때문이다.

사람들은 내가 솔로몬, 카민, 와인의 실험을 학대받은 소녀와 같은 맥락에서 논하면 경악한다. 마치 내가 소녀의 고통을 가볍게 말하기라도 하는 것처럼 말이다. 그러나 이런 반응은 논리적이지 않다. 이 두 사례는 맥락을 같이한다. 두 사례 모두 우리들 대부분은 상상조차 할 수 없을 아픔과 고통을 낳은 끔찍한 악행이다. 이런 극악무도한 행위는 가해자의 직무유기에 따른 것이다. 즉 의무를 이행하지 않은 것인데, 의무에도 두 가지 서로 다른 종류가 있다.

첫 번째는 도덕적 의무이다. 이것은 희생자는 열등하므로 소모적으로 다루어도 된다고 생각하는 가해자로부터 속수무책 당하지 않도록 희생자를 보호해 주어야 할 의무를 말한다. 만약 이것이 기본적인 도덕적 의무가 아니라면 도대체 무엇이 의무란 말인가? 어머니는 이런 의무를 다하지 않은 태만 때문에 유죄이며, 그녀가 느꼈던 명백한 공포는 죄의 무게를 가볍게 할 수 있을지는 모르지만 완전히 면해 주지는 못한다.

두 번째는 철학자들이 인식적 의무라고 부르는 것이다. 자신의 신념을 비판적 기준에 따라 충분히 고려해 보는 것을 뜻하는데, 가능한 모든 증거에 따라 검증하고 최소한 반대되는 증거는 없는지 확인하기 위해 노력할 의무를 말한다. 오늘날은 인식적 의무에 대한 개념이 거의 없다. 그래서 대부분의 사람들은 이것을 의무라고도 생각하지 않는다. 이 자체부터가 벌써 인식적 의무를 유기한 것이다. 우리가 동기를 재구성해 본 아버지는 이런 종류의 의무를 태만히 한 것이다.

솔로몬, 카민, 와인의 실험과 그 뒤를 이은 수많은 모방 실험에서도 유사한 직무유기를 발견할 수 있다. 개에게 전기고문을 가해서 요인과 증상이 복합적인 우울증에 대한 어떤 흥미로운 사실

을 발견하리라는 믿음은 어리석기 짝이 없다는 것을 우리는 알고
있다. 이들에게도 도덕적 의무의 태만을 발견할 수 있다. 힘없지
만 엄연히 지각이 있는 생명체를 이성적인 인간이라면 상상조차
못 할 고통에서 지켜 주어야 하는 도덕적 의무를 소홀히 한 것이다.

우리 인간은 그 밑에 깔린 추악한 모습보다는 화려하게 빛나
는 동기에만 주의를 빼앗긴 나머지 세상의 악을 보지 못한다. 이런
식의 주의 분산은 오직 인간만이 하는 직무유기이다. 다양한 형태
로 위장한 악의 얼굴을 자세히 들여다보면 인식적·도덕적 의무 유
기가 가면 뒤에 숨어 우리를 빤히 쳐다보고 있다. 명백히 아픔과 고
통을 초래하고, 그것을 즐기려는 동기에서 비롯된 악은 보기 드문
예외에 불과하다.

우리는 악을 직시하지 못해서 상상을 초월하는 더 많은 악행
과 악인들이 있음을 망각하곤 한다. 의학적 질환이나 사회적 부적
응이라는 관점에서 악을 볼 때, 우리는 악을 예외적인 것으로 가정
한다. 악은 사회의 비주류에 존재하는 것으로 말이다. 그러나 사실
악은 사회 전체에서 발견된다. 이것은 학대하는 아버지와 공모하
는 어머니에게서 발견된다. 좋은 동기에 따라 행동한, 정신건강 분
야의 전문가들인 훌륭하고 행복한 하버드 대학 심리학자들이라고
해서 덜 악하다고 말할 수는 없다. 나 자신도 악한 행동을, 그것도
많이 했다. 그리고 이 책을 읽는 여러분도 마찬가지이다. 악은 일
상적으로 발생하고 일반적이며 진부하기까지 하다.

독일 철학자 한나 아렌트Hannah Arendt는 아돌프 아이히만의 재판을 '악은 의외로 평범하다'는 말로 명쾌하게 정리했다. 나치 정권의 조직적인 유대인 말살 정책을 이행하는 총책임자였던 나치 친위대 장교 아이히만의 죄는 고통을 주거나 탄압하고자 하는 동기가 있어서가 아니라, 단지 희생자의 고통에 공감하지 못하고, 자신의 믿음과 가치를 충분히 검토해 보지 않은 태만 때문이라고 그녀는 주장했다.

나는 악은 의외로 평범한 것이라는 말에 절대 공감한다. 그렇게 된 것은 우리가 할 수 없어서가 아니라 하지 않아서이다. 솔로몬, 카민, 와인은 자신들의 믿음을 검증할 평범한 능력이 없는 사람들이 아니다. 굳이 그렇게 하지 않은 것뿐이다. 실험견들이 더 이상 고문받지 않도록 보호할 수 있는 능력이 없었던 것이 아니라, 단지 그럴 의지가 없었던 것뿐이다.

이마누엘 칸트는 해야 한다는 말은 할 수 있다는 뜻이라고 정확히 간파한 바 있다. 무엇인가 해야 한다는 말은 할 수 있다는 말이기도 하다. 반대로 해서는 안 된다는 것은 안 할 수도 있다는 뜻이다. 악의 보편성을 능력의 부재라는 관점에서 논한다면 이는 매우 편리한 변명거리를 제공한다. 실제 벌어진 상황을 불가항력이라고 하면 죄를 모면하게 된다. 그렇게 쉽게 면죄부를 받을 수는 없다.

능력이 아닌 의지 부재로 도덕적·인식적 의무를 소홀히 하는 것이 세상 속 악의 본질인 경우가 대부분이다. 그러나 이것이 없다면 어떠한 태만도 문제가 되지 않을 악의 또 다른 구성 요소가 있는데, 그것은 바로 희생자의 무력함이다.

약한 것에서
악한 것으로

아마 이번 장은 앞장과는 사뭇 전개가 다르다는 것을 눈치 챘을 것이다. 앞에서는 영장류만의 독특한 발명품으로, 서로를 대할 때 사용하는 일종의 악의적 고의를 언급했다. 이것은 인간의 특징인 사악함이 고의적 악의의 결과라는 주장으로 자연스럽게 이어진다. 그러나 이 장에서는 인간이 초래하는 대부분의 악행이 악한 동기 때문이 아니라 도덕적·인식적 의무를 다하지 않은 의지의 문제라고 지적했다. 그러나 악에 대한 정의는 아직 절반밖에 내리지 않았고, 영장류의 특성에 대해 이야기할 시간은 아직 많다. 고의적 악의는 인간의 악에서 결정적 역할을 하지만, 실제 악행보다는 그러한 악행의 근거를 제공하는 역할이 더 크다. 영장류, 특히 인간의 악의는 무력감을 조작하는 데서 극대화된다. 인간 영장류는 악할 수 있는 가능성을 조작한다.

실험견들은 학대받은 소녀만큼이나 무력했다. 소녀는 어렸기 때문에 무력했지만, 개들은 무력하게 조작되었다. 솔로몬, 카민, 와인은 자신들을 학습된 무기력 현상을 연구하는 것으로 간주했고 그 과정 내내 무력감을 조작하는 일에 공모했다. 모순적으로 보일 수 있겠지만 여기에는 모순이 아닌 동기만이 있을 뿐이다. 인간의 무력감을 연구하기 위해 그들은 먼저 동물의 무력감을 조작해야 했다.

체코의 소설가 밀란 쿤데라는 소설《참을 수 없는 존재의 가벼움》에서 인간의 선에 대해 나의 믿음이 중요하고도 옳다는 것을 확인시켜 주는 말을 했다.

진정한 인간의 선은 아무런 힘이 없는 자들을 대할 때 순수와 자유로움 그 자체로 나타난다. 가장 극단적이고 너무나 심오하여 우리가 알아차리지 못하는 진정한 인간성의 도덕적 시험은 힘없는 동물들과의 관계에서 나타난다. 그리고 너무나 근본적이어서 다른 모든 이들이 무감하게 따라하게 되는 인간의 근본적인 직무유기가 여기에 존재한다.

만약 우리 인간이 동기라는 가면에 지나치게 큰 가중치를 두고 그 속에 추악한 진실을 숨기고 있다면, 그 가면부터 벗겨야 인간의 선을 제대로 이해할 수 있을 것이다. 상대가 무력하다면 정중하거나 존중하는 태도로 대해 봤자 아무 실익이 없다. 상대는 도움도 방해도 되지 않는 존재이기 때문이다. 그들은 두려움을 느끼지도 않고, 도움을 받을 기대도 하지 않는다. 그러한 상황에서 이들을 존중할 유일한 동기는 오직 도덕적 동기뿐이다. 그래야 옳기 때문에 그렇게 하는 것이다. 오직 도덕적인 사람만이 그럴 수 있다.

나는 항상 약자에 대한 태도를 보고 사람을 평가한다. 돈 많은 손님이 식당 종업원을 어떻게 대하는지, 상사가 부하 직원을 어떻게 대하는지를 본다. 그러나 이것이 인간성 시험의 종착지는 아니다. 모욕을 받은 종업원은 손님의 수프에 침을 뱉거나 더한 일을 할 수도 있다. 부하 직원은 일을 엉망으로 처리해서 상사가 그 위의 상사에게 혼나도록 할 수도 있다. 약자에게 어떻게 대하는지를 보면 그 사람에 대한 중요한 사실을 알 수 있지만, 절대적으로 힘이 약한 무력한 이들을 대하는 태도를 보면 그 사람을 거의 다 파악할 수 있다. 쿤데라가 말했듯이 가장 무력한 존재는 바로 동물들이다.

모순적이게도 전통적으로 인간 영혼의 어두운 면을 상징하는 동물인 늑대 브레닌은 실제로 쿤데라의 시험에서 그다지 성적이 나쁘지 않았다. 거칠고 무지막지한 싸움은 항상 자기만큼 크고 공격적이며 폭력적 성향도 비슷한 개와의 사이에서만 일어났다. 달리 말하면 브레닌은 실제적 혹은 잠재적 위협을 느끼는 상대와만 싸움을 한 것이다. 대부분 동료 럭비 선수들이나 친구들이 키우는 개들이었다. 이 중에는 상대 개들을 도발하기 위해서라면 유리창을 머리로 들이받아 깨부술 기세인 개들도 있었다. 그런 개들이 실제적 혹은 잠재적 위협이라는 것은 단순하고 객관적인 사실이다. 누가 보아도 자기보다 약한 개들에게 브레닌은 무관심하거나 이상할 정도로 친근하게 대했다. 6개월 된 수컷 래브라도 한 마리가 멀리서 브레닌을 향해 달려오고 그 뒤로는 견주가 미친 듯이 달려오던 것이 기억난다. 흥분한 래브라도가 브레닌을 덮쳤고, 브레닌은 이런 상황을 매우 싫어했다. 하지만 이미 벌어진 일이라 어쩔 수가 없었다. 결국 래브라도의 머리 전체를 입에 넣고 저항하지 못하도록 저지했다. 그때 래브라도 주인의 표정은 혼자 보기 아까웠다. 내가 과거를 너무 아름답게 기억하고 있는지도 모르겠지만, 쿤데라의 기준으로 보았을 때 브레닌은 도덕적 명성을 오롯이 유지하고 있었다고 판단된다.

　진정한 인간의 선은 아무런 힘이 없는 이들을 대할 때 발현되듯이 약함, 최소한 상대적인 약함도 인간 악의 필요조건이다. 그리고 인간의 근본적인 직무유기가 나타나는 지점이 바로 여기라고 나는 생각한다. 인간은 다른 존재의 나약함을 조작하는 동물이다. 늑대를 잡아서 개로, 들소를 잡아서 소로 길들이고 종마를 잡아다 거세시킨다. 이렇듯 인간은 동물을 약하게 만들어 이용한다. 이런 면에서 동물의 왕국에서 인간의 행태는 단연 독보적이다. 학대받은 소녀는 아직 어려서 무력했다. 그러나 15,000년에 걸친 사회적·유전적 조작의 산물인 솔로몬, 카민, 와인의 개들은 결국 전기충격이 가해지는 왕복 상자에 갇히는 운명에 처해질 수밖에 없었다.

약하고 무력한 존재를 학대하는 것은 인간만이 아니다. 그렇게 할 수밖에 없는 자연의 법칙에 의해 모든 동물들이 약자를 이용한다. 늑대 무리는 삼림순록 무리에게 공격의 위협을 계속해 취약한 대상을 찾아낸다. 취약한 대상이 포착되면 그놈을 집중 공략한다. 어미 늑대는 약한 새끼를 죽인다. 삶은 강자로부터 약자를 솎아 내는 매우 불편한 과정이다. 삶은 이처럼 본질적으로 냉혹하다.

그러나 인간의 특징은 삶의 이런 냉혹함을 더욱 정교화하여 강화한다는 데 있다. 인간은 삶을 한 차원 더 냉혹하게 만든다. 만약 우리가 인간을 한 문장으로 정의한다면 인간은 스스로 악의 가능성을 조작하는 동물일 것이다.

우리가 이런 동물이라는 것은 우연이 아니다. 앞서 살펴보았듯이 영장류에게는 사회적 지능이 가장 중요하다. 영장류 집단 내에서 그렇게 했기 때문에 다른 동물의 약함을 조작하는 것에도 너무나 노련하다. 영장류의 속임수와 계략은 자신보다 강한 영장류를 자신보다 약하게 만드는 데 목적이 있다. 우리 안의 영장류는 언제나 다른 영장류를 약화시킬 가능성을 모색한다. 그리고 항상 악을 행할 기회를 엿보고 있다.

중요한 것은 뿌린 대로 거둔다는 것이다. 결국은 자신에게도 똑같은 대우가 부메랑이 되어 돌아올 것이고 결정적으로 자존감을 해치는 결과를 가져오기 때문에, 상대방을 항상 착취의 대상 혹은 무력화시킬 대상으로만 간주할 수는 없다. 우리 안에서 조작한 약함은 근본적으로 우리 자신과 우리의 악행을 인식하는 방법이기도 하다. 우리는 늘 변명을 둘러대기에 바쁘다. 징징대며 악행을 가볍게 보이게 할 구실을 늘어놓는다. 스스로에게 또 상대에게 불가피했다고 정당화하느라 여념이 없다. 사실일 수도 있다. 그러나 우리의 약함은 이것이 중요하다고 생각하는 데에 있다. 늑대는 변명을 하지 않는다. 그저 할 일을, 해야 할 일을 하고 결과를 받아들인다.

　악이 의학적 질환이나 사회적 병폐의 결과라고 보는 생각은 결국은 우리가 주도면밀하게 구축한 타인의 무력함을 우리 자신에게도 조작했기 때문이다. 우리는 인간이 더 이상 도덕적 평가의 타당한 대상이 아니라고 생각한다. 인간의 선악은 무언가 도덕이 아닌 다른 어떤 것, 즉 불가항력으로 설명해야 할 상황이라고 말이다. 도덕적 상태를 정당화하고 악의 조작에 공모한 것을 변명하며 부족한 도덕성을 얼버무리는 것은 결국 악의 조작이 궁극적으로 발현된 것으로서, 우리가 우리의 영혼 속에 열심히 구축해 온 약함을 가장 명확하게 표현해 주고 있다. 오직 인간만이 자신이 약하다는 이유로 부족한 도덕성을 변명하고 있다는 명징한 사실을 자각하지 못한다. 인간은 더 이상 변명 없이는 살아갈 수 없을 만큼, 그리고 신념을 지켜 낼 수도 없을 만큼 약해졌기 때문이다.

삶이 나를
물어뜯을 때

우주는 빅뱅으로 탄생했다고 한다. 인
식할 수도 없을 만큼 작은 하나의 점에서 폭발적 팽창을 계속한 결
과 현재의 우주가 되었다는 이론이다. 결국 우주가 식어서 물질이
형성됐고 오늘날 우리가 아는 우주의 물질과 공간이라는 이중 구
조를 가지게 된 것이다. 이 물질은 더 응축되어 별이 되고 행성으로
까지 발전했다. 아마도 더 있을지 모르겠지만 최소한 우리가 알고
있는 지구를 포함해 행성에서는 생명체가 생겨나기 시작했다. 최
초에는 단순한 유기체 분자가 그보다 더 단순한 성분의 액체 속을
떠다니는 형태였다. 그러나 이들 분자가 그 액체의 자유원자를 차
지하기 위해 서로 경쟁하게 되었다. 한 분자의 정교화는 다른 분자
의 정체나 소멸의 결과일 수밖에 없었다. 태초부터 삶은 제로섬 게
임이었다. 어떤 분자는 주변의 취약한 분자를 포착하는 데 탁월했
다. 이들은 포식자 분자가 되어 취약한 대상을 착취하고 분자를 분
해한 후 그들의 구성원자를 차지했다. 이러한 과정이 수십억 년간
계속되면서 점점 더 복잡한 생명체로 발전했다.

우주가 뭐 어떻다는 것은 아니다. 우리가 아는 한 전체적인
방향이나 통제 없이 그저 그런 현상이 일어났다는 것이다. 그러나
40억 년 정도 지난 후에 예상 밖의 놀라운 일이 발생했다. 우주가

스스로에게 질문을 던질 수 있게 된 것이다. 우주의 아주 작은 한 부분이 스스로에 대해, 우주의 다른 부분에 대해, 심지어 우주 전체에 대해 질문을 던질 수 있게 된 것이다. 결국 1990년대 초 앨라배마의 어느 여름날 아침, 이러한 과정의 산물들이 이른 시간의 서늘함을 틈타 조깅을 하고 있었다. 그중 특히 위에서 말한 '질문하기 좋아하는' 우주의 한 부분은 터스컬루사의 거리를 우아하지 못하게 털썩대고 헐떡이며 달리면서 아니나 다를까 이런 질문들을 스스로에게 하고 있었다.

'나는 과연 가치 있는 존재인가?'

'40억 년의 맹목적이고 생각 없는 발전 끝에 우주는 브레닌을 창조해 냈다. 그렇다면 과연 누가 더 가치 있는 존재인가?'

우리 둘 중에서 나만이 이런 질문을 할 수 있다고 가정한다. 그렇다고 해서 내가 우주가 창조한 더 가치 있는 존재인가? 인간은 전형적으로 그렇게 생각한다. 20세기 독일의 철학자 마르틴 하이데거Martin Heidegger는 '나는 무엇인가?' 그리고 '나는 가치가 있는가?'라는 실존에 대한 의문을 가질 수 있는 점이 인간만의 특징이자 가치라고 말한 바 있다. 이는 넓은 의미의 이성으로서, 이런 이성 때문에 인간이 동물보다 우월하다고들 말한다. 그러나 '우월하다'는 이 단어가 무엇을 의미하는지를 이해하기란 매우 어렵다. 복잡한 논리나 개념적 문제를 해결하는 능력은 내가 더 우월하다. 물론 그것도 머리가 돌아가는 날에 한해서, 모닝커피 한 잔을 마시고 카페인이 좀 들어가야 되지만 말이다. 그러나 달리기에 있어서는 브레닌이 더 우월했다. 그렇다면 이 둘 중 어떤 것이 더 우월한 기술인가?

　우월성을 이해하는 가장 쉬운 방법은 아마 효용성을 따져 보는 것이리라. 만약 그렇다면, 우월성은 필연적으로 대상이 되는 생명체와의 연관 속에서 판가름 날 것이다. 나에게 효용이 있는 것이 반드시 브레닌에게도 효용이 있는 것은 아니며, 반대의 경우도 마찬가지이다. 빠르게 달리고 신속하게 방향을 바꾸는 능력은 브레닌에게는 효용이 있다. 이것은 그의 조상들이 먹이를 사냥하기 위해 필요했던 기술이다. 그러나 나는 그런 기술에 그다지 효용을 느끼지는 않는다. 동물들은 각각 필요한 형태로 진화했고 그 형태마다 더 우월하거나 효용이 큰 기술이 다르다.

　탁월함의 측면에서 우월성을 따져 보아도 마찬가지이다. 야심 차고 미묘하게 경쟁적인 영장류인 나는 항상, 반드시 항상은 아니지만 최근 들어서는 더욱, 탁월함을 추구하는 것 같다. 나에게 탁월함은 어려운 개념적 문제를 고찰해 내고 그 결과를 종이에 기록하는 문제였다. 플라톤Platon이 주창한 사고의 오랜 전통에 따르면, 이성은 인간에게만 있는 탁월함이다. 그러나 이 탁월함조차도 동물의 삶의 형태에 따라 상대적이라는 결론으로 귀결된다. 치타의 탁월함은 속도에 있고, 빠른 속도는 치타의 장기이다. 늑대의 탁월함은 다른 무엇보다도 먹이를 쫓아 30킬로미터를 달릴 수 있는 지구력이다. 탁월함의 정의도 주체가 누구인가에 따라 달라진다.

인간은 이성이 속도나 지구력보다 우월하다고 생각하며 그렇게 주장한다. 그러나 도대체 어떤 근거로 이를 정당화하는가? 우월성이란 정당화할 만큼 객관적인 가치가 아니다. 일단 우월하다고 말하는 순간 그 단어는 의미를 잃는다. 그저 인간이 더 우월한 것, 늑대가 더 우월한 것이 다를 뿐, 우월성의 다양한 정의를 판단할 보편적 기준은 없다.

인간은 자신에 대해 객관적이기가 매우 어렵기 때문에 이런 생각을 하기 힘들어 한다. 나 또한 뭔가 놓치고 있는 것은 아닌지 의심스러우니 말이다. 그러면 여기서 객관성 훈련을 해 보기로 하자. 중세 철학자들은 '영원의 관점으로 응시하면'이라는 아름다우면서도 의미심장한 표현을 사용했다. 영원의 관점으로 응시하면, 우리는 넓디넓은 우주의 무수한 별들 속 한 점에 불과한 존재이다. 영원의 관점으로 응시하면, 인간은 그저 다른 종들과 함께 하나의 종에 불과하며, 그것도 세상에 등장한 지 얼마 되지 않은 티가 팍팍 나는 축에 속한다. 복잡한 개념을 두고 씨름하는 내 일을 영원의 관점으로 응시하면 어떨까? 2~5센티미터 정도 공중에 떠서 활주하는 듯이 보이는 브레닌의 우아한 달리기 능력을 영원의 관점으로 응시하는 것보다 나의 개념 작업을 응시하는 것이 더 중요해야만 하는가? 나의 개념 작업을 영원의 관점에서 응시하는 것이 더 중요하다고 생각하는 것은 하찮은 자만이다.

우리가 다른 동물들을 판단할 수 없다면, 인간이 다른 동물들보다 우월하다는 객관적인 근거가 없다면, 우리는 다른 동물들을 존경할 수 있다. 명료하지는 않다 해도, 이러한 존경심은 우리가 가지지 못한 것을 다른 동물들은 가지고 있다는 인식 위에서 시작될 것이다. 보통 누군가를 존경하는 마음은 자신이 가지지 못한 점을 발견할 때 나타난다. 그렇다면 영장류에게 없는 어떤 점 때문에 옆에서 달리고 있는 이 늑대가 존경스러운가?

물론 내가 결코 흉내 낼 수 없는 종류의 아름다움이 있었다. 늑대는 이것을 가장 극명하게 구현한 존재이며, 누구라도 이런 늑대와 함께 있으면 그 아름다움에 찬탄하지 않을 수 없다. 매일 조깅을 시작할 때 나는 아무리 기분이 우울하더라도 그처럼 조용하고 활주하는 듯한 아름다움을 보면 항상 기분이 좋아졌다. 심지어 내가 살아 있다는 기분이 들었다. 더 중요한 것은, 그렇게 되고 싶은 욕망 없이 그 아름다움을 보기는 어렵다는 것이다.

그러나 만약 늑대의 기술이 내가 범접할 수 없는 것이라면 그 밑에 있는 것은 무언가 다른 것이었다. 바로 내가 최소한 비슷하게나마 흉내 낼 수는 있는 '힘'이었다. 내 안의 영장류는 약함을 다루는 심술궂고 우아하지 못한 생명체이다. 그것은 다른 존재를 조작하고 또 그 부작용으로 스스로도 고통받는 약함이며, 삶의 발판인 도덕적 악을 허용하는 약함이다. 하지만 늑대의 기술은 힘에 기반하고 있다.

브레닌이 두 달 정도 되었을 때 평소처럼 럭비 연습에 데리고 간 적이 있었다. 당시는 녀석이 러거를 괴롭히는 데 관심이 있을 때였고, 러거는 브레닌을 전혀 좋아하지 않았다. 결국 러거는 화를 못 참고 브레닌의 목을 물어 땅에 메다꽂았다. 힘이 대단한 러거가 한순간에 벌인 일이었다. 당시 러거는 브레닌의 가녀린 목 정도는 나뭇가지처럼 쉽게 부러뜨릴 수도 있었다. 불독이 쿤데라의 시험을 통과하는 순간이었다. 그러나 지금껏 내 기억 속에 생생히 남아 있는 것은 당시 브레닌의 반응이었다. 대부분의 강아지들은 놀라고 겁을 먹어 비명을 지를 것이다. 그러나 브레닌은 신음 소리만을 냈다. 강아지가 내는 소리라기보다는 어린 나이에 맞지 않게 침착하며 깊게 울리는 신음 소리였다. 그것은 힘이었다. 바로 내가 항상 원했고 앞으로도 원할 힘이었다. 영장류인 내게 늘 부족하지만 결코 잊지 않고 간직해야 할 도덕적 의무를 일깨우는 힘이었다. 내가 두 달 된 새끼 늑대만큼만 힘이 있다면 나는 도덕적 악이 결코 자라나지 못할 토양이 될 것이다.

영장류는 어둠의 복수를 계획하기 위해 황급히 달아날 것이고, 자신보다 강하고 자신을 모욕한 자들을 약화시킬 방안을 모색할 것이다. 그 작업이 끝나면 악은 실행될 수 있다. 나는 우연히 태어난 영장류다. 그러나 나는 자기를 땅바닥에 메다꽂은 불독에게 저항하며 낮은 신음 소리를 내는 새끼 늑대에게서 최고의 나를 발견한다. 신음은 고통이 다가옴을 예견하는 것이며, 고통은 삶의 본질이다. 그것은 내가 새끼 늑대 외에는 아무것도 아니라는 깨달음이고 삶이라는 불독이 언제든지 나뭇가지처럼 나를 부러뜨릴 수 있다는 깨달음이다. 그러나 동시에 결코 물러서지 않겠다는 의지의 표명이기도 하다.

신념이 강하다는 면에서 보통과는 다른 독특한 철학자 동료가 있었다. 그는 항상 학생들에게 '오물이 튀어 봐야 믿는다'고 말하곤 했다. 아마 그럴지도 모른다. 사고가 터져 봐야 사람들은 신을 찾는다. 사고가 터질 때 나는 작은 새끼 늑대를 생각한다.

05

늑대의 사전에
계약이란 없다

성자와
늑대

　　　　　　　이탈리아 구비오에 살았던 늑대 한 마리
가 아시시 지방의 성 프란체스코와 만나는 이야기가 있다. 성 프란
체스코는 늑대의 출몰로 두려움에 떨던 마을 사람들로부터 늑대를
설득해 마을에 오지 않게 해 줄 것을 부탁받았다. 늑대와 성자는 어
느 날 도시 성벽 밖에서 만나 시의 공증을 받은 합법적인 계약을 맺
기에 이르렀다. 즉 늑대는 마을 사람들을 위협하거나 가축을 건드
리지 않는다면 언제든 마을에 내려와 돌아다녀도 되고 마을 사람
들은 늑대에게 먹이를 주기로 한다는 내용이었다. 이 이야기는 내
게 매우 흥미로운데, 왜냐하면 비록 공증은 안 받았지만 나도 브레
닌과 비슷한 합의를 한 적이 있었기 때문이다. 내가 어린 브레닌과
맺었던 계약의 내용은 구체적으로 이랬다.

좋아, 브레닌. 내가 어디든 너를 데려가겠어. 강의실, 강의가 끝난 후 럭비 훈련장, 그리고 홈이건 원정이건 주말에 경기가 있는 곳까지. 쇼핑을 갈 때도 같이 갈 수는 있지만 차 안에 있어야 한다. 얼른 끝내고 올게! 하지만 한낮 땡볕 아래 너를 차 안에 두지는 않을 거야. 다행히 24시간 영업하는 마트가 길 아래에 있으니 거기에 가면 돼. 매일 오랜 시간 산책을 할 것이고, 내가 조깅을 갈 때는 꼭 너를 데리고 갈게. 매일 영양이 풍부한 밥을 줄게. 밤이면 기분 좋게 피곤한 상태에서 오늘과는 또 다른 새로움과 즐거움이 있는 내일을 기대하며 잠자리에 들 거야. 아, 그리고 또, 아직은 몰라도 시간이 가면 분명해지겠지만, 네가 뛰어다닐 만한 크기의 정원이 있는 집을 사려면 아마 5만 달러는 더 들 거야. 그렇지만 브레닌, 대신 너는 그 집을 망가뜨려서는 안 돼. 내가 바라는 것은 그것뿐이야. 가끔 내가 깜빡하고 식탁 위에 남겨 둔 헝그리맨을 먹고 싶은 욕구를 참을 수 없겠지. 그럴 수도 있지. 그래도 그런 일로 뒤끝을 남기거나 뭐라고 하지는 않을 거야. 난 그냥 네가 이 망할 놈의 집만 좀 건드리지 말아 달라고 부탁한다. 집이라고 하면 그 속의 가구 등도 포함하는 거다? 너는 젊고 혈기가 왕성한 늑대니까 사고가 날 수도 있겠지. 그래도, 특히 밤에, 제발 카펫에 실례만은 피해 다오!

우리 집을 이탈리아 구비오, 나를 성 프란체스코라고 생각한다면, 두 가지 이야기는 거의 완벽하게 일치한다. 그러나 성 프란체스코와는 달리 나는 계약을 어겼다. 그리고 10년이 지난 지금도 그 생각만 하면 마음이 편치 않다.

앨라배마는 기본적으로 7년간의 파티로 기억되는 장소이다. 나는 여러 면에서 행운아다. 그중 하나는 술과 난장 파티 등 즐길 것을 다 즐긴 대학 생활을 두 번 했다는 것이다. 두 번째 대학 생활 은 더 즐거웠는데 아마 그때는 돈도 있었기 때문이리라. 혹은 젊은 이들은 젊음의 가치를 모르듯, 처음에는 학생 신분의 가치를 몰라 서였는지도. 아무튼.

브레닌이 네 살이 되고 내가 서른이 되면서 광란의 생활은 어 쩔 수 없이 끝났다. 사실을 말하자면 우리 둘 다 그런 생활을 하기 에는 너무 나이가 든 것 같았다. 처음 앨라배마에 일하러 왔을 때 는 스물넷이었다. 스물넷의 나이에 학생 신분이 되는 것도 그렇지 만, 서른이 되니 좀 서글프고 겸연쩍어서 언제까지고 학생들의 럭 비 파티에 다닐 수는 없었다. 그러나 우리가 이사를 하게 된 가장 결정적 이유는 내가 아니라 아버지가 연세가 들어서였다. 아버지 는 폐렴 발작이 끊이지 않았다. 혹시 아버지께서 돌아가시지나 않 을까 걱정이 되어, 나는 고향집에 더 가까이 살아야겠다고 결심했 다. 물론 노인네는 쾌차했고 아직도 정정하시다. 이런 젠장! 하지 만 당시에는 이미 결정이 나 버렸고, 맥주 파티로 흥청대던 젊은 밤 과 럭비 선수에게 적극적으로 호감을 표하는 매력적인 여성들을 뒤 로하고 나는 떠나야 했다.

　　그러나 이것은 내 인생 최고의 결정이었다. 당시에는 그런 줄 몰랐지만 말이다. 나에게는 아직 끝마쳐야 할 철학 과제가 있었다. 앨라배마에서 방종한 생활을 즐기는 동안 나는 일체의 저술 활동을 접었다. 당시 나는 주변의 유혹을 뿌리칠 수 있을 만큼 절제된 인간이 못 되었기 때문에 주변 생활 자체를 변화시켜야만 했다. 따라서 대서양을 건너 되돌아가는 것은 정말 조용한 곳으로 가고자 하는 내 의지의 발현이었다. 브레닌을 위해 나는 시골로 가려 했다. 그리고 결정적으로 글쓰기 외에는 정말 아무것도 할 것이 없는 그런 곳으로 가고 싶었다. 그래서 우리는 아일랜드로 이사했고 나는 코크 국립대학에서 강의 자리를 얻었다. 사실 나한테 자리를 제안할 만큼 급했던 곳은 여기뿐이었다. 7년 동안 주야장천 파티만 다니면 그런 결과가 온다.

　　문제는 브레닌이 6개월간 더블린 바로 북쪽 소즈에 있는 리사델 격리 센터에서 아일랜드 정부 당국의 보호 아래 있어야 한다는 것이었다. 당시는 반려동물 여권이 생기기 전이었고, 브레닌은 6개월간 검역소의 감시를 받아야 하는 상황이었다. 정말 말도 안 되는 악독한 시스템이었다. 광견병 백신이 개발되기 전에 만들어진 법이었고, 영국과 아일랜드가 이 최근의 의학적 발전을 도입한 것이야말로 지난 세기 최고의 업적이라 생각한다. 브레닌은 새끼 때부터 매년 광견병 백신을 맞았고 항체가 확실하게 생긴 상태였다. 그런데도 유사한 상황에 처한 수천 마리의 개들과 함께 이 운명을 받아들여야 했다. 브레닌은 어땠는지 모르겠지만 이때가 내게는 우리가 함께한 시간 중에 가장 힘든 시기였다. 6개월간 수많은 밤을 울면서 잠이 들었다. 늘대에게 6개월은 정말 긴 시간인데, 나는 아직도 그때 내가 내린 결정이 옳았는지 모르겠다. 그러나 브레닌은 보통 개들과 달리 침착했다. 새끼 때부터 늘 의연했고, 이 점은 불독 러거와의 싸움에서도 익히 드러난 것이었다. 그래서 어쩌면 그 6개월을 그다지 어렵지 않게 보냈는지 모른다. 실제로 브레닌은 의연했으며, 검역소에 수용된 많은 개들처럼 뚜렷한 심리적 고통을 받은 것 같지는 않았다.

사실 리사델 센터의 처우는 매우 좋은 편이었다. 마젤라 주지사는 브레닌을 매우 좋아했는데, 그도 그럴 것이 브레닌은 아일랜드 견공들의 수준을 격상시킬 품격 높은 외모를 자랑했기 때문이다. 아일랜드에서 늘대의 법적 지위가 모호했기 때문에 당시 브레닌은 모든 공식 문서에서 말라뮤트로 통했다. 당시에는 말라뮤트가 아일랜드에 알려지지 않은 견종이었기 때문에 심지어 수의사들조차도 어떻게 생겼는지 몰랐다. 출중한 외모와 친근하면서도 점잖은 태도 때문에 마젤라 주지사는 브레닌을 특별 대우했다. 가장 대표적인 것은 브레닌이 오전에 격리 센터 전체를 뛰어다닐 수 있게 허용해 준 것이었다. 브레닌은 이 시간을 이용해 다른 재소자들의 주요 경로마다 영역 표시를 해서 자신의 주도권을 강화했다. 나는 왕복 열 시간 동안 포장도 제대로 안 된 길을 달려 일주일에 한 번씩

면회를 갔고, 우리는 센터 주변을 몇 시간씩 함께 산책했다. 그러
나 브레닌이 경솔하게도 몰래 주지사의 장바구니를 뒤져 냉동 닭을
게걸스레 먹어 치운 사건으로 인해 이런 특별 대우는 심각한 타격
을 입게 되었다. 그러나 그때는 격리 기간도 거의 끝날 즈음이었다.

돌아온 브레닌에게 그간 못 해 준 것을 보상하기 위해 나는 최
선을 다했고 매일 오랜 시간 함께 조깅을 했다. 브레닌이 해방을 맞
이한 것은 6월이었는데 그해 여름을 우리는 부모님이 있는 서부 웨
일스에서 보냈다. 부모님이 기르는 그레이트 데인 보니와 블루를
브레닌이 너무 싫어했기 때문에, 우리는 부모님의 집 안이 아니라
정원 귀퉁이에 있는 이동용 가옥에서 생활해야 했다. 사실 도착 몇
시간도 채 되지 않아 벌써 브레닌은 블루를 죽이려는 시도를 여러
번 했었다. 당시 우리는 아름다운 해변과 그 주변을 달렸는데, 프
레시워터 웨스트, 브로드헤이븐, 그리고 브레닌이 가장 좋아했던
바라펀들 등지였다. 바라펀들 해변 뒤 언덕에는 토끼 굴들이 헤아
릴 수 없을 만큼 많았는데 여기에서 브레닌은 앨라배마에서는 뱀
때문에 내가 금지했던 사냥을 배웠다.

여름이 끝날 무렵 우리는 아일랜드로 돌아왔다. 그곳에서의
첫 1년은 코크 시 서쪽 교외 지역 비숍타운에 머물렀다. 나는 브레
닌의 삶을 최대한 앨라배마에서와 비슷하게 유지하려 했다. 그래
서 우리는 매일 달렸는데, 주로 리밸리 공원과 주변 평원으로 갔
다. 아니면 발링커릭의 파우더밀스 공원으로도 매일 조깅을 나갔

다. 주말에는 인치더니 해변, 더블린 가는 길에 미첼스타운을 지나 더 올라가면 나오는 글렝가라 우즈, 발리코튼의 절벽 길 등 더 다양한 곳을 찾았다. 당시 파도타기를 시작했던 나는 일주일에 이틀은 파도를 타러 바람이 세게 부는 카레츠타운 해변으로 갔다. 내가 보드 위로 일어서려고 끙끙대는 동안 브레닌은 물장구를 치며 놀곤 했다. 격리 기간은 힘들었겠지만 브레닌의 삶의 질은 앨라배마에서보다 훨씬 더 높아졌다. 그리고 성 패트릭_{아일랜드에 기독교를 전했던} 성자로 아일랜드에서 뱀을 몰아냈다는 전설이 전해 내려옴 덕분에 뱀 걱정도 할 필요가 없었다.

신과
늑대

　　　　　　　　　　불가피한 선택이라고 해서 반드시 덜 즐거운 것은 아니다. 나는 다시 대서양을 건너야 했고 어쩔 수 없이 브레닌을 격리시켜야 했다. 하지만 좋은 날씨와 시골 환경 속에서 브레닌이 훨씬 더 행복하리란 것도 알았다. 그렇지만 나는 아직까지 애틀랜타의 공항으로 차를 몰고 가서 브레닌을 비행기에 태우던 11월 초 그날의 두려움을 떨칠 수가 없다. 아직도 가위눌려 잠을 깨곤 하는데, 내가 괴로운 것은 두 가지 때문이다. 처음에는 브레닌을 배신하는 꿈을 꾸어서 슬프고, 깨어 보면 브레닌이 이 세상에 없다는 사실을 깨닫고 가슴이 저리다. 성 프란체스코와 구비오의 늑대는 늑대와의 행복한 계약에 대한 이야기이다. 그러나 그것은 계약이 지켜졌기 때문이고, 늑대와의 계약에 관한 훨씬 더 어두운 이야기가 있는데 그것은 계약을 어긴 데 따른 참혹한 결과를 보여 준다.

펜리스울프는 노르웨이 신화에 등장하는 거대한 늑대이다. 그의 성장 과정은 불운했다. 뱀의 형상을 한 남동생 요르문간드는 지혜의 신 오딘에 의해 최소한 법의 심판을 받을 정도의 죄는 아닌 사유로 억울하게 바다에 내쳐져 이승인 미드가르드의 악마로 자라게 되었다. 여동생 헬은 사악한 마음을 품은 미치광이 노파의 음해로 저승에 버려졌다. 따라서 신에 대해 우리가 배울 첫 번째 교훈은 간단하다. 믿을 수 없다는 것이다. 펜리스울프가 정말 신의 믿음을 저버릴 만한 빌미를 제공한 것은 아니다. 오히려 세상의 종말인 라그나뢰크가 오면 태양을 잡아먹을 것이라는 예언대로 살아야 하는 펜리스울프야말로 가장 제한된 삶을 사는 존재이다. 오딘은 펜리스울프가 자랄수록 그를 두려워하게 되었고, 기껏 생각한 해결책이 꼼짝 못 하도록 사슬로 포박하는 것이었다. 가장 먼저 만든 쇠사슬은 라에딩이었는데 오래가지 못하고 끊어졌다. 그 다음 쇠사슬인 드로미는 라에딩보다 두 배나 강했다. 하지만 펜리스울프는 이마저도 끊어 버렸다. 그래서 오딘은 난쟁이들에게 다른 것을 주문했고, 이에 난쟁이들은 고양이 발걸음 소리, 여인의 수염, 산의 뿌리, 곰의 정신, 물고기의 숨과 새의 침을 이용해 마법의 끈을 만들었다.

여기서 다시 두 번째 교훈이 등장하는데, 단도직입적으로 말해 첫 번째 교훈과 똑같다. 신이 특별히 멍청한 것도 아니지만, 솔직히 말해 가장 현명한 존재는 아니라는 것이다. 더 사악하거나 악독한 것도 아니다. 상대의 마음을 읽지 못하는 것이야말로 신들의 가장 큰 특징이다. 신은 마음이라는 것을 고려하지 않는다. 그들은 상대의 입장에 서 볼 수 있는 능력을 타고나지 못했기에 동정심이 없다. 직설법으로 말하자면 신에 대한 가장 근접한 정의는 아마 반사회적 존재, 소시오패스 정도일 것이다.

신들은 펜리스울프를 무겁고 두꺼운 쇠사슬로 옥죄었지만 소용이 없자 명주실처럼 보이는 끈으로 묶을 것을 제안했다. 신들은 펜리스울프가 정말 속을 것이라고 생각했던 걸까? 펜리스울프가 멍청하다는 근거도 없는데, 뭔가 낌새를 알아차릴 거라고는 생각지 못한 것일까? 당연히 펜리스울프는 의심하고 거부했다. 신들은 속임수가 아니라며 그를 안심시켰다. 오딘은 '내 어머니를 걸고 맹세한다'라고, 자신들 사이에 통용되는 섬세한 비유를 사용했다고 전해진다. 방대한 문서 어디를 보아도 오딘이 섬세한 존재라는 증거는 없지만 말이다.

이 시점에서 사건의 공식적 버전은 이러하다. 전쟁의 신 티르

가 자기 손을 펜리스울프의 입에 넣어 그의 믿음을 사겠다고 자청
했다. 자신의 몸을 담보로 더 큰 선을 구현하고자 한 것이다. 그러
나 신화는 언제나 승자들의 이야기이다. 아마 내가 늑대와 너무 많
은 시간을 보내서 그렇겠지만 이 공식적 신화의 전개는 나에게 전
혀 와 닿지 않는다. 내가 보기엔 티르가 꾸며 내고 강하게 주장한
버전이라는 증거가 너무나 많아 보인다. 티르는 용감한 것이 아니
라 가장 치사하며 잔혹하고 사악한 신이라는 생각을 떨칠 수 없다.
또한 티르가 펜리스울프를 키웠다고 알려져 있지만 그를 얼마나 잘
돌보았는지는 거의 설명이 없다. 그러니까, 슬프지만 새끼 늑대였
을 때부터 펜리스울프는 티르에게 학대받았을 가능성이 있다. 만
약 그렇다면 펜리스울프는 항상 티르를 물어 버리고 싶었을 것이
다. 티르가 거대한 늑대의 입에 손을 넣은 것은 자청한 것이 아닐
거라는 의심도 떨치기 힘들다. 오히려 거절하면 길고도 깊은 고통
을 주겠다는 오딘의 협박을 받아 어쩔 수 없이 그랬을지 알 게 뭔
가? 오딘의 명령에 따라 용기를 내어 그렇게 했건, 펜리스울프의
입에 손을 넣으라고 종용한 다른 신들에게 떠밀려 그렇게 했건, 늑
대 입에 손을 넣는 티르의 표정을 상상해 보라. 펜리스울프는 티르
를 향해 눈을 한번 찡긋했을 테고, 가장 용감한 신은 팔을 잃고 바
닥에 나동그라졌을 것이다.

　　아마 티르의 손은 그만한 가치가 있을 것이다. 펜리스울프는
아마 신들과 게임을 할 준비가 되어 있었을 것이다. 그러나 당시에

는 아니었고, 그 후로 오랫동안 더 기다려야 했다. 라그나뢰크가 오면 거대한 펜리스울프의 아래턱은 대지를 긁어 대고 위턱은 하늘의 천장에 닿을 것이다. 그러나 아직 때가 되려면 멀었다. 펜리스울프는 침착한 늑대였고, 의연하게 대처했다. 그는 링비섬의 '비명'이라는 바위에 몸이 묶여 있었다. 물론 티르는 복수를 원했다. 세상의 종말까지 펜리스울프를 묶어 두는 것으로도 성에 안 찬 티르는 늑대의 입에 복수의 칼을 꽂았다. 이때 늑대의 입에서 침이 흘러 강물을 이루었다고 전해지며, 그 강의 이름은 '희망'이다. 라그나뢰크가 올 때까지 펜리스울프를 결박할 끈의 이름은 글레입니르Gleipnir, 위선자라는 뜻이다.

　이 이야기의 비극은 물론 펜리스울프가 이런 끔찍한 처우를 받지 않았다면 어떻게 행동했을지 아무도 모른다는 데 있다. 라그나뢰크의 날, 그는 오딘을 한입에 집어삼킴으로써 신에게 저항하는 거인들의 승리를 이끄는 것으로 유명하다. 그러나 만약 신들이 늑대와의 약속을 저버리지 않았다면 마지막 전투에서 펜리스울프가 누구의 편이 되었을지는 아무도 모른다. 신들이 먼저 늑대를 배신해 놓고, 늑대는 끝까지 신의 편을 들어야 한다는 것은 도대체 무슨 논리인가?

　애틀랜타까지 가는 내내 느꼈던 두려움은 내가 겪을 그리움이라는 감정 때문이 아니었다. 오히려 브레닌이 검역소를 나왔을 때 과연 누구 편일지 내가 알 수 없다는 두려움 때문이었다. 신인가,

거인인가? 나의 확신은 독설적이지만 신들에게 겸손히 묻노니, 신들은 배신하고 늑대는 계속 충성하라니 도대체 무슨 권리입니까?

이 신화의 다른 버전으로 신들이 그들 행동의 불가피성을 주장하는 것도 있다. 펜리스울프의 속박은 어쩔 수 없는 일이라는 것이다. 라그나뢰크에서 패배하여 신들의 시대는 가고 거인들의 시대가 도래할 것을 신들은 이미 알고 있다. 신들의 패배가 운명이라면, 펜리스울프를 결박하는 것도, 펜리스울프가 거인들의 편을 드는 것도 운명이다. 운명은 피할 수 없는 것임을 신들도 알고 있다. 그러나 알고 있다고 해서 실제로 그 행위의 막중한 부담감을 떨쳐 버릴 수 있는 것은 아니다.

애틀랜타에서 브레닌과 헤어지는 것은 내 가슴을 찢어 놓았다. 그것은 나의 들소가 내가 돌아왔을 때에도 거기 그대로 있을지, 아니면 겉모습은 브레닌이지만 속은 다른 늑대가 되어 있을지 몰랐기 때문이었다.

구멍 난
사회 계약

되돌아보면, 철학자인 내가 우리 둘만의 '국가'를 계약의 관점에서 이해한 것은 우울하지만 예상 가능하고 자연스러운 일이었다. 사회계약의 개념은 서구 철학사에서 결정적 역할을 해 왔다. 가장 대표적인 주창자는 17세기 영국 철학자 토마스 홉스Thomas Hobbes이다.

홉스에게 자연은 즐겁지 못한 곳이었다. 테니슨Alfred Tennyson.이 후에 말했듯 약육강식의 세계였다. 인간은 한때 먹이사슬이 지배하는 야생에서 살았다. 어느 누구도 안전하지 않았다. 누구도 믿을 수 없었으며, 우정도 협력도 없었다. 홉스는 인간은 동물처럼 살았기 때문에 동물의 삶과 마찬가지로 인간의 삶도 일반적으로 '고독하고 비참하고 불쾌하고 야만적이며 짧았다'라고 말했다.

인간은 그래서 계약을 맺었다고 홉스는 주장했다. 계약이란 결국, 내가 다른 사람의 생명·자유·재산을 존중하는 대가로 상대방도 나의 생명·자유·재산을 존중하기로 합의하는 것이다. 따라서 내가 다른 사람을 죽이지 않기로 합의한 대가로 다른 사람도 나를 죽이지 않는 것이다. 다른 사람을 노예로 만들지 않는 대가로 나도 노예가 되지 않는다. 내가 다른 사람의 집과 물건을 훔치지 않기로 했기 때문에 상대도 나의 집과 물건에 손대지 않는다. 사회는 기본적으로 '가는 정이 있어야 오는 정이 있다'라는 상호주의 원칙의 기반에 서 있다는 것이다. 혹은 최소한 등 뒤에서 칼을 꽂는 일만큼은 없게 하자는 것이다. 홉스는 자신이 알고 있던 야생성, 즉 '자연상태'로부터 '문명상태'로의 전환을 이야기하고자 했다. 계약은 이러한 전환을 촉진한 매개체였다. 계약을 받아들인다는 것은 자신의 자유를 어느 정도 제약받겠다는 뜻이기도 하다. 이렇게 하는 이유는 그 결과로 삶이 더 나아지기 때문이다. 그것이 사회와 도덕성의 목적이며 존재의 근거이다.

그러나 불행하게도 인간의 삶이 어떻게 약육강식의 야생에서 격상되고 또 문명화될 수 있었는지에 대한 홉스의 이야기에는 68킬로그램이나 되는 브레닌의 거대한 몸집도 넉넉히 지나갈 만한 큰 허점이 있다. 홉스는 계약이 있기 전에 인간은 야생에 살았다고 한다. 자연의 약육강식이 지배했고, 우리의 생활은 고독하고 비참했다. 계약 이후에 우리는 문명화되었고 삶도 훨씬 나아졌다.

그러나 홉스가 결코 해 보지 못한 질문이 하나 있었다. 그렇게 야만적인 인간이 어떻게 애초에 협상 테이블에 나설 수 있었을까? 더 중요한 것은, 야만인을 협상 테이블에 데려다 놓으면 무슨 일이 벌어질까 하는 것이다. 계약 이전의 모든 인간이 홉스가 주장한 대로 심술궂고 야만적이었다면 계약을 하러 다들 모인 이 절호의 기회를 이용해 경쟁자를 제거하거나 다른 방식으로 경쟁 우위를 점하려고 하지 않았을까? 그러면 계약을 위해 모인 장소는 유혈이 낭자한 격투장으로 변했을 것이다. 인간의 삶은 더욱 비참해지고 더욱 고독하고 불쾌하며 더 야만적일 뿐 아니라 더 짧아질 것이 명백하다. 바로 이것이 문제의 핵심이다. 계약이란 것은 오직 문명인들 사이에서만 가능하다. 따라서 애초에 계약으로 인해 인간이 문명화된 것은 아니다.

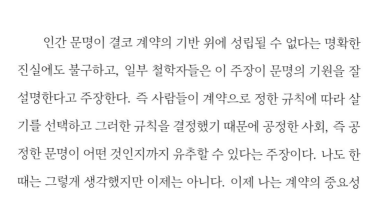

인간 문명이 결코 계약의 기반 위에 성립될 수 없다는 명확한 진실에도 불구하고, 일부 철학자들은 이 주장이 문명의 기원을 잘 설명한다고 주장한다. 즉 사람들이 계약으로 정한 규칙에 따라 살기를 선택하고 그러한 규칙을 결정했기 때문에 공정한 사회, 즉 공정한 문명이 어떤 것인지까지 유추할 수 있다는 주장이다. 나도 한때는 그렇게 생각했지만 이제는 아니다. 이제 나는 계약의 중요성은 인간의 한 측면을 드러내 준다는 점에 있다고 보는데, 반복되지만 이것은 인간의 본성에 대한 매우 비판적인 고찰이다.

가끔은 어떤 이론의 내용보다 그 모습이 더 중요하기도 하다. 이론은 언제나 어떤 가정을 기반으로 성립한다. 일부는 명확하고, 이론의 주창자도 이를 알고 인정한다. 그러나 가끔은 명확하지 않은 가정들도 있다. 어떤 가정은 결코 명확해질 수 없다. 철학자의 임무는 본질적으로 고고학자의 임무와 같다. 고고학자가 흙을 파는 대신 철학자는 이론을 파내며, 역량과 인내심이 허락하는 한까지 이론의 바탕이 되는 숨겨진 가정을 최대한 깊이 파서 찾아낸다. 바로 이것이 이론의 실제 모습이며 그것은 이론이 주장하는 바보다 훨씬 더 중요하다.

그렇다면 사회계약설의 실제 모습은 어떠한가? 이것은 도덕성과 문명의 근간이자 정당성에 관한 이야기이다. 그렇다면 그 진정한 내용이 무엇인지 궁금하지 않을 수 없다. 그 내용은 두 가지로 볼 수 있는데, 하나는 다른 하나보다 더 분명하지만 둘 다 인간을 찬양하는 것과는 거리가 한참 멀다.

자연과 문명,
어느 쪽이 더 야만적인가?

　　　　　　사회계약설의 첫 번째 전제는 인간의 특성 더 정확하게는 영장류의 특성인 권력에 대한 집착을 보여 준다. 이 이론을 들여다보면, 영장류는 자신보다 현저히 취약한 존재에 대해서는 도덕적 의무를 지지 않는다는 명백한 결론을 도출할 수 있다. 계약은 자신에게 도움을 주거나, 자신을 해칠 수 있는 상대와 하는 것이기 때문이다. 도움이 필요한가? 걱정할 필요 없다. 당신이 상대를 돕기로 한다면, 상대도 당신을 도울 것이다. 살인·폭력·예속으로부터 보호받고 싶은가? 당신이 해를 끼치지 않기로 동의하면 상대방도 그러지 않을 것이니 문제없다. 그러나 이는 당신을 돕거나 해칠 능력이 있는 상대방이 있어야 계약이 성립한다는 뜻이기도 하다. 기본적으로 계약이 성립하려면 당사자들의 힘이 어느 정도는 동등하다는 전제가 필요하다. 계약의 가치를 믿는 사람이면 누구나 이에 수긍할 것이다. 따라서 도움을 주거나 해칠 능력도 없는, 당신보다 훨씬 약한 상대는 계약의 범위에 포함되지도 못하는 것이다.

　　여기서 우리는 계약이 문명·사회·도덕에 대한 근거를 제시하
고 있다는 점을 기억해야 한다. 달리 말해 계약의 범주에 포함되지
못하는 자는 문명의 범주에도 들지 못하며, 도덕의 범주에서도 벗
어난다. 절대약자에게는 도덕적 의무를 지킬 필요도 없다. 계약의
관점에서 문명에 접근하면 이런 결과가 나타난다. 도덕의 목적도
더 많은 권력을 얻고자 하는 것이며, 이것이 사회계약설의 본질이
자 이 가설의 바탕이 되는 첫 번째 전제이다. 그렇다면 과연, 자연
과 문명 중 어느 쪽이 더 야만적인가?

　　사회계약설을 더 깊이 들여다보면 인정하고 싶지 않은 두 번
째 전제를 만나게 된다. 바로 계약은 기대 이득을 위한 의도적 희
생에 근거하고 있다는 것인데, 더 나은 대가를 얻을 기대 때문에 희
생을 감수한다는 주장이다. 자유보다는 보호를 받는 문제가 더 시
급할 때 우리는 자유를 양도한다. 계약에서 보장하는 자유를 얻고,
상대방이 자신의 이익을 보호해 주는 대가로 나도 상대방의 이익을
보호해 준다. 이것은 시간, 노력, 돈, 안전, 어쩌면 생명까지도 요
구할 수 있다. 계약으로 보호받기 위해 치르는 희생이 항상 가벼운
것은 아니다. 가끔 아주 큰 대가를 치러야 할 때도 있지만 더 큰 것
을 얻는다고 믿기 때문에 우리는 과감히 희생하는 것이다.

　　그런데 실상은 눈속임에 불과하다. 실제로 자유를 양도하거
나, 희생을 할 필요는 없는 것이다. 희생하는 것이 중요한 것이 아
니라 희생하는 것처럼 보이는 것이 중요하다. 당신이 나의 뒤를 봐

준다면 나도 당신의 뒤를 봐주겠다는 것이 계약이지만, 정말로 꼭 뒤를 봐줘야 하는 것은 아니다. 뒤를 봐주고 있다고 상대방이 믿으면 그만이지, 실제로 희생할 필요는 없다. 계약에서는 이미지가 전부이다. 계약 조건에 따른 희생을 하지 않고 보상을 얻을 수 있다면, 실제로 시간·노력·돈·안전을 희생하는 우둔한 상대방을 이용할 수 있다.

계약은 그 특성상 사기꾼에게 유리하다. 이것은 깊고 구조적인 계약의 특성이다. 만약 당신이 사기꾼이라면 비용을 치르지 않고 계약의 효용만 얻어 갈 수 있다. 사기꾼은 결코 성공할 수 없다고 우리는 말한다. 그러나 우리 영장류는 그 말이 사실이 아니라는 것을 알고 있다. 얕고 어설픈 속임수는 성공하지 못하고 들통 나 대가를 치르게 된다. 수가 얕은 사기꾼들은 배척당하고 멸시받는다. 그러나 우리 영장류가 경멸하는 것은 어설픈 협잡꾼들의 정교하지 못한 속임수일 뿐이며, 실제로는 속임수를 경멸하기는커녕 흠모한다. 계약에서 이득을 볼 수 있는 것은 단순한 속임수가 아니라, 정교한 속임수이다.

인류는 계약으로 인해 문명인이 되었다고 한다. 그러나 계약은 끊임없이 사기를 쳐야 하는 압박도 제공한다. 인류는 계약 때문에 문명인이 되었지만, 동시에 사기꾼도 되었다. 단, 계약은 사기술이 규칙이 아닌 변칙일 때에만 제대로 작동한다. 만약 누구나 상대를 완벽하게 속일 수 있다면 사회질서는 무너질 것이다. 그래서 계약은 사기꾼을 감시하게 만드는 역할도 동시에 수행한다. 사기가 지능적이고 노련해질수록 감시도 더 철저해진다. 인간의 문명, 궁극적으로 인간의 지능은 군비 경쟁과 같은 경쟁의 산물이며, 이 경쟁의 핵심에 거짓말이라는 탄두가 있다. 만약 당신이 문명사회에 살면서도 사기꾼이 아니라면, 그것은 아마도 당신의 사기술이 정교하지 못해서이리라.

　결국 인간의 어떤 본질을 보여 주는가? 절대선인 도덕이 계약에 근거하고 있다고 생각하는 것은 어떤 동물일까? 가상의 계약 조건에 따라 구성원 간에 합의된 공정하거나 공평한 사회를 만들 수 있다고 믿는 것은 어떤 동물일까? 영장류가 아닌 늑대에게 물어본다면 대답은 분명하다. 바로 사기꾼이다.

레스토랑의
아비규환

　　　　　　　나는 한때 사회계약에 관한 글을 쓴 적이 있다. 브레닌이 자신의 특기를 발휘하는 놀라운 상황을 보고 힌트를 얻어 쓰게 되었다. 아일랜드에서 처음으로 크리스마스를 같이 보내게 되었을 때, 우리는 부모님을 만나 뵈러 다시 웨일스로 갔었다. 보니, 블루와는 사이가 매우 좋지 못했지만 브레닌은 언제나 웨일스로 가는 것을 좋아했다. 어머니는 나와는 다른 방식으로 브레닌을 예뻐했다. 치즈의 맛을 처음 알게 된 것도 바로 웨일스에서였다. 나는 브레닌이 내가 늘 사다 주던 소고기를 마다하고 치즈를 먹을 것이라고는 꿈에도 생각하지 못했다. 어머니가 치즈가 들어가는 요리를 할 때면 브레닌은 어김없이 주방에 나타났다. 브레닌은 개들이 절대로 낼 수 없는 기묘한 소리를 내며 앉아 있었기 때문에 녀석을 무시하고 계속 일을 할 수는 없었다. 브레닌은 짖는 것도 울부짖는 것도 아닌, 그 중간 정도 되는 짧고 날카로운 소리를 계속 냈다. 늑대는 결코 짖지 않는다. 짖는 것은 강아지들이나 하는 것이고, 기본적으로 '와서 나 좀 봐 주세요. 무슨 일이 있는데 혼자 해결을 못 하겠어요'라는 의사 표시이다. 브레닌은 결코 짖지 않았고 필요한 경우 가끔 길게 울부짖기는 했다. 하지만 흥분했을 때는 '웍! 웍! 웍! 웍!' 하는 스타카토 소리를 내곤 했는데 치즈는 매번 녀석을 흥분하게 했다. 소리를 내면서 가끔 뛰어오르고, 또 이전에는 한번도 보지 못했고 상상조차 못 했던, 일어나서 애원하는 행동까지 했다. 결국 어머니는 치즈 한 조각을 던져 주었고, 그걸 다 먹고 나면 이 과정은 다시 반복되었다. 음식을 준비하는 시간이 길어지면 그 시간은 녀석을 즐겁게 했다. 결국 음식 준비는 뒷전이었다. 냉장고 근처에 어머니가 나타나기만 해도 브레닌은 흥분했다.

　　크리스마스에는 아이리시 페리를 타고 로슬레어에서 펨브로크까지 갔다. 배를 타고 가는 여행은 보통 네 시간이 걸렸다. 브레

닌은 승객이 있는 갑판으로 올라올 수 없었기 때문에 자동차 갑판
의 우리 속이나 차 안에 있어야 했으므로, 나는 녀석을 차 안에 두
고 내렸다. 이전에도 여러 번 그랬고 그때까지 아무 문제도 없었다.
더욱이 이번에는 배를 타기 전에 로슬레어 해변을 오랜 시간 산책
해서 일부러 녀석을 좀 지치게 만들어 둔 터였다.

　펨브로크 도착을 10분 남짓 남겨 두고 배가 밀포드 헤이븐 수
로를 따라 올라가던 때, 책을 읽다 눈을 들어 보니 웬걸, 브레닌이
위층 승객 갑판 위를 유유히 걸어가고 있는 것이 보였다. 레스토
랑 방향이었다. 페리 직원 몇 명이 브레닌을 잡으려는 듯 뒤를 쫓
는 것 같았는데 사실은 적당히 거리를 두고 방어하고 있었다. 나는
브레닌을 불렀고, 녀석은 가던 걸음을 딱 멈추고 그 자리에 얼어붙
어 뒤돌아 나를 보았다. 5년 전 내가 남긴 헝그리맨을 몰래 먹다가
딱 걸렸던 때처럼 와일리 코요테의 표정이 서서히 얼굴에 번졌다.

　공기가 통하도록 차 문을 약간 열어 뒀는데 바다를 건너는 동
안 어떻게 창문을 밀어 내리고 탈출했던 것 같다. 자동차 갑판도 원
래는 잠겨 있어야 했지만 수로를 거슬러 올라가던 중 열려 운 좋게
탈출한 모양이었다. 자동차 갑판에서 위층 갑판까지 네 개 층이나
나를 찾아, 아니 그보다는 음식 냄새를 따라 올라온 듯했다. 정말
레스토랑까지 들어갔다면 어땠을까 생각하니 끔찍하다. 도시락이
든 가방을 열어 놓고 수업을 듣는 학생에게 어떤 사태가 닥쳤는지
너무 잘 알고 있었기 때문이다. 여객선 레스토랑에서 식사를 하던

손님들은 비명을 지르며 뛰어다닐 것이고 브레닌은 앞발을 테이블 위에 올리고 빈 식당의 식탁 위 음식들을 맛있게 비울 것이다. 물론 치즈가 들어 있는 접시부터 시작해서.

크리스마스가 지나고 집으로 오면서 나는 레스토랑의 아비규환이 일어나지 않도록 철저히 대비했다. 이번에는 자동차 창문을 정말 약간의 틈만 남기고 모두 올렸다. 이 역시 철저히 내 판단 착오였다. 브레닌은 차를 종잇장 찢듯 헤집어 놓고 탈출했다. 상황이 종료되고 보니 차는 더 이상 차라고 부르기 민망한 상태로 망가져 있었다. 시트는 조각나 있었고 좌석 벨트는 물어뜯겨져 나갔으며, 천장 완충제도 다 찢겨 늘어져서 뒷유리를 볼 수 없었다. 게다가 커다란 개 사료 부대를 찢어서 여는 통에 차 안 여기저기에 사료가 다 흩어져 있었다.

나는 긴급 상황에 당황한 직원들의 호출을 받고 자동차 갑판으로 달려갔고, 자동차라고 부르기도 민망한 내 차의 참상을 몇 분간 멍하니 바라보았다. 자동차 갑판의 직원이 칼을 가지고 있는 것을 본 나는 그것을 좀 빌려 달라고 했다. 집으로 돌아가는 길에 혹시라도 운전을 하려면 뒷유리가 보여야 하니까 천장에서 대롱거리는 잔해를 끊어 버리기 위해서였다. 그런데 그 직원은 이상하게도 칼을 내주지 않고 머뭇거렸다. 아마 내가 브레닌을 죽일까 봐 그랬던 것 같다. 그럴 리가! 나는 찬찬히 설명을 해 주었다. 충격을 받아서 교수 모드로 돌변한 나는, 정말 특이한 상황이 아니라면 내가 브레닌의 잘못을 탓하는 경우는 거의 없다는 것을 말해 주었다. 브레닌은 도덕적으로 책임질 존재가 아니라고, 어색하게 웃고 있는 직원에게 이야기했다. 브레닌은 도덕적 수동자Moral patient이지 도덕적 행위자Moral agent가 아니었다. 브레닌은 자신이 한 행동이 뭔지 몰랐고, 그래서 잘못했다는 생각도 없었다. 녀석은 그냥 밖에 나가고 싶었던 것뿐이다. 브레닌은 다른 동물들과 마찬가지로 특정한 대우와 생활 방식에 대한 권리를 가졌지만 그에 상응하는 책임은 없는 생명체이다. 이 상황에서 자존감이 있는 철학자로서 내가 할 수 있는 것이라고는 집으로 가서 이에 대한 글을 쓰는 것뿐이었다.

기본적인 생각은 계약을 더 공정하게 만들어 사회계약에 동물을 포함시키는 방법을 찾는 것이었다. 여러 명이 피자를 한 판 시켰다고 하자. 모든 사람들이 똑같이 나눠 먹으려면 어떻게 해야 할까? 손쉬운 방법은 이렇다. 한 사람이 피자를 나누게 하고, 그 사람이 자신의 몫을 제일 마지막에 고르도록 하는 것이다. 어떤 조각을 가지게 될지 모른다면 자신에게 유리하게 크기를 달리할 수는 없을 것이다. 결국 똑같은 크기로 피자를 자르게 된다. 피자가 사회라고 해 보자. 공정한 사회를 만들려면 어떻게 해야 하는가? 조각을 자른 사람이 자신이 어떤 조각을 먹을지 모르게 함으로써 공평한 분배를 했던 사례대로, 자신이 이 사회에서 어떤 역할을 맡게 될지 모르는 상황에서 사회를 조직하도록 시켜서 공정한 사회를 구성할 수 있을 것이다. 이 상상의 장치는 철학자 존 롤스John Rawls가

최초로 주창한 것이다. 그는 이것을 '원초적 입장Original position'이라고 불렀다.

　롤스는 원초적 입장을 계약을 더 공정하게 만드는 도구로 사용했다. 롤스에게 사회정의는 결국 공정성이었다. 나는 롤스가 자신의 이론을 전개하면서 불공정성의 근원을 간과했다고 생각했다. 롤스는 자신이 누구인지, 사회 구성의 가치를 어디에 둘지에 대한 정보를 모두 배제할 것을 주장했다. 자신이 남성일지 여성일지, 흑인일지 백인일지, 가난할지 부유할지, 지식인일지 문맹일지 등 어떤 가능성도 개입되어서는 안 된다고 했다. 종교가 있을지 아니면 무신론자일지, 이기적일지 이타적일지 등도 포함해서 말이다. 그러나 그는 여전히 자신의 정체성과 능력만큼은, 즉 우리가 인간이며 이성적이라는 정보는 허용하고 있다. 그래서 나는 계약을 진정으로 공정하게 만들고 싶다면 인간이라는 사실과 이성조차도 배제해야 한다고 주장했다. 나는 롤스가 은연중에 이러한 전제를 모른 척했다고 생각했다. 이로써 탄생한 것이 롤스라면 원치 않았을 새로운 사회계약의 탄생이다. 이것은 동물을 계약에 포함할 뿐 아니라 전통적 계약이라면 배제되었을 인간, 즉 유아, 노인, 광인, 쉽게 말해 약자도 포함할 것이었다.

늑대와 소와
참치의 계약

그 결과로 나온 책이 《동물권 : 철학적 방어Animal Rights: A Philosophical Defence》이다. 초판 표지에는 브레닌의 사진이 있을 것이다. 이 책은 내 최초의 저서는 아니지만, 앨라배마에서 7년을 파티로 날려 버린 후 다시 내 일을 되찾게 해 준 계기가 되었다. 여기에 지불한 대가라고는 고작 고물차 한 대와 평생 고기를 먹지 않겠다는 결심뿐이었다.

그날 본 브레닌의 파괴 본성이 결정타를 날린 것이다. 물론 도덕성의 사회계약적 성격은 당시 대학원 과정에서 강의를 하는 등 이미 집중하고 있는 주제였기 때문에, 사라질 문제는 아니었다. 이러한 불운의 연속은 일찍이 채식주의라는 고난의 길을 암시하고 있는지도 모르겠다.

내가 주장하는 새롭고도 더 공정한 원초적 입장이 내게 주어진다면 동물들이 식용으로 사육되는 세상을 선택하지는 않을 것이다. 가축들의 삶은 비참하고 죽음은 처참하다. 종의 정보도 배제해야 하므로, 내가 생각하는 한 원초적 입장에서 나는 다른 동물들과 다를 것이 하나도 없다. 그런 상황이라면 동물이 식용되는 세상은 원초적 입장에 선 누구라도 원하지 않을 것이다. 따라서 그런 세상은 부도덕하다. 내 관점에서 이것은 불행하다. 왜냐하면 내가 좋아하는 육즙이 흐르는 스테이크와 닭튀김을 못 먹기 때문이다. 그러나 어쩌랴, 도덕성은 가끔 불편하기도 한 것을!

　　나는 한동안 심지어 비건Vegan. 유제품과 동물의 알을 포함한 모든 종류의 동물성 음식을 먹지 않는 절대채식주의자이기도 했다. 그리고 도덕적으로 말해 나는 아직도 비건이라야 한다. 절대채식만이 동물에 대한 도덕적인 입장이기 때문이다. 그러나 나는 갈 데까지 갈 만큼 나쁜 사람은 아니기 때문에, 절대적으로 선한 사람도 못 된다. 브레닌에게 채식을 시켜 똑같이 복수를 할까도 해 봤지만 잘 되지 않았다. 녀석은 내가 채식 사료만 주면 입도 대지 않았는데 사실 누가 그것을 비난할 것인가? 여기에 페디그리 첨미국의 거대 식품그룹 마르스의 반려동물 사료 브랜드 제품을 조금이라도 섞어 주면 좀 달라지긴 했다. 그런데 문제는 살이 붙지 않으니 운동할 필요가 없어지는 것이었다. 결국 우리는 절충하기로 했다. 나는 채식을 하고, 브레닌은 페스카테리언Pescetarian, 생선은 먹되 육류나 유제품은 먹지 않는 채식주의자을 하기로 말이다. 그래서 채식 사료에 참치 캔 하나를 따서 섞어 주었다. 참치 캔은 물론 돌고래를 해치지 않고 잡은 것으로 수은 함량을 염려해 황다랑어를 피해서 주었고, 가끔은 치즈도 조금씩 섞어 주었다. 나는 브레닌이 나만큼 고기를 그리워하지 않기를 바랐다. 사실 나는 지금도 고기가 먹고 싶기는 하다. 새로운 식단을 브레닌이 정말 좋아했는지, 특히 치즈를 더해 준 식단은 더 맘에 들었는지 궁금하다. 별로 맘에 안 들었다면, 아마 그래서 내 차를 뜯어 먹었나 보다. 그렇다면 그날 내가 자동차 갑판 직원에게 뭐라고 말했건 상관없다.

특정 식단을 정해 준 내가 비도덕적인가? 그렇게 말하는 사람들도 있었다. 그러나 대안을 생각해 보라. 하루에 고기로 만든 사료 몇 컵에 고기 통조림 한 통까지 먹는다면 브레닌이 살아 있는 동안 몇 마리의 소를 먹게 되는가? 개 사료에 업체가 주장하는 함량의 고기가 들어 있지 않다고 하더라도 말이다. 브레닌이 예전처럼 밥그릇을 싹싹 비우는 것으로 보아, 새로운 식단을 좋아하는 것 같았다. 그리고 참치 통조림이 건조 개 사료보다는 더 맛있다고 확신한다. 새로운 식단은 브레닌에게는 최소한의 불편함을 주었을 수는 있지만, 수많은 소의 생명을 구했다. 만약 브레닌이 식사를 거부하거나, 먹는 양이나 체중이 줄었다면 나는 그 식단을 지속할 수는 없었을 것이다. 그러나 간단히 말해 그러한 선택은 상대적으로 적은 브레닌의 불편과 소의 결정적 편의 간의 균형이었다. 핵심은 채식주의의 도덕적 근거였다. 동물의 비참한 삶과 처참한 죽음을 막기 위해 인간이 혀끝의 즐거움을 조금 참는, 상대적으로 적은 인간의 희생만을 필요로 하는 것이다. 물론 브레닌은 완전한 채식이 아니라 어류를 섭취하는 절충형이었기 때문에 참치의 입장에서는 좀 부당할 수 있다. 그러나 참치가 소보다는 최소한 삶의 환경이 더 나을 거라고 나는 스스로를 위로했다.

믿음으로 만든
구조선을 타고

계약이란 결국 힘과 속임수의 문제다. 계약을 다루는 최근의 저술들과 마찬가지로 내 책《동물권》도 힘의 불균형이 도덕적 판단에 미치는 영향을 최소화하는 데 주안점을 두고 있다. 그러나 핵심적 문제는 해결되지 않고 남아 있다. 공정하게 만든다고 해서 계약의 본질적 문제까지 해결되는 것은 아니다. 본질적 문제는 속임수와 그 기저에 깔린 계산이다. 계약은 영장류가 서로의 관계를 통제하기 위해 개발한 장치라고 나는 생각한다.

계약의 관점으로 옳고 그름을 따지는 것은 본질적으로 타인을 위해 설계된 도덕성이 무엇인가를 보여 준다. 도덕성은 서로를 잘 모르고 특별히 좋아하지도 않는 인간들의 관계를 통제하는 데 목적이 있다. 그렇다면 우리는 정의, 즉 공정함이야말로 롤스가 말한 사회제도의 '최우선 덕목', 즉 가장 주된 도덕적 가치라는 결론에 도달할 것이다. 도덕적 관점에서 말해 보자면, 모르는 사람들이 공정성 없이 어떻게 서로를 대할 수 있단 말인가?

그러나 타인에 대한 도덕성뿐 아니라 무리에 대한 도덕성도 있다. 홉스는 자연을 약육강식의 세계로 규정했다. 나에게 자연이란 집으로 막 데려왔던 새끼 늑대를 연상시킨다. 꼭 껴안아 주고 싶을 정도로 사랑스러운 커다란 갈색 털북숭이 곰 인형, 그러나 파괴

력을 겸비했던 브레닌 말이다. 왜냐하면 브레닌이 나의 문명 세계
에 들어오기 전에 그런 모습이었기 때문이다. 자연은 우리가 문명
이라고 부르는 것보다 더 야만스럽지는 않다. 그리고 만인에 대한
만인의 투쟁도 없다. 늑대의 수명은 짧은 편이지만 인간의 수명도
짧은 편일지 모른다. 늑대들은 우리가 생각하는 것처럼 고독하거
나 비참하게 살지 않는다.

그 5월의 오후, 단 한 시간 만에 집 구석구석에 저지른 모든 만
행에도 불구하고, 나는 털북숭이 곰 인형을 사랑하게 되었다. 이 사
실은 변함이 없을 것이다. 물론 브레닌은 내게 도움이 되기는커녕
오히려 해가 될 수도 있고 이미 막대한 피해를 주고 있었다. 그것은
내가 제어할 수 있는 일이 아니었다. 설사 우리 사이에 계약이 있었
다 해도 그것은 부수적인 것에 불과했으리라. 우리의 관계는 보다
기본적이고 본능적인 도덕성에 근거하고 있었다. 이 도덕성은 정
의가 아니라 신의를 전제로 하는 것이었다.

내가 브레닌을 페스카테리언으로 만든 결정은 이런 측면에서
볼 때 특이한 것이었다. 그것은 내가 한 번도 만나 보지 못했고 이
후로도 절대 만날 일이 없는 동물들의 이익을 위해 내 늑대의 이익
을 양보한 몇 안 되는 경우 중 하나였다. 이 경우, 나는 신의보다 정
의를 우선했다. 이 경우에는 신의에 대한 요구가 매우 미미했음을
인정한다. 브레닌은 새로운 식단을 거의 불편함 없이 받아들일 수
있었지만, 그에 비해 정의에 대한 요구는 비교할 수 없을 정도로 컸

기 때문이다. 그러나 이런 경우는 매우 드물었다. 도덕적 딜레마에 대해 강의할 때 내가 학생들에게 자주 드는 예가 있는데, 나와 브레닌이 탄 구조선에 올라탄 사람은 매우 재수가 없을 거란 것이다. 학생들은 내가 농담하는 줄 안다.

　도덕성에서 가장 어려운 문제는 타인과 무리의 요구 사이에서 균형을 이루는 일이다. 이것은 정의 구현과 신의 사이의 끝없는 줄다리기이다. 철학사는 도덕성이 타인과의 관계에 관한 것임을 강조해 왔다. 이것이 우연이 아닌 것은 영장류라는 우리의 계보 때문이라고 생각한다. 타인들이 모여 만들어진 것이 사회라면, 도덕성이란 결국 거기에 속한 '최대 다수의 최대 행복'을 계산하는 한 가지 방법이다. 그리고 이 '계산'이라는 것이야말로 영장류의 전문 분야이다.

　우리는 동료 영장류를 바라보지 않는다. 예의주시한다. 계략을 짜고, 음모를 꾸미고, 확률을 따진다. 그러면서 상대를 이용할 기회를 호시탐탐 노린다. 우리 삶의 가장 중요한 관계가 이해득실에 따라 측정되는 것이다. 최근 들어 너는 나에게 무엇을 해 줬는가? 너는 나를 보완해 주는가? 너와 있을 때 내가 얻는 것이 무엇이고 잃는 것은 무엇인가? 나에게 더 나은 방법은 무엇인가? 사회 전체에 대한 계산은 신중하다기보다는 도덕적인 것이기는 하지만 결국 기본적인 기술의 연장선상에 있다. 우리 영장류에게는 계약을 중심으로 생각하는 것이 자연스러운 일인데, 이것은 계약이 반대

급부로 얻을 것을 미리 계산한 영장류의 의도적인 희생에 다름 아
니기 때문이다. 계약의 핵심은 성문화로서, 우리 안 깊이 있는 것을
밖으로 명시하는 것이다. 계산이야말로 계약의 본질이자 영장류의
본질이다. 계약은 영장류를 위한, 영장류에 의한 발명품이다. 따라
서 영장류와 늑대 사이의 계약이란 있을 수 없다.

    그렇다면, 전부는 아니지만 최소한 우리 중 일부는 왜 개를 사
랑하는가? 나는 왜 브레닌을 사랑했는가? 곰곰 생각해 보니 이런
비유가 좋겠다. 개들이 우리 인간의 영혼 속에 오래도록 잊혀 있던
깊은 구덩이를 파내기 때문이라고. 그 구덩이 속에는 영장류가 되
기 이전의 우리가 살고 있다. 그것은 바로 한때 늑대였던 우리의 모
습이다. 이 늑대는 행복이 결코 계산으로 이루어질 수 없음을 알고
있다. 이 늑대는 진정한 관계는 결코 계약에 의해 성립될 수 없다는
것도 알고 있다. 먼저 신의가 있다. 이것은 하늘이 무너져도 지켜야
한다. 계산과 계약은 항상 그 다음이다. 왜냐하면 우리 영혼 속의
영장류는 결코 늑대보다 먼저 나타날 수 없기 때문이다.

06

행복이란 게 토끼보다
좋은 거야?

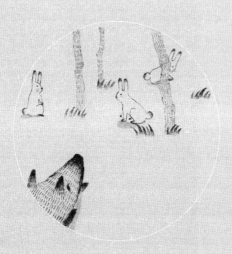

누군가 네가 늑대란
사실을 알아챘다면

아일랜드에서 지낸 몇 해는 브레닌의 전
성기였다. 몸집이 엄청나게 커져서 어깨까지 키가 약 89센티미터,
몸무게는 거의 68킬로그램에 달했다. 내가 어릴 때 함께 자란 그
레이트 데인과 크기가 비슷했는데, 몸은 훨씬 더 탄탄했다. 어미를
닮아 다리가 길었고, 다리 끝에 있는 발은 내 주먹만큼 컸다. 하지
만 전체적으로 두툼한 모습은 아빠를 많이 닮았다. 넓은 역삼각형
머리에 어깨는 실로 거대했다. 가슴팍은 두툼했고 엉덩이는 늘씬
했다. 생김새를 보면 딱 황소였다. 앨라배마 시절의 어릴 적 모습
이 어떻게 지금처럼 변했는가를 생각하면, 항상 딜런 토마스의 시
〈탄식〉 속, 사람이 수고양이에서 산처럼 큰 황소로 자라는 모습을
설명한 부분이 떠올랐다. 어릴 적 머리에서 콧잔등 위로 길게 내려

오던 검은 선은 희미해졌지만 여전히 흔적이 남아 있었고, 특이한
아몬드 색 눈 주변을 두르고 있었다. 당시 사진을 찍지 않아 브레
닌의 사진은 많지 않지만, 녀석의 모습을 생각하면 삼각형 이미지
가 떠오른다. 내 의식의 전면에는 온통 삼각형이 이리저리 돌아다
닌다. 삼각형 모양의 머리와 주둥이, 그 위로 쫑긋 서 있는 삼각형
모양의 귀, 옆으로 보면 어깨에서 꼬리로 내려오는 삼각형 모양의
몸통, 다리에서 커다란 발로 이어지는 삼각형 모양의 앞모습. 이
모든 삼각형 이미지들의 중심에 콧잔등의 검은 선과 아몬드 색 눈
이 있었다.

　코크에서 지낸 지 1년쯤 지났을 때, 브레닌에게 나보다 다리
가 많고 차가운 코를 가진 친구가 필요하다는 결정을 내렸다. 5년
전 터스컬루사 지역신문을 뒤져 브레닌을 찾았듯, 이번에는 〈코크
이그재미너〉지를 뒤져 말라뮤트 광고를 찾아냈는데, 놀라운 동시
에 불편했다. 말라뮤트는 북극에서 온, 허스키와 비슷한 썰매개지
만 키가 훨씬 크고 몸집도 더 거대하다. 그런데 문제는, 브레닌이
아직도 공식적으로는 '말라뮤트'로 통했다는 사실이다. 브레닌의
종을 물어보는 사람들에게 모두 그렇게 이야기했었다. 아일랜드
사람들은 어떤 이유에선가 커다란 개를 무서워한다. 누구라도 브
레닌이 늑대라는 사실을 알아챈다면, 우리는 황급히 짐을 싸서 이
사를 가야 하거나, 아니면 더 험한 꼴을 당하게 될 것이었다.

　내가 매일 걸어서 출근하는 길에 잠깐씩 들르던 작은 가게가

하나 있었다. 어느 날 밖에 있는 게시판에 '늑대'라는 제목이 대문짝만 하게 쓰인 기사가 내걸렸다. 사실, 그 내용은 몸집이 작은 늑대개가 집을 나와 북아일랜드 시골을 방랑했다는 아주 슬픈 이야기였다. 하지만 북아일랜드에서 발생한 일인데도 아일랜드 매체들은 이 사건을 대서특필했고, 내게 매일 콜라와 치즈 샌드위치를 내주던 주인도 그 기사를 가게에 내걸었던 것이다. 그녀는 이제 친숙해진 브레닌은 거들떠보지도 않고 보통 아무런 내용도 없는 말을 길게 늘어놓곤 했다. 그렇다면 아이들은 어떤가? 아이들도 금지해야 하지 않을까? 아이들도 위험할 수 있으니까. 아마 먹을 것을 얻으러 갔을 그 늑대는 결국 바보 같은 농부가 쏜 총에 맞아 죽고 말았다. 이제 그 지역 가게 주인들과 아이들은 다시 편안하게 잘 수 있으리라. 슈퍼맨이 지구인으로 행세할 때 클라크 켄트라는 이름을 쓰듯, 브레닌이 정체를 숨겨야 하는 아주 타당한 이유가 있었다. 그래서 나는 브레닌의 정체를 숨길 방법으로 '말라뮤트'를 생각해 냈다. 그때까지 말라뮤트는 사실상 아일랜드에 알려지지 않았고, 나는 계속해서 말라뮤트가 알려지지 않길 바랐다.

　　다음 날 우리는 차를 몰고 에니스에서 약 세 시간 정도 떨어진 근교에 위치한 작은 마을에 갔다. 새끼들의 아빠는 정말 말라뮤트였고, 실제로 브레닌만큼 덩치가 큰 갈색 개였다. 아니나 다를까, 브레닌은 그 개를 싫어했다. 반면 어미는 말라뮤트가 아닌 작은 독일산 셰퍼드였는데, 지금까지 본 셰퍼드 중에서 가장 못생겼던 것 같다.

　내 경험상, 부모의 종이 다르면 강아지는 항상 못생긴 쪽을 닮는다. 그래서 나는 강아지를 입양하지 않으려고 했다. 그런데 쓰레기와 벼룩이 들끓는 차고에 방치된 강아지들을 보는 순간, 생각이 바뀌었다. 한 마리를 구조해야겠다고 생각하고 가장 덩치가 큰 암컷을 골랐다. 나는 강아지라면 사족을 못 쓴다. 그래도 차를 몰고 집으로 가는 내내 정말 마음이 천근만근이었다. 우라질, 앞으로 한 10년은 이 못생긴 독일 셰퍼드한테 매였구먼.

　하지만 첫 주 만에 나는 녀석이 복덩이라는 것을 깨달았다. 이후 녀석은 지금까지 본 어떤 개보다 사람을 잘 따랐고 용감하며 총명하게 자랐다. 그러니 못생길 수가 없었다. '카레니나'를 줄여 '니나'라고 이름 붙였는데, 내가 가장 좋아하는 책 중 하나인《참을 수 없는 존재의 가벼움》에 등장하는 개 '카레닌'의 이름을 딴 것이다. 그리고 카레닌의 이름은 '안나 카레니나'를 따서 지은 것이었다.

　처음에는 개를 한 마리 구해 브레닌에게 친구를 만들어 주고 싶은 마음이었다. 하지만 브레닌은 그다지 좋아하지 않는 듯했다. 이 강아지는 끊임없이 브레닌을 괴롭히며 잠시도 가만히 두지 않았다. 심지어 브레닌의 야생성을 이용해서, 먹이를 토하게 만드는 방법까지 알아냈다. 브레닌이 고개를 돌려 피하려 해도 니나는 수그러들지 않고 몇 초 동안 정신없이 브레닌의 주둥이를 핥았다. 기어이 브레닌이 저녁 먹은 것을 토해 내자 니나는 즐거워하면서 그것을 게걸스럽게 먹어 치웠다. 가슴 아프면서도 동시에 속이 울렁대는 장면이었다. 니나는 금세 살이 쪘고 브레닌은 야위어 갔다. 결국 브레닌은 정원에서 니나가 다가올 수 없는 장소를 찾아냈는데, 거의 수직에 가까운 1미터가 넘는 비탈을 뛰어올라야 하는 곳이었다. 특히 저녁을 먹은 후에 그곳으로 도망쳐 몇 시간이고 계속 머물렀는데, 니나는 바닥에서 뛰어오르려고 깽깽거렸지만 아무 소용이 없었다. 하지만 휴식은 몇 주밖에 가지 못했다. 니나가 자라서 마침내 올라갈 수 있게 된 것이다. 하지만 그동안 브레닌도 다시 살이 올랐다. 니나가 아무리 괴롭혀도 브레닌은 니나를 극진히 보살폈다. 니나 주변에 다른 개나 사람이 접근하는 것을 절대 허락하지 않았다. 이 모습을 보며 나는 다시금 니나가 복덩이라는 생각을 했다.

　니나를 데려온 지 며칠이 지난 어느 날 밤 자정 무렵, 뒷마당에서 이상한 소리가 들렸다. 정원은 높이 약 2.5미터의 울타리로 사방이 둘러싸여 있었기 때문에 누구라도 정원에 우연히 들어오는 것은 불가능했다. 나는 아무 소리도 듣지 못했지만, 브레닌은 소리를 듣자 부리나케 창문으로 뛰어올라 앞발을 문틀에 얹고 매달렸다. 밖으로 나가게 해 주자, 정원 끝으로 달려가 니나를 피해 몸을 누이던 비탈이 있는 곳으로 갔다. 그러고는 나무 뒤로 사라졌다가, 한 남자를 끌고 나타나 땅에 메다꽂았다. 그 다음에 일어난 일을 말하자니 망설여지는데, 그 사건은 내게 제법 큰 충격을 주었기 때문이다. 변명을 하자면, 나는 미국에서 오랫동안 살았기 때문에 여전

히 미국적 사고방식을 지니고 있었다. 그 남자를 보고 처음 든 생각
은 '젠장! 혹시 총이 있는 것 아닐까? 우리 브레닌을 쏠지도 몰라!'
였다. 그래서 정원으로 달려가 미국식으로 "꼼짝 마, 이 새끼야!"
라고 소리 지르며 남자를 걷어차기 시작했다. 실상 그는 이미 꼼
짝 못 하는 상태였다. 늑대가 목덜미를 물고 있고 미친 남자가 욕설
을 퍼부으며 자신을 걷어차는데 누가 꼼짝할 수나 있겠는가? 결국
상황이 진정되고, 나는 남자를 붙잡았다. 나 혼자였다면 제압하는
데 꽤나 애먹었을 것이 분명한, 덩치가 큰 내 또래 남자였다. 나는
한쪽 팔로 남자의 등을 누르고 다른 팔은 어깨 위를 누르는 풀 넬
슨 기술로 그를 제압했다. "여기서 뭐하는 거야?"하고 묻자 그는,
"아, 아무것도요"라고 대답했다. 나는 그를 집 밖으로 끌고 가 길바
닥에 내동댕이쳤다.

　당시에는 전화가 없었기 때문에 경찰에 신고할 수가 없었다.
하지만 솟구치던 아드레날린이 잦아들자마자 경찰에 신고하지 않
는 게 좋겠다는 생각이 들었다. 남자를 제압하면서 저지른 일들의
심각성을 깨달았기 때문이다. 여기가 미국이라면 이웃과 경찰이
우리를 용감하다고 칭찬했을 것이다. 하지만 아일랜드에서는 그
렇지 않으리라는 생각이 들었다. 아일랜드 사람들의 성향으로는
늑대의 힘을 빌려 침입자를 막는다는 개념이 거의 없을 것이므로.

　다행히도 10월 말의 추운 밤이었고 남자는 두꺼운 외투를 입
고 있었다. 브레닌이 그 두꺼운 코트를 뚫고 심각한 상처를 입혔으

리라 생각되지는 않았다. 적어도 내가 그를 집 밖으로 던질 때 핏자국은 보이지 않았다. 하지만 모든 것을 고려하면 브레닌을 숨겨야겠다고 판단했다. 과잉반응일 수도 있지만, 북아일랜드에서 늑대개가 죽은 사건 때문에 나는 피해망상에 시달리고 있었다. 상황이 진정될 때까지 몇 주 동안 브레닌을 부모님께 맡기기로 했다. 서둘러 짐을 꾸리고 준비했다. 브레닌과 니나를 데리고 밤새 차를 몰아 로슬레어로 가서 여객선을 탈 계획이었다. 오전 9시 배를 타면 가르다 쇼하나Garda Siochana. 평화의 보호자라는 뜻의 아일랜드 경찰가 우리 위치를 파악하기 전에 안전하게 빠져나갈 수 있으리라.

그때, 문을 두드리는 소리가 들렸다. 망했다, 벌써 경찰이 오다니! 커튼을 걷어 앞문을 가만히 살펴보면서, 재빨리 머리를 굴려 포위된 상황에서 어떻게 행동해야 할지 생각했다. 총 없이 포위된 이 상황에서 어떻게 탈출할 수 있을까? 총이 없다면, 인질을? 하지만 모두 쓸데없는 걱정이었다. 경찰이 아니라 옆집에 사는 부인이었다. 알고 보니 브레닌과 내가 폭행한 남자는 그 여인과 별거 중인 남편이었다. 그는 술에 잔뜩 취해 가끔씩 행패를 부리러 온다고 했다. 최소한 브레닌과 내 입장에서 볼 때, 금지 명령이 떨어져 남자가 그녀의 집 30미터 이내에 접근할 수 없는 것은 정말 다행이었다. 보아하니 효과는 없어 보였지만 말이다. 나는 남자가 경찰에 신고할 가능성이 별로 없다고 생각해, 한밤중에 로슬레어로 탈출하는 것을 보류하기로 했다.

지금도 그날 밤 내가 얼마나 운이 좋았는지 믿을 수가 없다. 자정에 우리 정원에 있으면 분명히 좋은 일이 일어나지는 않을 것이다. 그래도 우리와 이웃으로 지내고 싶은가? 정원에 들어온 것이 아이라면 어땠을까? 단골 샌드위치 가게 주인이 하고 싶은 말은 아마 그런 것이었으리라. 하지만 나는 아무 일도 없었을 것이라고 생각할 수밖에 없다. 왜냐하면, 브레닌은 많지는 않았지만 만나는 아이들에게마다 언제나 온화하게 배려하며 대했고, 난 그 모습에 깊은 인상을 받았기 때문이다. 그리고 분명히 그날 밤 사건 이후로 브레닌은 옆집에 사는 작은 사내아이와 제법 친해졌다. 꼬마와 꼬마의 어머니도 브레닌을 아주 좋아했다.

그럼에도 돌이켜 보면 그 사건을 통해 나는 무언가를 의식하게 되었고, 그것은 한동안 내 머릿속을 온통 헤집고 다녔다. 브레닌과 나는 지나치게 성질이 급했다. 이 때문에 우리는 너무 위험해졌다. 아마도 카우보이였다면 걸핏하면 총을 집어 들었을지도 모른다. 그날 밤 내 행동을 돌아보면 그런 생각이 든다. 나는 지나칠 정도로 빠르게 달려들어 그 남자에게 몹시 심하게 발길질했고, 브레닌이 이를 드러내고 남자를 제압할 때 얼른 도우려고 했다. 서로에 대한 신의가 타인에 대한 정의에 훨씬 앞선 것이다. 우리 둘은 한 무리였고, 둘만의 세계에 살았다. 무리 밖에 있는 사람들은 실제만큼 우리에게 중요하지 않았다.

이 사건을 알고 나면 많은 사람들이 문명화된 사회에서 브레닌이 살 수 있는 곳은 없다고 말할지도 모른다. 그 말이 사실일 수도 있지만, 그렇다면 나 또한 문명 세계에 속하지 못한다는 경고문을 붙여야 할 것이다.

사건이 있던 날 밤, 우리는 인간 세상에서 조금씩 멀어지기 시작했음을 알 수 있었다. 솔직히 말해 나는 이 세상에 염증을 느끼기 시작했다. 브레닌을 사살하는 정책이 있다는 사실에 몸서리가 났다. 도망자 신세가 되어 항상 짐을 꾸리고 뜰 준비를 해야 하는 상황에도 넌더리가 났다. 물론 내가 괜히 소설 속 주인공이라도 되는 양 과민반응한 것이기는 하다. 그리고 현실에서는, 나의 은밀한 바람을 허용해 주는 변명거리이기도 했다. 실제로 변화는 세상이 아니라 내 자신 속에서 일어난 것이었다. 나는 앨라배마에서 살던 시절, 다른 사람과 어울리기 좋아하던 옛 모습과는 꽤 달라져 있었다. 은둔자, 사회 부적응자, 그리고 염세가가 되어 있었다. 어디에도 속하지 못했고, 아무도 만나기 싫었다. 나는 내 주변에서 인간의 냄새를 없애고 싶어 했다.

몇 달 후 우리는 코크 시를 떠났다. 옆집 부인과 꼬마는 우리가 떠나는 것을 매우 슬퍼했다. 크고 사나운 개로 인해 삶이 비참해지고 사회는 어떤 조치도 취해 주지 않을 때, 당신에게 필요한 것은 바로 당신의 뒤를 봐줄 더욱 몸집이 크고 사나운 개다.

지구 한 귀퉁이,
우리들만의 은신처

나는 아일랜드 남부 해안의 킨세일 마을에서 몇 킬로미터 떨어져 있고, 코크 시에서는 32킬로미터 정도 떨어진 노크더프 반도에 작은 집을 장만했다. 첫눈에 그곳이 마음에 들었다. 사실 한동안 살 곳을 찾아 다녔는데, 대부분 중개인이 변심하는 바람에 항상 마지막 순간에 일이 틀어져 버렸다. 그래서 킨세일의 집을 보자 2초 만에 내 집이라는 생각이 들었다. 10분도 안 되어 내가 제시한 매입 가격에 낙찰되었다.

그 집은 1700년대에 지은 별채로, 두께 90센티미터 정도의 흰색 벽은 문과 창문 주변의 칠이 벗겨져 돌이 드러나 있었다. 집 앞과 뒤에는 위아래가 나뉜 갈색 문이 있었는데, 두꺼운 벽 때문에 문틀도 너비가 90센티미터나 되었다. 브레닌과 니나는 밖에서 아주 작은 소리만 나도 밖에서 보이도록 커다란 발을 문틀에 건 채 일어섰다. 문이 닫혀 있으면 문틀에 뛰어올라간 채 위협적으로 밖을 바라보았다. 이러니 강도들이 얼씬도 하지 못할 터였다. 실제로 어느 누구도 브레닌과 니나 때문에 선뜻 집에 들어올 생각을 못했다. 우체부 콤 씨도 집에 들어오지 못하고 배달 차량에 앉아 내가 괜찮다고 손을 흔들 때까지 경적을 울렸다. 결국 나는 콤 씨가 자신의 이동식 보호구에서 나오지 않고도 우편물을 두고 갈 수 있도록 우편함을 만들어 주었다.

이 집의 핵심은 두 가지로 요약되는데, 바로 작고 소박하다는 것이다. 아마 브레닌과 니나도 이 집이 다소 원시적이라고 생각했을 것이다. 거실, 욕실, 침실 두 개, 주방의 다섯 개 공간으로 나뉘어 있었고, 다들 정말 좁았다. 역사적 의도 때문이든 특이한 의도 때문이든, 우연히도 그중에 욕실이 가장 넓었다. 집에 설치된 중앙난방 시스템은 기분이 내킬 때에만 작동했다. 보일러가 작동하지 않으면 밖에 있는 보일러실로 쥐들 사이를 뚫고 들어가 고쳐야 했다. 브레닌과 니나가 재빨리 그 까다로운 골칫거리를 해결해 주었기에 망정이지….

이 집은 내가 소유한 첫 번째 집이었다. 사람들은 내가 미쳤다고 생각했다. 헤아릴 수 없이 많은 고급 식당들이 들어설 예정인 세련된 '아일랜드 식도락의 수도' 킨세일에 있긴 하지만, 이렇게 작고 눅눅하고 외풍이 센 집을 터무니없이 비싼 가격으로 샀다고 말이다. 그래도 괜찮았다. 당시 아일랜드 부동산 시장 추세로는 양계장을 사도 떼돈을 벌 판이었다.

사실 집보다 그 위치가 정말 마음에 들었다. 집은 래스모어 반도의 킨세일에서 3킬로미터 정도 떨어진 곳에 있었다. 본채는 아무도 살지 않은 채 방치되어 있었다. 그 덕에 브레닌과 니나는 24만 평이 넘는 완만하게 경사진 전원지대에서 매일 뛰어다닐 수 있었다. 문만 열면 바로 끝없이 펼쳐진 보리밭이었다. 보리밭이 끝나는

곳엔 숲이 있고, 그 너머에는 바다가 있었다. 얼마 지나지 않아 브
레닌과 니나는 보리가 있는 곳에 항상 쥐도 있다는 것을 발견했다.
그리고 보리밭을 한눈에 쓸어 담아 쥐를 빨리 찾는 방법도 금세 터
득했다. 바로 펄쩍펄쩍 뛰어서 시야를 확보하는 방법이었다. 그러
면 쥐들이 겁을 먹고 허둥지둥했고, 브레닌과 니나는 펄쩍 뛴 상태
에서 쥐들의 동태를 순간적으로 파악한 후 잽싸게 덮쳤다. 둘은 마
치 보리밭 바다에서 뛰어오르는 연어마냥 공중으로 뛰어올랐다가
사라지곤 했다. 쥐들은 입장이 사뭇 다르겠지만, 그렇게 즐겁게 노
는 녀석들과 있으면서 나도 즐겁지 않을 수가 없었다.

　　보리밭은 저 아래 숲까지 이어졌다. 숲 끝에는 토끼 사육장이
있었다. 사육장에 가자 브레닌과 니나의 행동이 달라졌다. 보리밭
에서는 펄쩍펄쩍 뛰다가도, 토끼 사육장에 가자 잠복 모드로 돌변
했다. 아무것도 모른 채 벌판에서 햇볕을 쬐고 있는 조심성 없는 토
끼를 덮치려는 것이었다. 브레닌은 니나보다 훨씬 능숙했다. 대개
는 니나가 너무 조급히 달려들어 토끼가 도망가 버리고 말았다. 나
는 이것을 다행으로 여겼다. 《동물권》을 집필한 후, 이제 공식적으
로, 그리고 공개적으로 나는 사냥이나 식용으로 동물을 죽이는 것
을 반대했기 때문이다. 심지어 쥐를 죽이는 것조차 반대했다. 물론
보일러실을 점령한 쥐를 보면 순간적으로 돌변하기도 했고, 한밤
중에 난입하여 행패를 일삼는 옆집 부인의 남편을 무력으로 제압
하기는 했지만 말이다. 그래도 나는 동물 학대는 강력히 반대한다.

사실 나는 갈수록 더 이상하게 변해 가고 있었다. 그중에서도 가장 이상한 것은, 도덕적 채식주의자가 되어 고기를 맛보는 즐거움을 느끼지 못한 채 앞으로 남은 삶을 비참하게 살아야 하는 것이었다. 브레닌의 토끼 사냥 전략을 좌절시킨 후, 나는 브레닌에게 그 이유는 전적으로 자기 탓이라고 주지시켰다.

이렇게 사는 게
행복하냐고?

앨라배마를 떠나 아일랜드로 갈 때, 나는 문명사회에서 최대한 떨어져 글쓰기밖에 할 일이 없는 곳에 집을 구할 작정이었다. 거의 계획대로였다. 여자친구들은 그저 왔다가 가는 존재들일 뿐이었다. 마치 시계라도 맞춰 놓은 것처럼 모두들 그렇게 왔다가 홀연히 떠났다. 재치 있는 내 말발에 끌려(다행히도 내가 입을 열었다면), 혹은 잘생긴 얼굴에 끌려(그때만 해도 술에 절어 망가지기 전이라 교수치고는 봐 줄 만했으므로) 내게 다가왔으리라. 하지만 내가 관계에 큰 의미를 두지 않고 그저 성적 욕구를 분출할 상대로만 여긴다는 것을 곧 깨닫고는 내 곁을 떠났다.

나는 선천적으로 사람을 싫어했던 것 같다. 이게 내가 자랑스러워하는 것도, 바라거나 추구하는 모습도 아니다. 하지만 나에게

있는 모습임은 틀림없다. 몇 안 되는 예외를 빼고, 사람들과의 관
계에서 나는 언제나 시간을 때우고 있다는 모호하고 불안정한 느
낌에 지배받았다. 술이 나와 사람들 사이를 비집고 들어왔다. 웨일
스, 맨체스터, 혹은 옥스퍼드나 앨라배마에서 친구들과 시간을 보
내려면 먼저 술에 취해야 했다. 그렇다고 즐겁지 않았던 것은 아니
다. 사실 너무나 신났다. 그런데 술이 없었다면 분명히 상황이 달
라졌을 것이다. 이것은 단순히, 지적 능력이 비슷한 사람들과만 어
울리고 싶다는 학자의 거만함이 아니다. 교수들과 있으면 더 지루
할 뿐이었다. 사실 문제는 내가 친구라고 부르는 이들에게 있는 것
이 아니라 나에게 있었다. 내 안에는 늘 무언가 부족했다. 시간이
지나면서 나의 선택들, 그리고 나의 삶은 그러한 결핍에서 비롯된
반응이라는 것을 서서히 깨닫게 되었다. 내게 가장 중요한 것은 바
로 내가 잃어버린 것임을.

　　내가 선택한 직업도 결핍을 드러낸다. 순수 수학이나 이론 물
리학을 제외하고는, 철학보다 인간미 없는 것을 생각해 내기 힘들
다. 철학은 냉정하고 차가운 순수한 논리에 대한 숭배이다. 이론과
추상적 개념의 황량하고 얼음에 뒤덮인 산꼭대기를 거침없이 등정
하는 의지이다. 철학자가 되는 것은 실존과 결별하는 것이다. '철학
자' 하면 나는 5년간 하루도 빠짐없이 종일토록 대영 도서관에 앉
아《수학 원리Principia Mathematica》를 집필한 버트런드 러셀Bertrand Russell
이 떠오른다. 비록 성공하지는 못했지만 수학의 유래를 집합론에

서 찾으려 한, 믿을 수 없을 정도로 어렵고 독창적인 시도였다. 러셀이 간혹 비꼬듯이 '가끔씩 쓸모 있다'고 말한, 1+1=2라는 명제를, 집합론만을 이용해 증명하는 데에 86쪽이나 할애했다. 그렇다면 그 책이 얼마나 길지 상상이 갈 것이다. 친구도, 가족도, 돈도 없이 이 나라 저 나라를 떠도는 정신병자였던 니체도 떠오른다. 전도유망하게 출발했지만, 그 후로 그의 연구는 언제나 거절과 조롱을 받았다. 그들이 어떤 대가를 치렀을지 생각해 보자. 그날 이후 러셀은 더 이상 예전의 그가 아니었다. 니체는 서서히 미쳐 갔다. 물론 매독 때문이라는 설이 유력하기는 하지만, 어쨌든 그랬다. 철학은 시들고 있다. 철학자들은 격려가 아닌 애도를 받아야 한다.

　　나는 내 속에 사람을 싫어하는 존재를 품고도 밖으로 나올 기회를 노리고만 있었던 것 같다. 내 어린 시절 동안, 그 모습은 거의 대부분 상자 속에 감추어져 있었다. 그런데 아일랜드로 이사하자 드러나기 시작했다. 맨체스터에서 1년간 공학을 전공해 본 결과 확실히 수학을 잘 못한다는 것을 고려하면 철학만이 사람을 싫어하는 나의 기질을 적절히 발전시킬 수 있다고 파악됐다. 인간 세상에서 내 자신을 도피시키는 것은 이런 나의 염세적 기질이 이론적으로 확장된 모습이다. 덩치가 크고 포악한 늑대 브레닌은 이러한 도피의 상징적 표현이 되었다. 브레닌은 단순히 나의 유일하고도 가장 좋은 친구만이 아니었다. 나는 나 자신을 브레닌이 상징하는 모습으로 받아들이기 시작했다. 즉 인간 세상의 따뜻함과 우정을 거

부하고, 차갑고 관념적인 세상을 받아들인 것이다. 나는 북극인이
되었다. 집은 외풍이 들어와 몹시 추웠는데, 난방 시스템은 좀처럼
작동하지 않았고 작동해도 따뜻하지 않았다. 그래서 이 집은 인간
세계를 도피하려는 나에게 아주 어울리는 장소였다.

가엾은 부모님께서는 이런 나를 몹시 걱정하셨다. 점점 찾아
뵙는 횟수가 줄어들자 '그렇게 사는 게 행복하니?'라는 말을 자주
반복하셨다.

행복에 중독된
세상

많은 철학자들은 행복의 본질적 가치를
주장한다. 행복은 다른 것을 위해서가 아니라 그 자체로 가치 있다
는 의미이다. 우리가 무엇인가를 소중하게 여기는 건 대부분 그 효
용이나 역할 때문이다. 예를 들어 돈은 무언가를 살 수 있기에 가
치 있다. 음식, 주거지, 안전은 물론 심지어 행복까지도 돈으로 살
수 있다고 여긴다. 그리고 약 자체가 아니라 건강을 되찾게 도와주
는 역할 때문에 약을 가치 있게 여긴다. 돈과 약은 수단으로서 가치
를 지니지만 본질적으로는 중요하지 않다. 일부 철학자들은 행복
만이 본질적 가치를 지닌다고 여긴다. 오직 행복만이 효용이나 역

할이 아닌, 그 자체로 가치 있다고 생각하는 것이다.

부모님이 나를 걱정하셨던 1990년대 후반부터, 행복은 철학 밖의 다양한 분야에서 전보다 훨씬 더 높은 관심을 받았다. 심지어 거대한 사업으로 발전되기까지 했다. 행복의 비결을 말하는 책을 찍어 내느라 엄청난 크기의 숲이 희생되었다. 정부들까지 가담해, 우리가 조상들보다 물질적으로 더 풍요롭지만 더 행복하지는 않다고 주장하는 연구들을 후원했다. 돈으로 행복을 살 수 없다는 주장은 어떤 정부에게나 매우 유용하게 쓰일 수 있기 때문이다.

아니나 다를까, 결국 행복을 수월한 돈벌이로 여긴 학자들도 이에 가담했다. 직접 한 것도 아니고 대학원생들을 동원해 길 가는 사람들에게 '언제 가장 행복한가요?' 같은 무례한 질문을 하도록 설문조사까지 시켰다. 물론 21세기 초 서양 미덕에서 수줍음과 신중함은 높은 순위를 차지하지 않았기에, 많은 사람들이 이 질문에 대답했다. 모든 연구 결과에서 동일하게 나타나는 사실은 사람들은 분명히 섹스를 할 때 가장 행복하고, 직장 상사와 이야기할 때 가장 불행하다는 것이다. 직장 상사와 대화하며 섹스를 할 때 어떤 느낌인지는 알 수 없다. 아마도 희비 쌍곡선이 엇갈리지 않을까?

'언제 가장 행복합니까?'라는 질문에 '섹스를 할 때'라고 대답한다면, 행복을 무엇이라 생각해야 할까? 우리는 행복을 하나의 감정으로 생각하는 것이 틀림없다. 구체적으로 말하자면, 즐거움의 감정은 섹스를 조금만 잘해도 얻을 수 있다. 이와 유사하게, 직장 상사와의 대화에서 느끼는 불행한 감정은 아마 거기서 오는 불안과 걱정, 혹은 메스꺼움과 경멸 때문일 것이다. 행복과 불행은 특정한 감정으로 귀결된다. 이 개념을 행복은 본질적 가치를 지닌 것이자 우리는 수단으로서가 아닌 행복 그 자체를 원한다는 철학자들의 주장과 결합해서 생각해 보자. 그렇다면 다음과 같은 간단한 결론에 이르게 된다. 삶에서 가장 중요한 것은 특정한 방식으로 '느끼는' 것이란 사실이다. 잘 살고 못 사는 문제와 상관 없이, 삶의 질은 우리가 느끼는 감정에 달려 있는 것이다.

인간을 규정할 때 유용한 방법 중 하나는 우리를 중독자로 관찰해 보는 것이다. 이는 몇몇 영장류를 제외한 다른 동물들에게는 해당되지 않는다. 대부분의 사람들은 약물 중독자가 아니다. 그러나 행복 중독자이다. 행복 중독자는 약물 중독자처럼 실질적인 도움을 주거나 그다지 중요하지도 않은 것을 끊임없이 갈망한다. 어떤 의미에서 행복 중독자는 약물 중독자보다 더욱 상태가 심각하다. 약물 중독자는 자신의 행복이 어디서 오는지를 잘못 알고 있다. 그런가 하면 행복 중독자는 행복이 무엇인지부터 잘못 알고 있다. 둘 다 삶에서 가장 중요한 것을 인식하지 못한다는 점은 동일하다. 다양한 모습으로, 온갖 계층의 행복 중독자들이 존재한다. 팔이나 다리, 또는 발을 보고 그들이 행복 중독자라고 확인할 수는 없다. 약물 중독자처럼 약을 주사하거나 흡입할 필요가 없으니까.

어떤 사람들은 '청년기 행복 중독자'가 된다. 주말 밤이면 번화

가로 가서 술이나 마약에 취해 섹스를 한다. 그렇지 않으면, 심지어 그런 상태에서도 싸움을 한다. 1년에 한두 번은 이비사, 코르푸, 크레타, 칸쿤 같은 섬들로 또는 어딘가 계획한 곳으로 여행을 가는데, 그곳에서도 같은 일을 조금 더 심하게 되풀이한다. 그들에게는 이것이 행복이다. 행복은 즐거움이고, 즐거움은 행복의 모든 것이다. 청년기 행복 중독자가 되기 위해 18~30세 청년이 될 필요는 없는데, 이는 토요일 밤 시내로 나가거나 코르푸 행 전세기를 타는 사람들의 수가 얼마나 많은지만 봐도 알 수 있다. 어떤 이들은 평생동안 청년기 행복 중독자로 살아간다.

하지만 어떤 이들은 나이가 들어 점점 둔해지고 약해지면 동시에 자신이 더욱 교양 있어진다고 생각한다. 그들은 우선 청년기의 특징인 노골적 쾌락과 퇴폐적 감정을 넘어서 행복의 관념을 더욱 확장시킨다. 분별 있는 교양인에게 행복은 섹스나 마약, 그리고 술을 통해서 느끼는 감정에만 존재하는 것이 아니다. 이제 그들은 더욱 중요한 감정을 인식한다. 스텔라 맥주를 진탕 마시고 인사불성이 되는 즐거움은, 이제 품질 좋은 라투르 와인 한두 잔을 음미하며 느끼는 미묘한 전율로 격상된다. 그리고 가끔씩 하룻밤 풋사랑을 나눌 때 느끼는 격정은 '진지한', 그리고 성행위의 수준에서 본다면 사실상 거의 형제자매와 같은 관계에서 느껴지는 더욱 절제된 즐거움으로 대체된다. 미국 비트 제너레이션의 대표 작가 케루악Jack Kerouac의 시처럼, '별들을 가로지르는 거미처럼 폭발하는,

화려한 로마의 황색 초들처럼 불태우고, 타오르며, 타 버리는' 열망 대신, 아직 어린 아기가 침을 흘리거나 말을 시작하려고 옹알이 하는 모습을 흐뭇하게 바라보는 부모의 정제된 감정이 들어선다.

행복의 범주에 포함시키려는 감정이 다양해지는 만큼 인간은 점점 세련되어진다. 하지만 이것은 본래의 범주가 확대된 것에 불과하다. 행복이 무엇이든 그것은 감정이다. 영원토록, 부질없이, 감정을 추구하는 존재. 그것이 인간의 정의이다. 다른 동물은 감정을 좇지 않는다. 오직 인간만이 감정에 그토록 집착한다.

감정에 강박적으로 집중한 결과 인간은 노이로제에 걸렸다. 노이로제는 감정 생산에서 감정 점검으로 초점이 옮겨질 때 나타난다. 당신은 현재의 삶에 진정 만족하는가? 파트너는 당신의 욕구를 제대로 이해해 주는가? 아이를 기르면서 정말 성취감을 느끼는가? 물론 삶을 점검하는 것 자체는 문제가 되지 않는다. 삶은 우리 자체요, 행복한 삶은 무엇보다 중요하다. 하지만 인간의 특성상 우리는 삶을 점검하는 올바른 방식을 터득하지 못한다. 삶을 점검하는 것이 감정을 점검하는 것과 동일하다고 생각한다. 그래서 감정을 점검할 때, 그 내부를 살펴서 무엇이 존재하고 무엇이 부재하는지 확인하여 부정적인 결론에 도달하곤 한다. 우리는 스스로 희망하거나 타당하다고 판단하는 대로 느끼지 못한다. 그러면 어떻게 해야 하는가? 착한 행복 중독자들은 새로운 해결책을 찾아 나선다. 새로운 애인, 새로운 자동차, 새로운 집, 새로운 삶처럼 온통 새로운 것을 말이다. 중독자들은 행복이란 항상, 오래되고 친숙한 것보다는 새롭고 특이한 것에 있다고 여긴다. 보통 그렇듯 어떤 방법으로도 행복을 발견할 수 없을 때에는 우리를 도와 줄 전문가들이 대기하고 있다. 그들은 높은 보수를 받고 기꺼이 우리에게 다른 해결책을 찾는 방법을 알려 준다.

　요컨대 인류의 가장 명확하고 단순한 특징은 감정을 숭배하는 동물이라는 사실일 것이다.

평생, 딱 한 번?

　　　　　　　　　　　오해하지 않길 바란다. 나는 감정이나 섹스를 조금도 반대하지 않는다. 브레닌도 마찬가지였다. 아일랜드에서 가장 더웠던 5월의 어느 저녁, 브레닌이 사라진 적이 있었다. 브레닌이 사라진 것은 그때 딱 한 번이었다. 브레닌과 니나를 집 밖에 풀어 놓았는데, 잠깐 돌아선 사이 브레닌이 사라져 버렸다. 1.8미터 높이의 돌담 너머로 브레닌의 꼬리가 사라지는 것이 보였다. 어떻게 벽을 타 넘었는지 놀란 것이 아니었다. 그런 시도를 했다는 자체가 놀라웠다. 브레닌이 탈출하려는 모습을 한 번도 본 적이 없었기 때문이다. 뒤쫓아 나가 봤지만 녀석은 이미 사라지고 없

었다. 나는 니나를 지프차에 태우고 브레닌을 찾아 나섰다. 길을 따
라 몇 미터쯤 가서 하얀 독일 셰퍼드와 함께 있는 브레닌을 현행범
으로 잡았다. 셰퍼드의 주인은 몹시 화가 나 있었다. 내 짧은 생각
으로는, 새끼를 낳을 수 있는 암캐를 주인 없이 마당에 풀어 놓고
아무 일이 없을 것이라 기대하면 안 된다.

　셰퍼드 주인에게는 사실 호재였다. 새끼를 팔아 돈을 많이 벌
었기 때문이다. 이제 브레닌은 킨세일 인근에서 유명해져서, 실제
로 거금을 들여서라도 브레닌의 새끼를 사려는 사람들이 많았다.
나 역시 또 다른 강아지를 떠맡게 되었다. 브레닌의 새끼를 한 마리
도 키우지 않을 수는 없었기 때문이다.

　나는 차마 브레닌에게 중성화 수술을 시킬 수 없었다. 같은 남
자로서 더욱 그랬다. 강아지를 중성화시킨다는 생각만 해도 눈물
이 났다. 암컷 중성화 수술이 수컷 수술보다 훨씬 더 위험하고 복
잡한 과정이기는 하지만, 브레닌의 딸들은 기꺼이 수술시킬 마음
의 준비를 했다. 물론 브레닌과 니나 사이를 걱정할 일은 없었다.
불쌍한 니나의 경우, 수술시켜도 안전하다는 수의사의 말이 떨어
지자마자 이미 수술을 받았기 때문이다. 사실 더 이상 개를 키울 상
황이 아니었다. 당시에도 지프차 뒷좌석을 떼어내야 브레닌과 니
나는 간신히 차에 탈 수 있었다. 다른 개가 생기면 조수석에 앉아야
했다. 그런데 정확히 그 사태가 벌어졌다. 3개월 반쯤 지나고 우리
무리에 새로운 구성원이 생겼는데, 바로 브레닌의 딸이었다. 나는

'테스'라고 이름 붙였다.

　나는 도덕적 딜레마도 떠안게 되었다. 그것은 보통 개를 입양할 때 예상되는 불편함보다 훨씬 더 심각한 것이었다. 나는 다른 늑대나 늑대개 주인들의 온갖 제안에도 불구하고 브레닌에게 짝짓기를 시키지 않았다. 새끼가 어떻게 자랄지 알았기 때문이다. 바로 브레닌이다. 나는 브레닌의 어릴 적 모습을 분명히 기억한다. 보통 사람들은 내가 브레닌이 새끼였을 때 겪은 일들을 견디기 어려울 것이다. 그래서 브레닌의 새끼들은 힘든 삶을 살 것이라 생각했다. 이 생각은 오늘날까지도 내 머리에서 떠나지 않고 나를 괴롭힌다. 나는 이제 늙은 개가 되었을 브레닌의 새끼들이 잘 지내기를 바란다. 또한 행복한 삶을 살았기를 기도한다. 하지만 모두가 그럴 수는 없다는 것을 알기에 마음이 아프다.

　브레닌은 결과야 어쨌든, 데이트를 즐겼다. 그리고 며칠씩 계속해서 다시 데이트를 하려 했다. 더 이상 밖으로 나가지 못하게 하자 울면서 잠들기도 했다. 브레닌이 행복 조사에 참여한다면, '언제 가장 행복한가요?'라는 질문에 어쩌면 '섹스를 할 때'라고 대답할지도 모르겠다. 만일 그렇다면 브레닌은 정말 불행했다고 할 수 있다. 진정으로 행복한 적이 단 한 번뿐이었기 때문이다. 물론 브레닌이 야생에서 자랐다면 행복을 느낄 수 있는 기회가 더 적었을지도 모른다. 야생에서는 무리의 알파 수컷 외에는 교미를 할 수 없기 때문이다. 하지만 추정하건대 늑대에게 중요한 것은 섹스나 어떤 종류의 감정이 아니다. 인간과 달리 늑대는 감정을 좇지 않는다. 그들은 토끼를 쫓는다.

잡힐 듯 말 듯 너는 토끼를, 나는 생각을 쫓고

사람들은 내게 종종 브레닌이 행복하냐고 물었다. 사실은 '이 잔인하고 무책임한 인간아, 어떻게 야생 늑대를 데려와 억지로 인위적인 삶을 살게 하고 인간의 문화와 관습을 강요할 수 있냐?'라는 말을 하고 싶은 것이리라. 이에 대해 앞에서 이미 이야기한 적이 있다. 하지만 사람들의 이의가 정당하다고 가정해 보자. 그렇다면 브레닌은 제 본능에 맞는 일을 할 때 가장 행복하다고 할 수 있다. 교미는 그중 하나일 것이다. 사냥도 마찬가지이다.

오랫동안 브레닌이 사냥하는 것을 지켜보며, 사냥할 때 느끼는 감정이 어떤 것인지 이해해 보려 했다. 토끼에게 몰래 다가가면서 무엇을 느낄까? 토끼는 민첩하고 약삭빨라서 순식간에 방향을 틀 수 있다. 브레닌은 토끼보다 빨리 전력을 다해 앞으로 달릴 수 있었지만, 일반적인 토끼들의 움직임을 따라갈 수는 없었다. 그러니 몰래 토끼 뒤를 밟을 수밖에. 여기서 핵심은 상황을 재정비해

서 자기 자신에게 유리하게 만드는 것이다. 잠복은 자신의 장점을 극대화하면서 사냥감에게는 불리하도록 세상을 재정비하는 방법이다. 예상컨대, 이것은 몹시 힘겨울뿐더러 즐겁지도 않은 과정일 것이다.

브레닌의 인내심은 정말 놀라웠다. 대부분의 시간을 땅에 엎드려 있었고, 근육을 긴장시켜 앞으로 뛰쳐나갈 준비를 한 채 주둥이와 앞발은 토끼에게 향해 있었다. 토끼가 한눈을 파는 사이 몇 센티미터쯤 다가간 뒤 가만히 엎드려 다음 기회가 오길 기다렸다. 다음 단계로 진행되지 않는 한 얼마만큼 그 자리를 지킬 수 있는지는 명확하지 않다. 브레닌이 15분 동안 기다리는 모습을 본 적이 있다. 녀석은 엄청난 단거리 가속력과 급습에 능한 자기 장점이 토끼가 순식간에 방향을 바꾸는 장점보다 더 크게 작용하도록 상황을 정비하려 했다. 다행스럽게도 토끼는 그보다 훨씬 앞서 브레닌이 접근하는 낌새를 알아차렸다. 토끼가 눈치챈 것을 깨닫는 순간, 브레닌은 전광석화와 같이 토끼를 향해 몸을 날렸다. 하지만 대부분 빈손으로 돌아왔다.

브레닌이 사냥을 할 때 행복했다면, 녀석에게 행복은 무엇이었을까? 사냥에는 긴장의 고통, 정신과 신체의 의도적 경직, 공격하고 싶은 열망과 그렇게 하면 실패한다는 생각 사이에서 발생하는 필연적인 갈등이 존재한다. 가장 원하는 것을 지속적으로 억제해야 하는 것이 사냥이다. 브레닌이 느꼈을 고통은 토끼를 향해 은

밀하게 접근할 때 부분적으로나마 완화됐을 것이다. 그러고 나서 멈추면 똑같은 과정이 계속 반복되는 것이다. 이것이 행복이라면, 행복은 황홀경이라기보다 고통인 것 같다.

아마 누군가는 브레닌이 토끼를 잡았을 때에만 행복했을 거라 말할 것이다. 나는 그렇지 않기를 바란다. 브레닌은 토끼를 잡은 적이 거의 없기 때문이다. 그런데 브레닌의 행동은 토끼를 잡았을 때만 행복한 것이 아님을 분명히 보여 준다. 사냥이 끝나면 성공했든 실패했든 눈을 빛내며 나를 향해 껑충껑충 뛰어와 달려들었다. 이것은 녀석이 기쁠 때 하는 행동이므로 행복한 것이 틀림없었다. 이것이 사실이라면 브레닌의 행복은 토끼를 턱으로 물었을 때 느끼는 즐거움과는 거의 관련이 없다.

브레닌의 사냥을 보며 떠오른 것은 다름 아닌 내 인생의 한 부분인 철학이었다. 나는 토끼가 아닌 생각을 찾아 잠복했다. 브레닌은 가끔씩 녀석이 잡기 너무 벅찬 토끼를 쫓아다녔다. 그리고 나는 내가 생각해 내기 너무 벅찬 생각을 쫓아다녔다. 정말 열심히 노력한다면 전에는 생각할 수 없던 것, 정확하게는 너무 어려워서 생각할 수 없던 것을 떠올릴 수 있을 것이다. 그것은 몹시 즐겁지 않은 일이다. 오히려 괴로운 일이다.

우선 고통스러운 장소를 견뎌야 하는 불쾌감에 끊임없이 몸부림친다. 소금기 밴 흙탕물이 가득 찬 습지인 그곳에는 표지판도, 지반이 될 만한 단단한 가장자리도 없다. 몇 주 혹은 몇 달이 지나, 뭔

가 떠오른다. 생각이 시작되는 것이다. 이제 생각을 뒤쫓기 시작한
다. 목에 걸린 것이 서서히 올라오는 게 느껴진다. 이렇게 점점 올
라오다가 결국 밖으로 튀어나오겠지? 하지만 막다른 길에 부딪쳐,
다시 목구멍 깊숙한 곳에 자리 잡는다. 그것은 마치 형편없는 음식
처럼 딱딱하고 질기고 기분 나쁘다. 그러다 새로운 방법을 찾아내
고 다시 희망이 떠오른다. 거의 다 왔음을 느낄 수 있다. 하지만 아
직 준비되지 않아서 다시 쏙 들어가 버린다. 토끼를 강제로 잡을 수
없는 것처럼, 억지로 생각할 수는 없다. 알맞은 때가 되어야만 생
각은 다가오고 토끼는 잡힌다. 하지만 생각을 무시할 수도, 무작정
기다릴 수도 없다. 계속 자극하지 않으면 생각은 결코 찾아오지 않
는다. 결국 운이 좋고 성실하면 생각은 올 것이고, 그렇게 되면 전
에는 너무 어려워서 생각하지 못했던 것을 생각할 수 있다. 성취감
을 부인할 수는 없지만, 성취했다고 해서 이것이 끝은 아니다. 곧
다음 생각으로 옮겨가 불편함은 또다시 시작될 것이다.

　행복은 즐겁지만은 않다. 동시에 매우 불편하다. 이것은 내게
도 브레닌에게도 마찬가지이다. '고진감래'같이 누구나 아는 선인
의 지혜를 말하려는 게 아니다. 선인의 지혜는 고생을 참고 나면 좋
은 결과가 온다는 인과관계를 말한다. 고생해 보지 못한 사람은 좋
은 일이 생겨도 그 가치를 모른다. 그러나 그 때문에 불편한 것은
아니다. 그보다는 행복 자체가 불편함을 끌어안고 있는 것이다. 이
는 행복의 필요조건으로서, 다른 방식으로는 행복을 말할 수 없다.

즐거움과 불편함이 하나 되어야 완전한 행복이라 할 수 있다. 한쪽을 헐어 내면 모두 허물어지는 구조물처럼 말이다.

불편하지만
좋은 것

　　　　　　　　　　브레닌은 싸움을 좋아했다. 녀석은 싸움을 할 때 행복한 것 같았다. 안타까운 일이지만, 나는 한 번도 싸움을 내버려 둔 적이 없다. 헛수고였지만 싸우기 좋아하는 성미를 없애려고 애썼다. 그런 성미를 칭찬하지는 않았지만 이해했고, 브레닌이 나이 들어 약해진 후에야 비로소 주변에 다른 커다란 수컷 개가 있어도 싸우지 않으리라고 안심하게 되었다.

　어렸을 때 나는 실력이 괜찮은 아마추어 권투선수였는데, 가끔씩 아르바이트 삼아 실력을 발휘하기도 했다. 앤코츠, 모스 사이드 같은 지역의 이동식 비밀 장소에서 무허가 시합이 열렸는데, 영리하고 날렵한 흑인 아이들이 정말 많은 모스 사이드는 가급적 피했다. 50파운드를 주고 입장하여 운이 좋으면 밤새 몇 차례 시합을 할 수 있다. 첫 번째 시합에서 이기면 50파운드를 돌려받는다. 두 번째 시합에서 이기면 두 배를 받는다. 세 번째에서는 최대 200파운드까지 받는다. 이 때문에 나는 당시 몇 달 동안 계속 그곳을 찾앗다. 하지만 지는 순간 퇴장이다. 세 경기까지 나가서 이기는 것이 내 목표였다. 네 번째 경기에서는 대충 싸우고 도망가는 것이다. 밤이 깊어 가면서 진짜 실력자와 맞붙기 전에 큰 부상을 입지 않고 거기서 나오려는 심산이었다. 물론 관중들은 좋아하지 않았고, 한목소리로 야유를 보내며 위협하고, 으레 그렇듯이 '출신지가 어디냐', '호모 아니냐'고 불만을 표출했다.

하지만 가장 기억에 남는 것은 다름 아닌 링에 입장하던 순간이다. 흥분한 관중들이 미친 듯이 소리를 질렀고, 겁에 질린 내 시야는 좁은 터널을 따라 들어가듯 좁아졌다. 다리가 풀려 제대로 걷기 어려웠고 압박감 때문에 숨을 쉴 수 없었다. 이미 토한 뒤라서 더 토할 것도 없지만 속이 메스꺼렸다. 이런 느낌과 반응은 예선 내내 계속되었다. 그런데 시작을 알리는 공이 울리기 직전, 더 이상 도망갈 수 없는 링 코너에 서서 상대를 바라보자 놀라우리만큼 침착해졌다. 이 느낌은 발가락과 손가락에서 시작해 파도처럼 온몸을 휩쓸고 지나갔다. 그렇다고 두려움이 사라지지는 않았지만 이상한 침착함이었다. 더 이상 문제되는 것은 없었다. 시합 내내 나는 집중력이라는 황금빛 비눗방울의 보호를 받고 있었다. 두려움은 여전했지만 평온하고 긍정적인 두려움이었다. 이와 함께 표현하기 힘든 기쁨마저 느껴졌다. 그것은 내가 잘하는 것을 할 때, 그리고 동시에 내 능력을 최대한 발휘해야 한다는 생각을 가질 때 생겨났다. 이 기쁨은 말하자면 앎의 기쁨에 가장 가까울 것이다.

싸움은 절대 감정적이지 않다. 황금빛 비눗방울 안에서는 어떤 적대감도 느껴지지 않는다. 그것은 감정과 상관없는 지적인 노력이다. 싸움을 지적인 것으로 표현하는 것이 이상해 보일 수도 있는데, 그렇게 표현한 이유는 싸움에는 모종의 지식이 동원되기 때문이다. 이는 싸움 특유의 지식이며 다른 방법으로는 얻을 수 없는 지식이다. 상대방이 잽을 날린 후 얼마 만에 다시 펀치를 가하는지 정확히 알아야 한다. 상대의 손을 보지 못해도 알 수 있다. 그가 라이트 크로스를 날릴 때 발은 어떻게 할지, 상대의 발을 보지 않아도 알 수 있다. 집중력의 비눗방울 안에서, 그리고 신체적·감정적 능력의 한계에서, 다른 방식으로는 알 수 없는 것을 깨달을 수 있다.

　상대가 잽을 날리고 1초도 안 되어 다시 팔을 뻗을 때 머리를 옆으로 움직여 펀치를 피하면서 상대의 팔 안쪽으로 레프트 크로스를 날려 반격한다. 이 상황을 이해하는 사람들은, 상대방이 보통 오른손잡이라는 가정하에, 내가 왼손잡이라는 것을 알 수 있을 것이다. 상대의 턱에 확실하고 깨끗한 펀치를 연결하면, 환희에 몸부림치게 된다. 상대에 대한 적대감 때문이 아니다. 오히려 집중력의 비눗방울 안에서는 상대방이건 뭐건 아무것도 느낄 수 없다. 자신도 모르게 냉정하고 차분한 두려움을 가지고 있기 때문에 환희를 느끼는 것이다. 싸움은 상대방뿐만 아니라 자신의 실존적 곤경을 깨닫는 것이다. 나는 지금 벼랑 끝에 균형을 잡고 서 있으며 한 발짝만 실수해도 엄청난 일이 벌어짐을 아는 것이다.

가장 본능적여서 가장 활기찬 삶의 한순간, 두려움과 기쁨을 분리하는 건 불가능하다. 한 발짝 앞이 벼랑이라는 두려움은 기쁨을 극대화시키고, 기쁨은 다시 두려움과 결합해 하나가 된다. 두려움과 기쁨은 동전의 양면과도 같다. 같은 게슈탈트Gestalt, '형태'라는 뜻의 독일어에 존재하는 두 가지 모습이다. 기쁨은 결코 전적으로 즐겁지만은 않다. 불가피하게 몹시 불쾌하기도 하다.

행복은
감정이 아니야

신정론theodicy, 신은 정의롭기에 악 역시 신의 섭리로 본다는 신학적 개념이다. 신의 무능을 변호한다고 하여 변신론이라고도 한다은 삶에서 느끼는 불행의 원천을 찾으려는 시도이다. 그 이름이 말해 주듯 신정론은 전통적으로 신에게 호소한다. 신은 불가사의한 존재이며, 신은 인간을 시험하고, 인간에게 자유의지를 준 것도 신이다 등등. 신정론 중에는 신을 부인하는 것처럼 보이는 형태도 있는데, 그중 가장 유명한 것이 니체의 철학일 것이다. 그는 더 강해지려면 아픔과 고통이 필수적이라고 여겼다. 모든 신정론은 믿음에 근거한다. 그들은 명시적이건 암묵적이건, 삶이란 목표나 목적을 지닌다고 전제하기 때문이다. 즉 삶이 어떤 의미와 목적을 지녔다면, 공포·아품·고통은 어디쯤 자리해야 하는가를 탐색한다. 단순히 삶은 무의미한 것이라는 깨달음이 어려운 것은 아니다. 진짜 어려운 것은, 의미를 추구할 때 왜 우리의 삶은 진정 중요한 것에서 더 멀어지는가를 이해하는 것이다.

아픔과 고통을 정당화하려는 것은 아니다. 신정론을 주장하려는 것도 아니다. 나는 으레 가치 있는 것으로 여겨지는 삶의 의미란 허상일지 모른다고 생각하기에 아픔이나 고통도 삶의 의미에 기여하지 않는다고 생각한다. 그럼에도 나는 삶은 가치가 있다는 것을 깨달았다. 삶은 그 안에서 일어나는 일들 때문에 가치를 지닌다.

나는 길게 펼쳐진 잔디밭에 앉아 브레닌이 토끼 뒤를 몰래 쫓는 모습을 보면서, 나 역시 삶 속에서 감정이 아니라 토끼를 쫓아야 한다는 것을 깨달았다. 우리 삶에서 가장 좋은 순간, 우리가 가장 행복하다고 말하고 싶은 순간은 즐거운 동시에 몹시 즐겁지 않다. 행복은 감정이 아니라 존재의 방식이기 때문이다. 감정에 초점을 맞추면 요점을 놓칠 것이다. 나는 얼마 지나지 않아 이러한 교훈을 얻었다. 때로는 삶에서 가장 불편한 순간이 가장 가치 있기도 하다. 가장 불편하다는 이유만으로도 가장 가치 있는 순간이 될 수 있다. 이후 무수히 불편한 순간들이 내 앞에 나타날 준비를 하고 있었다.

07

아직은
너를 보낼 수 없어

알코올 중독자와
세 마리 동물의 런던 일기

아일랜드에서 지낸 지 5년, 우리 삶에는
두 가지 좋은 특징이 자리를 잡아 가고 있었다. 안정적인 일상의 반
복과 안정적인 수입이었다. 아침이면 기분 내킬 때 일어난다. 일어
나서는 브레닌과 숙녀들과 밖으로 나가 들판을 지나 바다까지 조
깅을 한다. 조깅을 마치면 차를 몰고 코크 대학에 출근해 수업을 한
다. 수업이 끝나면 체육관으로 향한다. 보통 6시쯤 집에 도착해서
글쓰기를 시작하는데, 거의 새벽 2시까지 계속된다.

니나가 온 뒤로 브레닌을 집에 두고 출근했다. 어릴 적 브레닌
의 파괴성은 이제 많이 줄어들었다. 대신 니나가 브레닌의 몫을 채
우고 있었다. 그렇지만 아무리 해도 파괴적인 재주와 힘은 브레닌
에 견줄 수 없었다. 브레닌은 집에 남아 있는 것을 좋아하지 않았

고, 나도 사무실과 교실에서 녀석의 존재가 그리웠다. 가끔씩 한창
수업을 하다가도 브레닌을 찾아 교실 모퉁이를 훑어보고는 했다.
순간적으로 가슴이 철렁하는 느낌을 받고 나서야 브레닌이 집에 있
다는 게 떠올랐다. 그래도 니나처럼 어린 개를 혼자 남겨 두는 것은
불공평하다는 생각이 들었다. 특히 니나에게 브레닌과 내가 차를
타고 떠나는 모습을 보일 수는 없었다. 그런데 테스를 입양하자 니
나는 함께 있을 친구가 생겼고, 그 덕에 나와 브레닌은 어디든 함께
간다는 예전의 규칙을 다시 시행할 수 있었다.

　　늑대의 피가 절반 섞인 테스는 파괴성도 어릴 적 브레닌의 절
반 정도 되었다. 하지만 그것만으로도 충분했다. 테스는 집에 있는
거의 모든 것을 먹어 치웠다. 테스에게 이빨이 나기 시작하자 할머
니가 물려주신 소중한 골동품 의자가 몇 주 가지 못하고 망가졌다.
다용도실과 부엌을 구분해 주는 석고보드 벽도 오후 한나절 만에
해치워 버렸다. 뒷마당에 나가고 싶은 맘에 그랬겠지만 소용없는
노력이었다. 어릴 적에 커튼을 좋아하던 브레닌의 모습도 그대로
닮았다. 부엌 찬장을 여는 방법도 금세 알아내서 그 안에 있는 것들
을 먹어 치웠다. 대상이 먹을 수 있는 것인지 아닌지는 크게 중요하
지 않았다. 찬장에 아이들이 열지 못하게 만든 자물쇠를 걸어 두었
지만 그것까지 먹어 버렸으니 말이다. 결국 찬장 주변을 어지럽히
는 것으로도 부족해 찬장을 통째로 해치웠다. 집 안에 난리가 난 어
느 오후, 집문서를 잃어버렸다. 테스가 먹은 것이다. 적어도 내 짐

작으로는 그렇다. 테스와 니나 둘 다 집에 있었으니 책임 소재를 정확히 따질 수는 없었다. 누구 짓이든 나는 완전히 지쳐 버렸다. 그렇다고 세 마리 모두 강의에 데려갈 수도 없는 노릇이었다.

저녁에 집에 돌아오면 우울한 기분으로 오후에 있었던 축제의 잔해들을 샅샅이 조사한 후, 글을 쓰기 시작했다. 나는 글을 쓸 때마다 잭다니엘, 짐빔, 패디 같은 위스키를 한 병씩 내내 마셨다. 보통 여덟 시간 정도 글쓰기를 했기 때문에 잠을 잊기 일쑤였다. 그 결과 거의 매일 밤 술에 절기는 했지만, 아일랜드에 5년간 살면서 예닐곱 권의 책을 집필하게 되었다. 책의 주제는 마음과 의식의 특성에서 자연의 가치와 동물의 권리에 이르기까지 매우 다양했다. 모두 완전히 형편없는 책은 아니었다. 놀랍게도 모든 유명 언론에서 내 책에 대한 논평을, 그것도 매우 긍정적인 평을 실었다. 앨라배마를 떠날 때는 거들떠도 안 보던 대학들이 이제 나에게 일자리를 제의하기 시작했다.

처음에는 이사 갈 생각이 없었다. 브레닌과 숙녀들이 너무나 사랑하는 전원을 빼앗고 싶지 않았기 때문이다. 하지만 극단적인 상황 사이를 시계추처럼 왕복하는 것이 내 삶의 주제 같았기 때문에 결국 런던에서 1년간 살아 보고 어떻게 되는지 봐야겠다고 결심했다. 나는 코크 대학을 1년 휴직하고 런던 대학교 버벡 칼리지의 제안을 받아들였다.

처음에는 이사를 한 뒤 맞닥뜨릴 실질적인 측면이 염려되었다. 앞서 장황하게 설명한 내 동반 가족이 벌인 참상과 나의 존재를 알고도 세를 내줄 집주인이 있을까? 알코올 중독 작가 한 명과 닥치는 대로 먹어 치우는 세 마리 야생 개들에게 말이다. 이 사실을 알면 누구나 펄펄 뛸 것이다. 그러니 늑대 한 마리, 개 한 마리, 늑대개 한 마리를 데리고 런던에 이사 갈 계획을 세운다면, 집을 빌릴 때 첫 번째 규칙이 무엇인지 분명해진다. 바로 사실을 은폐하는 것이다. '작은 강아지가 한 마리 있는데, 괜찮지요?'라고 말이다. 거짓말이라기보다는 과장법의 반대인 과소법 정도로 해 두자. 집주인의 마음을 안심시킬 절제된 표현 말이다. 깨끗이 인정한다. 거짓말 맞다. 이제 그 질문에 이어, 보통 많이들 하는 대로 집주인이 어디에 사는지를 묻는다. '근처에 사시나요? 케냐요? 좋아요. 이 집으로 할게요!'

이렇게 해서 브레닌과 테스는 지프차 뒷좌석에, 니나는 좋아하는 조수석에 각각 태우고 영국으로 향하는 여객선을 탔다. 먼저 부모님과 함께 크리스마스를 보낸 뒤, 차를 몰아 런던으로 갔다. 아이리시 페리에서 브레닌과 다소 불미스러운 일을 겪은 뒤로는 스테나 여객선을 탔다. 이 여객선을 선택한 데는 나무로 만든 커다란 개집이 있어 항해하는 동안 개를 들여놓을 수 있다는 점이 큰 몫을 했다. 하지만 브레닌은 항해하는 동안 개집에 갇혀 있는 것을 싫어했고, 결국 개집을 무너뜨려 불만을 표시했다. 항해가 끝날 무렵 갑판에 내려가니 브레닌은 어김없이 차량 갑판에서 마음대로 돌아다니고 있었고, 밖으로 나오지 못한 두 숙녀는 이구동성으로 낑낑거리면서 길게 울부짖고 있었다.

스텔라 여객선을 타고 몇 차례 여행하던 중 하루는, 항해가 끝날 무렵 갑판에 내려가 부서진 개집을 고치고 있는 고마운 목수를 만났다. 그는 자기에게 일감을 준 사람을 만나 기뻐하는 기색이 역력했다. 그는 전반적인 상황을 아주 정확하게 요약해 주었는데, 내 기억에 이렇게 말했던 것 같다. "도대체 왜 개가 위층에 못 올라가게 하는 거죠? 사실 당신 개가 다른 승객들보다 더 깨끗한데 말이에요!" 어쨌든 나는 가까운 미래에는 더 이상 배를 탈 일이 없기를 바랐다. 스테나 여객선은 승선을 거부할 게 분명했다.

이사 가기 몇 주 전 브레닌과 숙녀들을 부모님께 하루 맡겨 놓고 런던에 가서 간신히 작은 침실이 두 개 있는 집을 찾을 수 있었다. 그 작은 집은 윔블던 커먼 공원에서 엎어지면 코 닿을 곳에 위치했다. 윔블던 커먼의 135만 평, 혹은 인접한 리치먼드 공원의 490만 평에 이르는 완만하게 펼쳐진 평지에는 평생 쫓겨 다니는 것이 본업인 털이 난 작은 동물들이 많았는데, 그 모든 것이 브레닌과 두 숙녀들에게 안성맞춤이라고 생각했고, 정말 그랬다.

우리는 매일 아침 일찍 공원에 달리기를 하러 갔다. 감히 녀석들을 집에 두고 출근하려면 먼저 힘을 빼 놓아야 했기 때문이었다. 숲과 런던 스코티시 골프장을 번갈아 가며 달렸는데, 아마 그 골프장은 세계에서 유일하게 개가 들어갈 수 있는 골프장일 것이다. 달

리는 길은 8킬로미터 정도 됐지만, 녀석들은 그 길을 최소 세 배는
더 달렸다. 다람쥐만 나타났다 하면 부리나케 숲으로 쫓아갔기 때
문이다. 사실 다람쥐를 눈으로 볼 필요도 없이, 덤불에서 바스락거
리는 소리만 나도 쫓아 들어갔다. 다행히도 다람쥐들은 빨랐고 브
레닌은 전보다 느렸다. 그렇다고 니나나 테스가 브레닌처럼 사냥
에 능숙한 것도 아니었다. 그래서 매일 공원에 나가도 다람쥐와 토
끼가 죽을 일은 거의 없었다. 1년간 녀석들이 사냥한 다람쥐는 한
마리 정도였을 것이다. 나는 이 정도의 2차적인 피해는 녀석들이
느끼는 어마어마한 즐거움을 고려한다면 받아들일 수 있는 수준이
라고 생각했다. 사냥이 끝날 때마다, 녀석들은 숨을 헐떡이고 눈을
빛내며 나에게 껑충껑충 달려들었다. 그럴 때마다 나는 "얘들아,
《동물의 역습Animals Like Us》을 쓴 작가의 개들이 이렇게 행동해서 되
겠니?"라고 말하곤 했다.

  지프차에 돌아갈 때 녀석들은 완전히 지쳐 있었는데, 이제 중
년에서 노년기에 접어든 브레닌은 거의 탈진 상태였다. 브레닌은
남은 하루를 잠으로 보냈다. 수업에 녀석을 데리고 가는 것은 이
제 고려 대상이 아니었다. 그 나이가 되면 수수께끼 같고 우여곡절
많은 런던 지하철에 쉽게 적응하지 못하리라는 생각이 들었기 때
문이다. 세 녀석들을 집에 두고 나올 때는 각자에게 브로드웨이의
애완동물 가게에서 산 커다란 도가니 뼈를 주었다. 집이 초토화되
지 않도록 막아 줄 장치가 필요했기 때문에, 부분적이고 일시적으

로나마 페스카테리언 식단을 절충한 것이었다. 도가니 뼈는 하나에 5파운드 정도였는데, 그해 1년간 어마어마한 돈이 들었다. 그래도 집주인에게 새로운 부엌을 사 주는 것보다는 돈이 적게 들었다.

다행히도 집에 오면 부서졌거나 엉망이 된 것이 없었다. 숙녀들은 놀랍게도 집에 어떤 피해도 입히지 않았다. 이사할 땐 카펫만 빨면 됐으니, 집에 개가 있었다는 것을 아무도 알아채지 못할 정도였다. 니나와 테스가 때마침 다 자라서인지도 모르겠다. 아니면 도가니 뼈가 녀석들을 즐겁게 해 주었기 때문일지도. 어쩌면 브레닌이 군기를 잡았으려나? 아무것도 묻지도 따지지도 않고 그저 평생 운이 좋았다고 여기리라.

한번은 정말 재미있는 사건이 있었다. 나는 그날을 '세 마리 뚱보 개의 밤'이라고 이름 지었다. 아주 정확히 말하자면 두 마리 뚱보 개와 한 마리 뚱보 늑대의 밤이지만, 너무 길어서 그냥 개라고 했다. 사실 내 탓이었다. 버벡에서는 야간 강의만 했는데 평소와 달리 수업을 마치고 학생회 주점에서 친구들을 만나 맥주 한두 잔을 마셨다. 결국 지하철 막차를 타고 집에 왔는데, 정확하지는 않지만 자정이 넘어 도착했던 것 같다. 세 녀석들은 개밥을 넣어 둔 식품 저장실 문을 힘들게 열어서는 20킬로그램에 달하는 건조 사료 포대를 온통 헤집어 놓았다. 나는 술에 취해 비틀거렸고 녀석들은 평소대로 미안한 몸짓의 춤을 추려 했다.

녀석들은 나한테 혼날 만한 짓을 하고 나서는 늘 그 춤을 췄다. 우선 귀를 뒤로 젖히고 머리는 아래로 숙여 코를 바닥에 가까이 한 채 종종걸음으로 다가온다. 꼬리를 너무 과도하게 흔들어서 꼬리를 흔들기보다는 마치 몸을 흔드는 것처럼 보이기도 한다. 니나와 테스는 거의 매일 그 춤을 췄다. 브레닌도 그 춤에 익숙하지 않은 것은 아니었다. 하지만 그날 밤은 평소와 전혀 달랐다. 몸이 너무 무거워진 녀석들의 춤사위는 전혀 발랄하지 못했다. 나에게 빨리 오고 싶었지만 그저 몸을 흐느적댈 뿐이었다. 배가 빵빵하게 불러서 몸의 폭과 길이가 같아지는 바람에 몸을 흔들며 용서를 구하는 것이 어려웠다. 몸이 너무 무거워 아무것도 흔들 수 없었다. 녀석들은 곧 포기하고 바닥에 드러누웠다. 내가 제정신이었다면 녀석들이 탈이 난 건 아닌지 걱정했을 것이다. 하지만 술에 취한 나는 그저 웃어 버리고 잠자리에 들었다.

다음 날 아침, 나는 녀석들에게 "산책하러 갈래?"라고 물었다. 산책은 우리 일상의 시작으로, 보통은 그 말에 녀석들은 신이 나 집 안을 뛰어다니고 길게 울부짖으며, 가끔씩은 나를 코로 밀어 재촉하기도 했다. 그런데 그날은 아무런 반응이 없이 땅에 붙은 머리를 들려고 하지 않았다. 그러다 녀석들이 잠시 눈을 들었는데, 컨디션이 엉망이니 제발 좀 내버려 두라고 애원하는 눈빛이었다. 녀석들은 아마 개 숙취 같은 것을 느낀 것 같다. 측은한 마음에 늦잠을 자게 내버려 두었다. 내가 숙취에 시달린다면 녀석들은 나를 가만히 두지 않을 테지만 말이다.

프랑스 일기,
지옥에서 보낸 한 철

장 미셸은 쾌활한 60대 노인이었다. 그는 인생을 즐겼다. 브랜디를 엄청 마셨고 시가도 어마어마하게 피워 댔다. 하지만 그의 삶에서 가장 큰 즐거움은 낚시였다. 나를 만난 것도 집 근처 바다에서 낚시를 하면서였다. 장 미셸은 언제나 늦게 출근했는데, 조금 늦는 정도가 아니라 한참을 늦었다. 하지만 늦는 것이 일상인 남프랑스에서는 큰 문제가 아니었다. 게다가 그는 개인사업자로, 베지에에서 동물병원을 운영하고 있었다. 장 미셸 오디크와의 만남은 나에게는 다시 없을 행운이었다. 하지만 롤러코스터 같은 내 인생에서 그런 행운 뒤에는 보통 끔찍한 일이 따랐다. 그해도 예외는 아니었다.

먼저 좋은 일을 말해 보자. 런던에서의 삶은 그다지 좋지 않았는데, 나의 게으르고 반사회적인 성격이 가장 큰 요인이었다. 런던에서도 수업을 했지만, 그것뿐이었다. 새로운 동료를 사귀지도, 심지어 학교 주변에 나가려고도 하지 않았기 때문에, 곧 '유령'이라는 별명이 생겼다. 그렇다고 시간을 낭비한 것은 아니었다. 런던에서 지내는 동안은 집필 시간을 둘로 나눴다. 저녁 7시에 시작해서 처음 네다섯 시간 동안은 철학에 관한 진지한 글을 썼다. 물론 '진지하다'는 것은 학계에 있는 몇백 명 정도만 읽을 만한 고도로 전문적인 철학을 의미한다. 아마 몇천 명이 이런 글을 읽게 만든다면 슈퍼스타가 될 것이다. 이런 류의 글은 철학 전문지나 옥스퍼드·케임브리지·MIT 같은 대학 출판사에서 출간하는 책에 실린다. 하지만 자정이 지나 취기가 서서히 오르면, 상당히 다른 색깔의 글을 썼다. 그 결과 《SF 철학The Philosopher at the End of the Universe》을 완성했는데, 블록버스터 과학영화를 통해 철학을 소개하는 책이다. 이 책을 읽으면 누구나 내가 술에 취해 글을 썼다는 것을 쉽게 알아챌 것이다. 그럼에도 전 세계의 거의 모든 출판사에서 놀랄 만큼 아주 잘 팔렸다. 사실 책이 출판되기도 훨씬 전에 해외 판권료가 쏟아져 들어왔다. 그래서 런던에서의 일이 끝난 지 얼마 되지 않아 기대하지 않았던 큰돈을 벌었다. 어마어마한 정도는 아니었지만 한동안 풍족히 지낼 수 있을 정도로 충분했다. 그 돈으로 뭘 해야 할지는 생각나지 않았지만, 끊임없이 내리는 비에 진저리가 난 것은 분명했다. 아일랜드 시절부터 거의 매일 비만 보고 살아온 터였다. 해서 날씨가 좋은 남프랑스에 집을 얻어 글쓰기에 전념하기로 마음먹었다. 우리 모두는 랑그도크 중심에 있는 작은 집으로 이사를 갔다.

집은 마을 끝에 있었다. 바로 옆에는 오브 강을 따라 생긴 삼각주가 있었는데, 너무나 아름다운 자연보호구역이었다. 보호구역 한쪽에는 바닷물이 섞인 석호가 있었고, 메르maïre라고 불렸다. 이 프로방스 말은 영어의 마이어mire, 진창와 동의어이고, 발음도 매우 비슷하다. 지역 토종인 검은 소, 흰 조랑말과 분홍색 홍학도 이

곳에 가득했다. 매일 아침 우리는 그곳을 지나 해안까지 걸어가서 수영을 했다. 예상대로 브레닌과 숙녀들은 남프랑스에서의 생활을 좋아했다.

그러나 이사 간 지 한 달여부터 브레닌이 아프기 시작했다. 지금 생각해 보면 런던을 떠나기 전부터 힘이 없어 보였던 것 같다. 처음에는 나이가 들어서라고 여겼지만 저녁밥을 거부해 어떻게든 달래야만 간신히 밥을 먹는 상황이 되어 곧바로 병원에 데리고 갔다. 프랑스에서 내가 아는 몇 안 되는 사람이자 이 지역 유일의 수의사 장 미셸에게 말이다.

그를 찾아가게 될 줄은 생각도 못했다. 아무리 수의사가 장 미셸뿐이라고 해도 그는 영어를 한마디도 못 했고, 학창시절 배웠던 내 불어 실력은 병원에서 대화를 나눌 수준이 아니었기 때문이다. 병원에 가면서도 심각한 문제가 있으리라고 생각하지는 않았다. 그저 나이가 든 데다 더위를 타는 모양이니 전처럼 많이 먹지 않는 것이 당연하다고 할 줄 알았다.

다행히도 그는 아주 진지하게 진료를 했다. 수요일 아침 11시에 병원에 도착해서 11시 15분에 피검사를 했다. 그리고 11시 30분에 브레닌은 수술대 위에 누웠다. 진찰 중 복부에서 혹이 발견된 것이다. 비장에 생긴 종양으로 판명되었는데, 그의 말로는 파열 직전이었다고 한다. 브레닌은 비장 제거 수술을 받았다. 비장 하나쯤 없어도 잘 살 수 있지만, 나는 충격에 잠겨 홀로 집으로 돌아왔다. 그런데 놀랍게도 저녁이 되자 브레닌은 다소 비틀거리기는 했지만 다시 일어섰다. 장 미셸은 다른 암 징후가 발견되지 않는다며 운이 좋으면 원발성 종양으로 판명될 수도 있다고 했다. 일주일 후에 피검사 결과가 나와 봐야 더 자세히 알 수 있다고 했다. 나는 브레닌을 집으로 데리고 와서 쉬게 한 뒤 이틀 후 다시 병원에 데리고 갔다. 수술 이틀 만에 합병증이 나타나기 시작했기 때문이다.

장 미셸과 함께 있으면 치료가 잘 되고 있는지 쉽게 알 수 있었는데, 그때는 그가 가장 좋아하는 취미인 허풍을 떨기 때문이다. 하지만 내 짧은 불어 실력으로는 도저히 이해가 되지 않아, 그가 던진 정교하고 세련된 농담은 왼쪽 귀로 들어와서 오른쪽 귀로 빠져나가 안타깝게도 빛을 발하지 못했다. 그는 진지한 눈빛으로 나를 뚫어져라 쳐다보고 엄숙한 목소리로 말했다. "스 네 파 봉!Ce n'est pas bon" 상태가 좋지 않다는 것이다. 그러고는 머리를 흔들었다. 그러다 다시 활짝 웃으며, "세 트레 봉!C'est très bon"이라고 말했다. 아주 좋다는 뜻이다. 나는 형편없는 불어 실력 덕분에 그가 하는 말에 완전히 집중했고, 계속 속아 넘어갔다.

그래도 병원에서 돌아올 때에는 며칠 전보다는 가벼운 마음이었다. 장 미셸은 아주 긍정적이었고 나는 다 잘 될 것이라고 생각하기 시작했다. 브레닌은 열 살이었고 이제 남은 시간이 그리 많지 않다는 것을 알고 있었다. 하지만 그런 일은 절대 없을 것처럼 녀석을 떠나보낼 마음의 준비가 되어 있지 않았다. 그리고 나는 브레닌이 이 문제를 잘 피해 갈 것이라고 믿기 시작했다.

집으로 돌아와 지프차에서 브레닌을 내리다가, 엉덩이가 온통 피투성이인 것을 발견했다. 곧바로 동물병원으로 다시 달려갔다. 항문샘 중 하나가 감염된 것이다. 항문샘에서 피가 쏟아져 나오기 전까지는 나와 장 미셸 누구도 이 상황을 예상치 못했다. 이제 브레닌은 엉덩이 털을 깎이는 더욱 심한 수모를 당하게 되었다. 장 미셸은 항문샘을 절개하여 고름을 빼냈다. 항생제 혼합 주사를 맞고, 함께 다시 집으로 왔다. 정말 끔찍한 일은 그 뒤부터 시작되었다.

장 미셸은 감염 부위를 깨끗이 소독하라고 신신당부했다. 두 시간마다 따뜻한 물과, 내가 알아들은 바로는 '여성 청결제'라는 것으로 브레닌의 엉덩이를 씻겨야 했다. 여성 청결제는 분명 프랑스 물건 같았는데, 어느 약국에서나 살 수 있었다. 이제 내가 할 일 목록에 새로운 것이 하나 추가되었다. 동네 약국에 가서 매력적인 여성 약사에게 말로는 한계가 있으므로 몸짓을 더해, 여성 청결제가 있는지 물어보는 것이었다. 불쌍한 늙은 브레닌의 엉덩이를 여성 청결제로 깨끗이 씻긴 후에는 주사를 놓아야 했다. 주사기에 항균 용액을 채워서 벌어져 곪아 있는 항문샘에 찌른 뒤 주입하는 것인데, 밤낮없이 두 시간마다 이 일을 해야 했다. 브레닌이 회복하는 데 가장 중요한 것은 항문샘의 감염이 수술 부위에 전이되지 않게 막는 것이었다.

장 미셸은 다음 날 브레닌을 데려오라고 했다. 밤새 한숨도 자지 못하고 아침을 맞이했다. 진료실에 도착했을 때는, 브레닌의 또다른 항문샘이 감염되어 엉덩이가 온통 피범벅이었다. 깜짝 놀란장은 "몽 뒤!Mon Dieu, 맙소사"하고 말한 뒤, 전날과 같은 치료를 했다. 다른 쪽 엉덩이 털도 깎고 감염된 항문샘을 칼로 절개했다. 집으로돌아온 나에게는 밤낮없이 두 시간마다 감염 부위를 소독하고 주사를 놓는 두 가지 임무를 수행할 기나긴 주말이 기다리고 있었다. 주사를 놓는 시간 사이사이에는 거의 잠을 자지 못했다. 상처 부위를 핥지 못하도록 브레닌의 목에는 깔때기를 씌워 놓았다. 브레닌은 깔때기를 매우 싫어해서 벽, 탁자, TV 등에 닥치는 대로 깔때기를 부딪치며 싫은 표시를 했다.

물론 치료받는 것도 좋아하지 않았다. 브레닌의 관점에서 본다면, 수요일에 수의사에게 갔을 때는 조금만 아팠는데, 이제 두시간마다 끔찍한 일을 반복해서 당하고 있는 것이다. 브레닌은 평소처럼 힘이 세지는 않았지만 여전히 힘이 좋아서 내가 엉덩이를건드리도록 가만히 있지 않았다. 그래서 나는 브레닌을 구석으로몰아 간 다음 목덜미를 잡고 비눗물, 스펀지, 주사기가 있는 처치장소로 끌고 가야 했다. 그러고는 몸부림치는 브레닌 위에 올라타고 제압했다. 녀석의 힘이 빠지면 엉덩이를 씻기고 주사를 놓았다. 이제 브레닌은 가만히 누워서 낑낑댈 뿐이었다. 그 소리를 듣는 것은 내게 가장 힘든 일이었다.

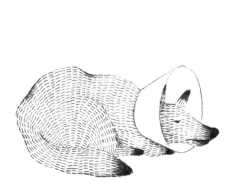

첫 번째 항문샘이 감염된 우울한 금요일과 두 번째 감염이 발견된 우울한 토요일을 지나 우울한 월요일이 닥쳤을 때, 항문샘 감염으로 수술 부위까지 교차 감염된 것을 발견했다. 이제 브레닌은 건강이 극도로 악화되었다. 장이 처방해 준 항생제 혼합제는 효과가 없었다. 그는 금요일에 항문샘 표본을 채취해서 실험실에 보냈다. 감염 종류를 밝혀내는 것뿐 아니라 어떤 항생제가 효과가 있는지를 알아보기 위해서였다. 하지만 결과는 며칠이 지나도 나오지 않았다. 그러는 사이 우리는 다른 항생제인 에플로록사신을 사용해 보았다. 과거에 강력한 변종에 효과적이라고 알려진 항생제였다. 장은 다시 수술 부위를 열어서 감염 부위를 도려냈다. 두 시간 간격으로 엉덩이를 소독하고 주사를 놓는 처치는 그 후로도 며칠 동안 계속되었다. 이제는 배에도 같은 처치를 해야 했다. 물론 다른 주사기로 말이다.

병원에 다시 갔을 때, 상태는 심각했다. 브레닌은 MRSA메티실린내성 황색포도상구균와 매우 유사한, 항생물질에 강한 내성을 지닌 대장균에 감염된 것이었다. 수술 전부터 내장에 잠복해 있던 대장균이 면역 체계가 약해지면서 활발하게 활동하기 시작한 것 같았다. 그 결과 브레닌은 거의 확실히 죽어 가고 있었다.

장은 지푸라기라도 잡는 심정으로 항생제 시대가 도래하면서 더 이상 사용되지 않는 옛날 방식으로 치료해 보자고 했다. 무릎 재건과 어깨 재건 수술은 들어 봤지만, 불쌍한 브레닌이 받게 된 것은 엉덩이 재건 수술이었다. 엉덩이는 흠 하나 없이 깨끗했지만 박테리아로 인해 악취가 났고, 항문샘 아래가 부어올라 있었다. 장의 말에 의하면, 진화에 따른 늑대의 항문샘 형태가 농양을 빼내기에 쉽지 않은 모양이라는 것이 문제였다. 냄새를 축적해서 영역 표시를 하는 데는 효과적일지 모르지만, 감염 부위 염증을 빼내는 데에는 좋지 않다고 했다.

또다시 수술대에 올라갔다. 내 해석이 틀리지 않다면, 항문샘을 2.5센티미터 정도 아래로 옮기는 수술이었다. 장 미셸이 얼마나 많은 몸짓과 얼마나 많은 그림을 그려 가며 나에게 이 수술을 설명했는지 모른다. 자세한 내용이나 방법은 정확히 이해하지 못했지만, 이렇게 항문샘을 아래로 내리면 고름이 차지 않고 자연스럽게 밖으로 배출될 것이라고 했다. 그러나 사실상 큰 기대는 걸 수 없었다.

너의 사랑을 잃을까 두려워

그날 저녁 브레닌과 함께 마지막을 준비하기 위해 집으로 돌아왔다. 당시 느꼈던 고립감과 외로움, 그리고 절망감은 말로 하기 어렵다. 진짜 공포는 브레닌을 잃게 된다는 절

박함에 있지 않았다. 누구나 죽음을 맞이한다. 6개월 동안 리사델
센터에 갇혀 있던 그 시기를 제외하고, 나는 브레닌의 삶이 행복했
으리라 느꼈다. 브레닌도 그렇게 생각하리라 믿는다. 진짜 두려웠
던 것은 브레닌을 살리기 위해 해야 했던 일이었다. 물론 브레닌의
상처를 보면 메스꺼웠다. 부패한 상처에서 나는 지독한 악취가 집
안 구석구석 퍼졌다. 하지만 두려움은 이러한 상황과 전혀 관련이
없었다. 두려움은 바로 내가 브레닌에게 가해야 하는 고통 속에 있
었다. 두 시간마다 브레닌에게 가한, 아무 소용 없을 것이 거의 확
실했던 그 고통 말이다. 고통의 핵심은 외로움이었을 것이다. 내가
느낀 외로움은 아니다. 내 외로움은 그 고통과는 무관하기 때문이
다. 바로 나의 늑대가 느꼈을 외로움이다.

　　브레닌은 두려워했고, 녀석을 안심시키려는 내 노력은 모두
헛수고로 돌아갔다. 확신할 수는 없지만 브레닌의 고통은 컸으리
라. 여전히 밤낮없이 두 시간마다 상처 부위를 소독하는 것은 견딜
수 없이 아플 게 분명했다. 브레닌은 씻기고 치료할 때마다 희미한
소리로 낑낑거리기 시작해 결국 새된 비명을 질렀다. 브레닌의 사
랑을 잃고 있다는 생각이 들어 끔찍했지만, 그것도 문제의 핵심은
아니었다. 브레닌이 좋아질 수만 있다면 평생 녀석이 나를 싫어해
도 괜찮다. 이 생각은 수면 부족으로 정신이 오락가락할 때, 신과
협상한 여러 조건 중 하나이다. 이미 사고는 터졌고, 내 새끼 늑대
는 이제 늙어 내 앞에서 죽어 가고 있었다.

가장 큰 두려움은 나의 늑대가 더 이상 내가 자기를 사랑하지 않는다고 느낄 것이라는 데서 왔다. 자기를 사랑해 줘야 할 사람이 며칠이고 고문을 했다고 느낄지 모른다는 생각을 떨칠 수 없었다. 나는 그를 배반하고 버린 것이다. 그를 버린 것은 나만이 아니었다. 니나와 테스는 브레닌의 커다란 플라스틱 깔때기에 겁을 먹었다. 브레닌이 녀석들이 누워 있는 곳에 다가가기만 하면, 일어나 다른 쪽으로 자리를 옮겼다. 나는 이 모습에 가슴이 무너졌다. 그때의 가슴 아픈 느낌은 언제나 계속될 것 같다.

아주 멋지게 보이고 싶을 때 사람들은 보통, 죽을 때는 누구나 혼자라고 말하곤 한다. 사실인지 아닌지는 모르겠다. 그런데 이러한 상황을 사람에게 닥친 일처럼 말하는 것은 쉽지만 실제로 경험하는 것은 끔찍하다. 브레닌은 자신의 한평생을 함께 한 동료 무리로부터 분명 철저한 외로움을 느끼고, 자신이 배신당해 버려졌으며, 심지어 고문당했다고 느꼈을 것이다.

나는 도덕적 문제에 있어서는 결과주의자이다. 행위는 순전히 결과에 따라 옳고 그름이 판단된다고 생각한다. 나는 지옥으로 가는 길이 좋은 의도로 포장되어 있다고 믿는 사람들 중 하나이다. 나는 항상 의도에 대해 깊은 불신을 느낀다. 의도는 무언가를 가리는 가면이며, 가면 속에 또 가면이 있다고 생각한다. 우리의 진짜 의도가 지닌 추악한 진실을 숨기려 사용하는 의도가 있다고 말이다.

나는 비슷한 상황에서 남들이 내게 해 주기를 바라는 대로 내 늑대에게 해 주겠다고 다짐했다. 나라면 누군가 단지 '목숨만이라도 부지해야 한다'며 나를 살려 두기를 원치 않을 것이다. 하지만 회복해서 충실하고 만족스러운 삶을 살 수 있다는 희망이 있다면? 나는 누군가가 나를 위해 싸워 주기를 원할 것이다. 비록 내가 그 행위 자체를 이해하지 못해도 말이다. 그래서 나는 내 자신에게 브레닌을 위해 싸워야 한다고 말했다. 녀석이 나를 이해하지 못해 멈추기를 원해도 그래야 한다고 몇 번이나 다짐을 되새겼다. 하지만 진짜 이유는, 나는 그저 브레닌이 없는 삶을 받아들일 수 없었고, 그럴 만큼 강하지 못했던 것이리라. 다른 사람들이 내게 해 주었으면 하는 대로 브레닌에게 해 주겠다는, 고상해 보이는 이 원칙은 단순히 내가 준비되지 않았음을 가리기 위한 가면이었다. 나의 진정한 의도가 무엇인지 누가 알겠는가? 진정한 의도라는 게 있기나 한가? 그리고 솔직히 말해서 알 게 뭔가?

내 결과주의적 영혼은 브레닌은 결국 고통만 받다 죽고 말 것이라고 나에게 소리쳤다. 나는 지난 10년간 내 삶에서 변함없이 중요했던 한 존재를 고통과 두려움 속에서 죽어 가게 하고 있었다. 그것도 사랑하는 이들로부터 버려졌다고 느끼면서 말이다. 녀석이 죽었다면 어떤 말로도 내 행동을 변명할 수 없을 것이다. 용서받을 수도 없고, 용서받아서도 안 될 일이다. 반대로 내가 그냥 포기했다면? 브레닌이 회복될 수 있었는데 포기해 버렸다면? 우리가 의도를 꽉 움켜잡고 있는 이유는 어떠한 결과도 우리를 용서하지 않기 때문이리라. 결과는 우리가 포기해도 천벌을 내리고, 포기하지 않아도 우리를 지옥에 떨어뜨린다. 우리 결과주의자들에게 있어서 구원은 가끔 있는, 말없는 행운뿐이다.

이상한 지옥에서 바라본 이상한 천국

브레닌의 상태는 호전되었다. 믿기 힘들지만 사실이다. 정확한 시기는 기억하지 못하지만, 한 달 정도 지난 어느 날 깜빡 잠들었다가 일어났는데 브레닌이 달라 보였다. 정확히 말할 수는 없었지만 뭔가가 달랐다. 나는 이제야 그게 무엇이었는지 깨달았다. 브레닌이 나를 바라보고 있었던 것이다. 지난 한 달 동안 브레닌은 나를 외면하고 있었다. 어쩌면 내 시선이 향할 때마다 자신에게 고통이 닥친다는 사실을 떠올릴 것이 두려웠는지 모른다.

당시에는 알지 못했다. 그저 브레닌이 곧 죽을 줄 알았다. 나는 개나 사람이 죽는 것을 본 적이 있어서, 죽기 바로 몇 시간 전에 뚜렷한 회복 증세를 보인다는 것을 알고 있었다. 잠시 동안 몸이 좋아진 것처럼 보이지만 실은 곧 죽는다는 신호일 뿐이다. 하지만 브

레닌은 죽지 않았다. 며칠 동안 옅은 회복 증세가 사람들이 소곤대
는 소문처럼 브레닌의 온몸으로 퍼져 나갔다. 그리고 그 소문은 느
리지만 확실히 내 눈앞에서 분명한 사실로 드러났다. 브레닌의 식
욕이 돌아왔고, 서서히 힘도 되찾았다. 그로부터 일주일 만에 한 달
넘게 가지 못했던 산책을 갈 수 있을 정도로 회복되었다. 함께 집
주변을 가볍게 걸으며 홍학을 구경할 수 있었다. 엉덩이를 소독하
고 주사를 놓는 일은 몇 주 동안 계속되었지만 감염은 멈추었다. 브
레닌은 더 이상 내 치료를 거부하지 않았다. 이제 내가 처치를 끝낼
때까지 참을성 있게 엎드려 기다렸다.

그때를 생각하면 꿈을 꾼 것만 같다. 한 달 넘게 브레닌을 치
료하는 긴박한 상황 속에서 나는 거의 잠을 자지 못했다. 기진맥진
해 깜빡 잠들기도 했지만 몇 분 이상은 잘 수 없었다. 가끔씩 잠을
깨면 브레닌이 아프다는 것을 잊어버렸다. 하지만 부패한 상처에
서 나는 악취가 코를 찌르면 공포와 절망 속에서 다시 의식을 되찾
았다. 이렇게 며칠이 지나자, 수면부족으로 망상에 빠지기도 했다.
몇 가지가 있었지만 가장 자주 나타나는 것은 내가 죽어서 영원토
록 지옥에 있는 모습이었다.

테르툴리아누스Tertullianus는 초기 기독교인 중 가장 잔인하고
타락한 사람으로, 지옥을 잔혹한 곳으로 상상하기를 즐겼다. 악마
들은 시뻘겋게 달아오른 쇠스랑으로 구원받지 못한 사람들의 엉덩
이를 찌르고, 구원받은 사람들은 천국의 보좌에 앉아 지옥의 고통

을 흐뭇하게 바라본다. 이런 상상력을 지닌 테르툴리아누스에 대해서는 경멸 이외의 감정을 품기가 어려우며, 단지 그가 천국과 지옥에 얼마나 깊은 적개심을 가지고 있었는지만이 느껴질 뿐이다. 테르툴리아누스에게 천국은 악의적인 장소이며, 이는 그의 악의적인 영혼을 반영한 것에 지나지 않는다. 하지만 그가 묘사한 지옥은 그다지 나쁜 것 같지는 않다.

자신이 고문당하고 잔인한 대우를 받는 것이 아니라, 사랑하는 사람들을 고문하고 잔인하게 다루어야 하는 곳, 그곳이 훨씬 더 끔찍한 지옥이다. 구역질 나고 혐오감이 영혼 깊숙한 곳까지 퍼져도 사랑하는 사람들을 고문해야만 한다. 세상에서 가장 소중한 그들의 사랑을 잃을지라도 그렇게 할 수밖에 없다. 결과가 어떻든 고문해야 하는 이유는 그것이 그들을 위한 것이기 때문이다. 여기에 바로 지옥의 탁월성이 존재한다. 지옥은 당신에게 선택권을 주지만, 다른 대안이 더 끔찍하기 때문에 사랑하는 사람들을 고문할 수밖에 없다. 이 지옥은 테르툴리아누스의 지옥보다 훨씬 끔찍하다. 나라면 이 지옥에 있으니 당장 테르툴리아누스의 지옥에 떨어진 사람들과 위치를 바꿀 것이다.

브레닌이 죽어 가던 그때 나는 지옥을 생각했다. 나는 사랑하기 때문에 나의 늑대를 고문해야 했다. 이것은 테르툴리아누스의 이상한 천국처럼 이상한 지옥이다. 테르툴리아누스의 천국에는 증오심에 찬 사람들이 가득하다. 그런데 내 지옥은 사랑하는 이들로 가득하다. 나는 믿고 싶다. 남을 증오하는 사람들은 절대 천국에 가지 못하고, 남을 사랑하는 사람들은 절대 지옥에 갈 수 없다고. 하지만 내 안의 결과주의자는 그렇게 생각하지 않을 것이 분명하다.

사랑의
얼굴들

사람들은 항상 자신의 개를 사랑한다고 말한다. 분명히 그들은 그렇게 생각할 것이다. 하지만 곪아서 냄새가 나고 감염으로 엉망이 된 엉덩이를 한 달 넘게 두 시간마다 씻기기 전까지는 모를 일이다. 우리는 보통 사랑을 따뜻하고 나른한 감정이라고 생각한다. 하지만 그것은 여러 얼굴을 지닌 사랑의 한 모습일 뿐이다.

브레닌이 병들어 죽어 갈 때 나는 느낌, 감정, 욕망이 마구잡이로 섞여 있는 혼돈 상태였는데, 그중 어느 것도 사랑의 감정이라고 부를 만큼 지속적이거나 분명하지는 않았다. 얼굴을 호되게 후려 맞은 느낌이었고, 숨을 쉴 수가 없었고, 몸이 휘청거리며 어지럽고 메스꺼웠다. 걸을수록 빠져드는 모래늪 속을 걷는 느낌이었다. 공기가 끈적거리는 뻑뻑한 스튜처럼 굳어서 몸을 움직일 수도, 생각을 할 수도 없이 내내 멍한 상태였다. 그런데 어느 순간, 브레

닌이 곧 죽을 거라는 확신이 들자 안도감이 들었다. 약을 주사할 시간이면 브레닌이 다시 일어서지 않는 편이 좋겠다고 생각했다. 인정하기는 싫지만 사실이다.

감정, 감정, 감정. 모든 감정이 강력했고 일부는 거의 압도적이었다. 하지만 어떤 감정도 브레닌에 대한 나의 사랑과 그럴듯하게 동일시되지는 못했다. 지금 이야기하고 있는 사랑은 아리스토텔레스가 '필리아Philia'라고 부른 것이다. 이는 가족애이자 동료애이다. 필리아는 성적 애정을 간절히 열망하는 '에로스'나 인류애적인 '아가페'와는 구별된다. 나의 사랑은 분명 에로스는 아니다. 성경에서 말하는 이웃에 대한 사랑도 아니다. 나는 브레닌을 형제로서 사랑했다. 이런 사랑, 즉 필리아는 감정이 아니다.

필리아가 감정으로 드러날 수도 있고, 둘은 동시에 나타날 수도 있다. 하지만 감정이 곧 필리아인 것은 아니다. 나는 왜 멍하고 메스꺼웠을까? 금방이라도 죽을 것 같은 녀석을 보며 어떻게 안도했을까? 사랑하기에 그렇게 심한 고통을 주는 것을 (감사하게도 완전히는 아니지만) 거의 견딜 수 없었기 때문이다. 이렇게 다양하며 이질적이고 분열된 감정은 모두 필리아를 나타낸다. 그러나 이러한 감정이 곧 사랑은 아니다. 필리아는 상황에 따라 너무나 다양한 감정이 동반되기 때문에, 그 어느 일면에 동일시될 수 없다. 더 나아가 필리아는 그러한 감정들 없이도 존재할 수 있다.

사랑에는 여러 얼굴이 있다. 사랑한다면 그 모든 것을 볼 수 있을 정도로 강해져야 한다. 본질적으로 필리아는 우리가 인정하고 싶어 하는 것보다 훨씬 가혹하고 잔인하기에. 필리아의 꼭 한 가지 필요조건은 감정이 아닌 의지이리라. 동료에게 느끼는 사랑인 필리아는 그에게 무언가를 해 주려는 의지이다. 정말 그러고 싶지 않아도, 그로 인해 소름 끼치고 메스꺼워져도, 결국 감당할 수 없을 정도로 엄청난 대가를 치를지라도 그렇게 하려는 의지 말이다. 이렇게까지 하는 이유는 그것이 그에게 최선이자 나의 의무이기 때문이다. 어쩌면 이런 경험을 하지 않을 수도 있다. 하지만 항상 준비해야 한다.

사랑은 때때로 아프다. 사랑 때문에 영원히 저주받을 수도 있다. 사랑은 당신을 지옥에 떨어뜨릴 것이다. 하지만 운이 좋으면, 정말 행운을 만난다면 사랑은 당신을 지옥에서 건져내 줄 것이다.

08

시간은
롤렉스 시계가 아니잖아

돌
유령

　　　내가 브레닌에게 마지막으로 했던 말은 "우리 꿈에서 다시 만나자"였다. 브레닌의 앞다리 혈관에 주삿바늘을 꽂을 때였다. 수의사는 브레닌의 몸속으로 치사량의 마취제를 투여했다. 나는 그 당시 브레닌의 다리가, 혈관이 기억난다. 내 인사말이 끝나는 순간 브레닌은 이미 이 세상에 없었다.

　　녀석은 떠났다. 나는 브레닌이 처음부터 존재하지 않았다고 생각하고 싶다. 그가 앨라배마에서 어미 품속에 묻혀 몸을 웅크린 채 편히 쉬고 있다고 생각하고 싶다. 니나, 테스와 함께 노크더프에서 수줍은 아일랜드의 태양이 떠오르는 안개 싸인 황금빛 보리밭 위를 뛰어다닌다고 생각하고 싶다. 윔블던 커먼에서 다람쥐와 재빠른 토끼를 쫓아 숲속을 헤집고 다닌다고 생각하고 싶다. 지중해의 파도 속을 헤엄친다고 생각하고 싶다.

1년 전 모습을 드러냈던 암이 재발했다. 이번에는 회복 가능성이 없는 악성종양으로 전이된 상태였다. 림프육종은, 인간은 치유가 가능하나 수의학계의 변천사를 살펴보면 개에게는 예외 없이 불치병이었다. 나는 이번에는 위험한 시도는 어떤 것도 하지 않기로 했다. 브레닌이 수술을 감당할 수도 없을뿐더러 이후에 합병증이 온다면 정말 큰일이기 때문이었다. 나는 지난번에 전통적인 치료법으로 브레닌을 완치시킨 수의사 장 미셸도 마찬가지 질환인 암으로 고인이 되어 버렸다는 사실에 충격을 받았다. 그의 후임 수의사로부터 이 사실을 전해 들었을 때, 브레닌의 수명도 거의 다해 간다는 것을 예감할 수 있었다.

최대한 브레닌을 편안하게 해 주고 싶었다. 우리는 처음으로 내 침대에서 함께 잠을 잤다. 니나와 테스는 이 전례 없이 매력적인 대접에서 제외되었다는 사실에 분한 감정을 감추지 못했다. 진통제가 더 이상 듣지 않게 되었을 때, 나는 깊은 고뇌를 거친 후, 잘못된 결정일 수도 있지만 현실을 받아들이고 안락사를 위해 베지에로 데려갔다. 브레닌은 거기서 죽어 갔다. 우리가 수년 전 럭비와 파티와 여자와 맥주를 찾아 미국 남동부 전역을 돌아다닐 때 타고 다녔던 바로 그 지프차 뒷좌석에서 말이다.

집주인이 완강히 반대할 것이기에 정원에는 묻을 수 없었다. 그래서 우리들이 매일 산책할 때마다 들르던 장소에 묻어 주기로 했다. 그곳은 너도밤나무와 키 작은 참나무 들로 둘러싸인 작은 빈 터로, 모래흙으로 덮여 있어 웬만큼 큰 구덩이를 파는 데에 그리 오 랜 시간이 걸리지 않았다. 나는 브레닌을 흙 속에 묻고 둑에서 가져 온 돌덩이들로 돌무덤을 만들어 주었다. 그 둑은 겨울 폭풍우로 마 을이 물에 잠기지 않도록 만들어 놓은 제방이었다.

이 작업은 길고도 힘들었다. 둑이 몇백 미터나 떨어진 곳에 있 었기 때문이다. 돌무덤은 늦은 밤이 되어서야 겨우 완성되었다. 작 업을 끝내고 떠내려 온 나뭇가지들을 모아 장작불을 피운 후, 잠든 내 형제와 함께 남은 밤을 지새기로 했다.

사실 그때 이야기는 별로 하고 싶지 않다. 제정신으로 할 수 있 는 이야기가 아니기 때문이다. 나를 지켜 준 것은 니나와 테스, 그 리고 이 순간이 올 것을 알고 미리 비축해 놓은 2리터짜리 잭다니 엘뿐이었다. 앞선 몇 주 동안 나는 최선의 판단을 내리기 위해 술을 끊은 상태였다. 브레닌을 보내는 마지막 순간을 술에 취한 우울한 기분에서 앞당기거나, 반대로 들뜬 기분에 의미 없이 연기하는 우 를 범하고 싶지 않아서였다. 하루나 이틀 이상 금주를 하기는 몇 년 만에 처음이었기 때문에 그날 밤은 내 혈액 속에 알코올을 수혈하 기로 작심했다. 니나와 테스는 조용히 앉아 꺼지는 불꽃을 배경으 로 술기운에 격앙된 나의 분노를 묵묵히 듣고 있었다.

병을 다 비웠을 즈음, 처음에는 사후 세계에 대한 조용한 묵 상으로 시작되었던 것이 신을 향한 분노로 폭발하면서 독설이 이

어지기 시작했다. 내용은 대충 이랬다. "이리 나와 봐! 하나님은 개뿔! 영생? 그딴 게 있다면 당장 살려 내! 왜 못 살려 내? 지금 살려 내란 말이야!"

그 다음은 황당한 억지처럼 들릴지 모른다. 하지만 신 앞에 맹세하건대 모두 사실이다. 악담을 퍼붓던 바로 그 순간 나는 불 속에서 보았다. 거기 브레닌이 있었다. 돌로 만들어진 브레닌의 유령이었다.

이것이 얼마나 설명하기 어려운 현상인가를 강조하고 싶다. 나는 둑 위아래 널려 있거나 떨어져 나온 돌덩이들을 주워 모아 들고 몇백 미터나 떨어진 무덤으로 가져다 날랐다. 돌덩이들을 무덤에 아무렇게나 떨어뜨리기를 반복했고, 장장 다섯 시간에 걸친 대작업 끝에 마침내 돌무덤이 완성되었다. 그저 무작위적인 행위였다. 아직까지도 나는 그렇게 믿고 있다. 내가 어떤 계획을 가지고 돌무덤의 형상을 구축한 것이 아니라, 그냥 되는대로 돌덩이들을 그 자리에 떨군 것이다. 되도록 빨리 끝내 놓고 술에 취해 인사불성이 되고만 싶었다.

그러나 불꽃 속에서 나를 바라보고 있는 것은 분명 돌로 된 브레닌의 유령이었다. 돌무덤 앞부분은 브레닌의 머리 모양이었다. 얇은 마름모꼴 돌판이 그 역할을 하고 있었다. 평소 습관처럼 뾰족한 주둥이를 바닥에 내려놓고 있는 모습이었다. 돌덩이 끝, 이끼가 낀 모양은 영락없는 브레닌의 콧등이었다. 돌무덤의 나머지 형체는 눈 속에서 몸을 웅크리고 있는 늑대의 모습이었다. 그것은 북극 지방의 조상들이 심어 준 습관으로, 앨라배마나 랑그도크의 더위 속에서도 버리지 못한 습관이었다. 분노와 갈망에 몸부림치던 나를, 브레닌은 가만히 쳐다보고 있었다.

심층심리학자인 프로이트Sigismund Schlomo Freud와 융Carl Gustav Jung 의 추종자들이라면 내가 브레닌의 모습을 무의식적으로 만들어 냈다고 주장할지 모른다. 돌을 떨어뜨린 행위가 브레닌의 이미지를 형상화하고자 하는 무의식적인 욕구에 이끌린 결과라는 것이다. 어쩌면 그들의 주장이 옳을 수도 있다. 하지만 그 설명은 매우 미심쩍다. 왜냐하면 돌무덤을 만들 때 작용하는 우연의 역할에 대해 설명하지 못하기 때문이다. 나는 돌덩이를 특정한 자리에 배치한 것이 아니었다. 돌덩이 하나를 떨어뜨리자마자 다시 뒤돌아서 다른 돌덩이들을 찾아 나섰다. 어떤 것들은 떨어진 곳에 그대로 있었고 대부분은 다른 방향으로 미끄러졌다. 따라서 돌덩이가 특정한 위치로 굴러간 것은 순전히 우연에 의한 것이었다. 그렇기 때문에 심층심리학자들의 설명은 맞지 않는다. 내 무의식이 나의 행동을 지배할 수는 있어도 우연 자체를 지배한다는 것은 전혀 다른 가설이기 때문이다.

브레닌의 돌 유령을 본 것이 술기운을 빌린 환각이나 작화술이라는 편이 더 이해하기 쉬울지 모른다. 아마 꿈이 가장 그럴듯하리라. 꿈에서야 다시 만날 것이 분명하니까. 하지만 브레닌의 돌 유령은 그 자리를 떠난 적이 없다. 나는 모닥불 옆에서 잠이 들었고

불씨가 꺼졌다면 아마 얼어 죽고 말았을 것이다. 나는 한바탕 구토
를 하는 덕분에 깨어나 다행히 목숨은 잃지 않았다. 다시 깨어났을
때도 브레닌의 유령은 계속 그곳에 있었다. 그리고 오늘도 그 자리
를 지키고 있다.

영원한
여름

　　　　　　　　브레닌과의 마지막 1년은 우리 둘 다에
게 선물이었다. 나는 그해를 '절대 끝나지 않는 여름'으로 기억하고
있다. 나는 강박적으로 시간을 확인하는 사람은 아니었다. 1992년
사우스캐롤라이나 주 찰스턴 시에서 포커 게임으로 시계를 잃은 이
후 새로운 시계를 장만하지 않고 있었다. 하지만 시계가 없다고 해
서 시간의 제약에서 해방된다는 의미는 결코 아니다. 내 시간의 절
반 이상은 사람들에게 지금이 몇 시인지 묻는 데 할애되었다. 그래
도 프랑스에 살면서 좋았던 것은 내가 상상하거나 경험할 수 있는,
시간을 초월한 생활에 가장 가까운 삶을 살았다는 것이다. 바로 시
계가 아니라 태양을 따라 움직인 것이었다. 사실대로 말하면 그건
좀 심한 농담이고, 시계가 있기는 했다. 그 시계는 내 것이 아니라 니
나의 시계였다.

나는 여름에는 해가 뜰 때쯤인 아침 6시경에 일어나곤 했다. 해 뜰 무렵이라는 것을 니나의 신호로 알 수 있는데, 침대 시트 밖으로 나와 있는 것이면 그것이 손이건 발이건 핥기 시작하기 때문이었다. 침대 시트 밖으로 나와 있지 않으면 손발이 나올 때까지 주둥이로 침대 시트를 이리저리 뒤적이곤 했다.

　나는 한 손에는 노트북을 들고 소나무로 만든 가파른 계단을 주의해서 내려갔다. 럭비 선수 시절에 무릎이 망가져 이른 아침에는 움직임이 둔했기 때문이다. 집 앞 테라스에 앉아서 모기들과 함께 이른 아침의 차가운 안개 속에서 글을 쓴다. 브레닌은 정원의 북쪽 구석에서 마치 눈 속에 있기라도 한 양, 주둥이를 바닥에 붙이고 몸을 웅크린 채 엎드려 있다. 무리의 시간지기인 니나는 아직 몇 시간 남은 산책을 기다리며 반짝이는 눈을 항상 나에게 고정한 채 정원 문 옆에 엎드려 있다. 무리의 공주님인 테스는 내가 글쓰기에 푹 빠질 때까지 기다렸다가 살그머니 집 안으로 잠입해 나 몰래 침대 위에 올라갈 기회를 엿보았는데, 대부분 성공했다.

　10시경, 너무 더워지기 전에 니나는 내 무릎 위에 머리를 올려놓는다. 그래도 내가 움직이지 않으면, 뾰족한 주둥이로 내 팔을 연거푸 가볍게 쳐서 더 이상 타이핑을 할 수 없게 만들어 결국 목적을 달성하고야 만다. 녀석이 보내는 메시지는 명확했다. 바닷가에 나갈 시간. 이것은 거의 군사 작전만큼 조직적인 활동으로, 한가로이 어슬렁거리는 산책과는 달랐다. 먼저 파라솔, 공, 원반 등 비치

용품을 준비하는 단계부터 시작하는데, 이 준비 행동은 우리 무리에게 곧 산책을 나갈 거라고 알려 주는 역할을 했다. 그러면 녀석들은 마치 합창하듯 길게 울부짖고, 낑낑대고, 짖어 대는 삼중주로 동네방네에 우리의 외출 사실을 알렸다. 원반은 열정적이고 능숙한 수영 선수인 니나를 위한 것이었고 파라솔은 브레닌과 테스를 위한 것이었다. 늑대 부녀는 수영하는 것을 그다지 즐기지는 않았지만 바다가 투명하고 숨을 죽인 조용한 날이면 가끔 헤엄을 치기도 했다. 가끔 내가 있는 곳까지 헤엄쳐 오기도 하는데, 잘 달래면 제대로 수영을 할 때도 있었지만, 둘의 얼굴에는 팽팽한 긴장감과 불안감이 역력했다. 그리고 내 앞에 오자마자 바로 뒤돌아 백사장으로 헤엄쳐 나가 버렸다.

부녀는 백사장을 더 좋아했다. 두 녀석이 이글대는 뜨거운 태양 아래 힘들게 숨 쉬고 있는 모습을 보다 못해 나는 각자 하나씩 차지할 수 있도록 파라솔을 펴 주었다. 돌아보면 아마도 이 시점쯤에서 내 인생은 좀 '이상한' 모습을 보이기 시작한 것 같다. 마치 나이 많은 여자가 여러 마리 고양이들과 함께 사는 것처럼 말이다. 장점은 남 프랑스의 해변에 들끓던 도둑들이 우리 구역은 피해 갔다는 것이다. 그리고 다른 개들도 마찬가지였다.

해변으로 가는 길에는 특정한 순서와 방식에 따른 의식들이 있었다. 동네 개들에게 인사하는 절차가 있었고, 이것은 필요하다면 각자에게 적합한 방법으로 겁을 주는 방식으로 이루어졌다. 먼저 바닐이라는 암컷 잉글리쉬 세터활동성이 많고 사냥에 능한 영국의 대형견는 니나의 차지였는데 테스는 옆에서 거들었다. 브레닌은 친절하기는 했지만 멀찌감치 떨어져서 아는 체하는 인사만 건넸다. 그 다음은 루지라는 덩치 큰 수컷 리지백등의 역모가 특징이며, 사냥에 능한 아프리카산 대형견으로, 브레닌이 그의 정원 울타리에 방뇨할 때도 있었지만 니나와 테스로부터는 열광적이고 격한 인사를 받기도 했다. 마지막으로 앞에서 언급했던, 끝내 이름을 알아내지 못한 암컷 도고 아르헨티노가 있었다. 도고는 테스를 공격하는 실수를 범하고 말았다. 그에 대한 응징으로 테스는 그 개에게 특별 대우를 해 줬는데, 오전의 첫 번째 배변 운동을 내내 참았다가 도고의 집 정원 울타리에 개과의 동물이 할 수 있는 한 최대한 가까이 접근하여 시원하게 풀어 놓는 것이었다. 이제야 왜 도고가 항상 나를 물려고 안달이었는지 이해할 수 있을 것 같다.

테스는 정말 전략적 배설의 대가였다. 윔블던에 살던 어느 날, 커먼 공원에 속한 골프 코스를 함께 걷고 있었다. 당시 테스는 초정밀 조준 실력을 발휘하여 근처에 떨어진 골프공 바로 위에 배설물을 낙하시켰다. "저라면 드롭하겠네요"라는 내 충고는, 화는 좀 났지만 도대체 믿을 수가 없다는 표정을 하고 있는 런던 스코티쉬 골프 클럽 회원을 진정시키기에는 역부족이었다골프에서는 공을 잃었을 때 드롭을 행사한다.

마지막 집들을 지나서 우리는 포도 농장으로 진입했다. 말이

포도 농장이지 사실 버려진 농장이었다. 소금기 있는 땅과 잦은 폭
풍 때문에 망가진 지 오래였기 때문이다. 우리는 포도 농장을 지나
고, 둑에서 북쪽 끝 해변까지 쭉 이어진 석호로 이동했다. 시즌이
오면 석호는 불어로는 훨씬 더 아름답게 '플라망 로제'라고 불리는
분홍 홍학들로 가득 찬다. 무리 중 한 마리가 물가 쪽으로 이탈하기
라도 하면 니나와 테스는 그들이 합법적인 영토로 다시 복귀할 때
까지 한참 뒤쫓아 다녔다. 다행히도 녀석들은 홍학이 잡힐 만큼 가
까이 접근하지는 못했다. 두 숙녀의 비효율적 추적을 지켜보던 브
레닌은 나를 돌아보며 '요즘 젊은 것들이 저래요. 내가 몇 년만 젊
었어도...'라고 말하는 듯했다.

　　해변에 다다르자마자 니나는 최단코스로 물가에 돌진하곤 했
다. 그러고는 펄쩍펄쩍 뛰면서 원반을 던져 달라고 난리법석을 쳤
다. 여름에는 개의 출입을 엄금한다는 규칙이 있었으나, 정확하
게 말하면 늑대인 녀석들에게 적용되는 것은 아니었다. 프랑스인
들은 법을 의무가 아닌 제안으로 받아들이는 경향이 있었기 때문
에 규칙은 매우 느슨하게 지켜졌고, 해변은 항상 개들로 북적였다.
순찰대원이 가끔씩 나타나 사람들에게 벌금을 매기는 척하긴 했으
나 우리는 그들이 시야에 나타나면 멀찌감치 떨어진 해변으로 이
동하는 수법을 썼다. 순찰대원이 그곳까지 쫓아오지는 않으니 안
전하리란 것을 알고 있었다. 그래도 몇 번은 들켰는데, 벌금 자체
보다는 벌금을 매기기 전에 장시간 이어지는 설교를 듣는 것이 더

곤혹스러웠다. 운도 따랐지만 멀찍이 도망가기, 몰랐다고 능청 떨기 등의 방법을 동원하여 우리는 100유로 이내의 벌금으로 여름을 무사히 넘겼다.

물놀이가 끝날 쯤 모든 가게가 잠시 문을 닫는 점심시간이 되기 전에 돌아가야 한다고 알려 주는 것은 니나였다. 나는 마을의 빵집으로 가서 팽오쇼콜라 두어 개를 사서 셋에게 나누어 주었다. 나누는 것도 항상 정해진 절차를 따랐다. 빵집 앞 몇 미터 지점에 있는 돌 벤치에 앉아서 종이봉투 속 빵을 조금씩 떼어 사방에 흩날리는 녀석들의 침을 피해 가며 순서대로. 헤엄을 치면 금세 배가 고파진다. 그다음에 우리는 이베트의 바로 향했다. 내가 랑그도크 지방에서 낮에 마시는 주류인 로제를 좀 심하게 여러 잔 마시는 사이, 개를 사랑하는 이베트는 물 한 바가지를 녀석들에게 가져다주고 브레닌을 보며 호들갑을 떨었다. 그런 다음 우리는 마을 뒤쪽을 걸어서 집 뒷마당과 경계를 이루는 숲을 지나 집으로 돌아왔다.

집에 도착하면 우리는 그날의 더위를 피할 그늘을 찾아 누웠다. 나는 다시 집필을 시작했다. 이 시간쯤 되면 집 안은 테스의 취향에는 맞지 않을 정도로 뜨거워진다. 그래서 공주님은 테라스의 테이블 밑 내 발치에 누워 있곤 했다. 니나는 테라스 지붕 덕에 거의 하루 종일 그늘이 지는 테라스 저편의 벽을 더 좋아했다. 정원 북쪽에서 그늘이 사라져 버리면 브레닌은 2층 야외 테라스의 그늘진 구석을 찾아 나서곤 했다. 이곳은 시골 전원 경치가 한눈에 내려다보일 뿐 아니라, 집 쪽으로 오는 것은 무엇이든 가장 먼저 보이는 곳이기도 했다. 그림자가 길어지기 시작하는 7시경, 우리는 다시 움직이기 시작했다.

　나는 먼저 네 발 달린 녀석들을 위해 저녁을 만들기 시작한다. 그다음엔 두 발 달린 나를 위해 식전 반주를 몇 잔 만든 후 산책을 나가는데, 대체적으로 우리가 가장 좋아하는 레스토랑인 라레유니옹이 마지막 기착지였다.

　나는 심사숙고한 끝에 '내'가 아닌 '우리'라는 표현을 썼다. 나는 그곳에 저녁을 먹으러 갔지만, 브레닌과 숙녀들은 두 번째 저녁을 먹으러 갔다. 레스토랑 주인 라이오넬과 마르틴은 개들이 편하게 뻗어 있을 수 있도록 우리에게 구석에 있는 크고 둥근 테이블을 내주었다. 내가 네 코스나 되는 식사를 천천히 먹는 동안 나의 동물 친구들은 각 코스마다 적지 않은 세금을 물렸다. 프랑스에 살아본 모든 사람들은 알겠지만 그곳에서 채식주의로 살기란 불가능하다. 적어도 시골에서는 더욱 그렇다. 내가 처음으로 라이오넬에게 나의 제한된 식습관에 대해 설명했을 때 그는 이해가 안 된다는 얼굴로 쳐다보며 닭고기를 권유했다. 결과적으로 나는 이때쯤에는 브레닌과 숙녀들을 따라 페스카테리언이 되어 있었다. 대체적으로 코스는 생자크 샐러드부터 시작했다. 맛도 너무 좋았고, 가리비 관자를 열 개씩이나 내올 때도 있었기 때문이다. 그중 세 개는 개들이 나눠 먹는다. 뒤를 이어 두 번째 코스에서 훈제 연어 세 조각이 세금으로 징수된다. 세 번째 코스는 대개 밀가루를 묻혀 버터에 구운 가자미 뫼니에르가 나오는데, 껍질과 꼬리, 머리는 녀석들이 게눈 감추듯 해치운다. 마지막 코스에서는 라이오넬이 친절하게도 덤으로 준 크레페 한 장이 녀석들 몫이다. 물론 뮈스카트 포도 품종으로 만든 브랜디 마크드 뮈스카트와 와인은 내가 독차지했다.

그 후 우리들은 둑 가장자리를 따라 천천히 집으로 향한다. 나는 즐겁게 취해 있고 개과의 내 친구들은 즐겁게 배부른 상태였다. 우리는 그 당시 항상 숙면을 취했다. 그것이 브레닌과 같이 보낸 마지막 해 여름의 일상이었다. 랑그도크의 여름은 길고도 아름다웠다. 겨울은 우리에게 몇 가지 힘든 현실을 강요하기도 했지만 말이다.

슬프게도 라레유니옹은 11월 중순부터 3월 중순까지 문을 닫았다. 라이오넬과 마르틴은 그 기간 동안은 스키 리조트를 운영했다. 수영하는 시간도 줄어들었다. 니나는 모르겠지만 적어도 나는 확실히 그랬다. 니나는 내가 오전 8시까지 잘 수 있도록 허락했다. 이른 아침 집필은 실내에서 진행되었다. 저녁 시간에 갈 수 있는 곳이 없어졌기 때문에 이베트의 바에서 낮에 머무르는 시간이 점점 길어졌다. 하지만 기본적인 일과는 변하지 않았다.

랑그도크에서는 여름이건 겨울이건, 늘 니나가 시간지기였다. 프랑스 정착 초기에 일어난 어떤 사건 때문이었다. 매우 어둡고 비극적인 사건으로, 몇 년이 지났는데도 아직도 니나를 괴롭히는 것 같다. 그건 전적으로 내 책임이었다. 그날 나는 집필 시간을 조금 초과했는지 모른다. 아니면 지중해의 근심 걱정을 달래 주는 물속에서 너무 오래 노닐었을 수도 있겠다. 이유가 어찌되었건 우리가 마을에 도착했을 때 빵집은 점심 식사 시간이라 닫혀 있었다. 그리고 랑그도크의 점심 시간은 아름답고도 길었다.

객관적으로 보면 별것 아닐 수도 있다. 이베트의 바에서 평소보다 한 시간 정도 더 기다리면 되는 문제였으니 말이다. 나는 즐거운 마음으로 기꺼이 기다렸다. 어쨌든 빵집은 4시경에 다시 문을 여니까. 그러나 음식에 연관된 문제를 객관적으로 보는 것은 니나의 강점이 아니었다. 보상을 나중으로 미루는 것도 마찬가지였다. 음식을 팔지 않는 이베트의 바에서 보내는 점심 시간은, 니나에게는 고뇌에 찬 혼돈의 시간이자 실존적인 불안에 극도로 쇠약해지는 시간이었다. 니나는 계속 어슬렁거리며 왔다 갔다 했고 눈빛에는 광기가 서려 있었다. '원래는 이렇지 않아야 하는데'라고 생각하는 것 같았다. 그날 니나의 점심시간은 어둡고도 길었다.

오후 4시가 되자 세상은 다시 이치에 맞게 움직이기 시작했고, 남은 하루 일과는 예전처럼 돌아갔다. 하지만 그날 이후 두 가지 공포가 니나에게 동기 부여를 했다. 하나는 빵집 문이 닫혀 있는 것이고 또 하나는 라레유니옹에 가지 못하게 되는 것이었다. 행여나 다른 길로 레스토랑에 가는 것은 불가능했다. 레스토랑 근처 몇백 미터 내에만 들어도 니나는 우리가 따라오건 말건 혼자서 레스토랑으로 총총 가 버렸으니까 말이다.

브레닌이 죽고 난 뒤에야 프랑스에서 보낸 1년이 극도로 단순한 생활이었음을 확실히 알 수 있었다. 실상 그것은 우리가 아일랜드와 런던에서 즐기던 생활 방식의 연속일 뿐이었다. 사람들은 이런 생활의 규칙성과 반복성을 단조롭다 못해 지루하다고 할지 모른다. 하지만 나는 그 나날들을 통해 그 누구보다도 값진, 또 어떤 경험보다 많은 것을 배울 수 있었다. 내가 얻은 교훈의 열쇠는 바로 믿기지 않을 만큼 단순한 질문 안에 있었다. 과연 브레닌은 죽을 때 무엇을 잃었을까?

너 없는 하늘 아래, 네가 잃은 것을 찾다가

　　　　　　　　　브레닌이 세상을 떠났을 때, 나는 달을 쳐다보며 울부짖고 하나님을 향해 분노를 터뜨렸다. 그야말로 이 미친 상태는 내가 많은 것을 잃었음을 보여 주었다. 혹은 사람들이 말하듯이 지난 세월 동안 인간의 울타리에서 떨어져 나와 외롭고 슬프게 지낸 은둔 생활의 결과인지도 모른다. 하지만 나는 내가 무엇을 잃었는지에 대해서는 관심이 없다. 나는 다만 브레닌이 무엇을 잃었는지가 궁금할 따름이다.

　　죽음이란 도대체 어떤 의미에서 나쁜 것일까? 주변의 존재들이 아닌 죽음을 맞이하는 당사자 자신에게 말이다. 어떤 의미에서 죽음이 나쁘다는 것일까?

죽음이 무엇이든 간에 삶에서 일어나는 현상은 아니다. 비트겐슈타인은 시야에 한계가 없듯이 삶도 한계가 없다고 했다. 물론 그도 우리가 영원히 사는 것은 아니라고 했다. 비트겐슈타인 또한 1951년 암으로 세상을 떠났다. 그는 죽음이 삶의 한계라고 규정했다. 그리고 시야의 한계가 시야에 나타나지 않듯이, 삶의 한계도 삶에서 포착되는 현상이 아니라고 했다. 시야의 한계는 눈으로 볼 수 있는 것이 아니다. 눈에 보이지 않기 때문에 한계를 느낄 수 있는 것이다. 한계라는 것이 그렇다. 한계는 일부가 될 수 없다. 만약 일부라면 그것은 한계가 아닐 것이다.

만약에 이 사실을 받아들인다면 우리는 바로 한 가지 문제에 직면한다. 즉 죽음은 당사자에게 해롭지 않다는 것이다. 그 문제에 대한 고전적인 해석은 이미 훨씬 오래전 그리스 철학자 에피쿠로스Epicurus가 제기했다. 에피쿠로스는 죽음이 우리를 해칠 수 없다고 했다. 죽음은 살아 있는 동안 닥칠 수 없기 때문에 우리를 해치지 못한다고 했다. 또한 죽음은 삶에 속한 사건이 아니라 한계이기 때문에 우리가 죽으면 해칠 대상 자체가 존재하지 않는다고 했다. 그렇기 때문에 죽음은 나쁜 것이 될 수 없다는 주장이다. 적어도 죽음을 맞이하는 당사자에게는 말이다.

에피쿠로스의 주장은 잘못되었을까? 정말 잘못된 부분이 있는가? 적어도 우리 인간들 사이에서는 보편적인 합의하에 이 주장이 잘못되었다는 의견이 제기되고 있다. 어떤 부분이 틀렸는지에 대해서도 이미 상당한 합의가 이루어져 있다. 죽음이 우리에게 이롭지 못한 이유는 우리로부터 앗아 가는 것들 때문이다. 철학자들은 죽음을 박탈의 고통이라고 부른다. 사실 이 정도는 누구나 이해한다. 실제로 이해하기 어려운 부분은 우리가 박탈당하는 것이 무엇인지, 더 이상 존재하지도 않는 상태인 우리로부터 어떻게 그것을 박탈할 수 있는지이다.

　죽음이 우리를 해치는 이유가 '생명'을 앗아 가기 때문이라고 대답하면 아무런 진전이 없을 것이다. 만약에 비트겐슈타인의 말이 옳다면, 그리고 죽음이 우리 삶의 한계면, 그래서 우리 일생 동안 닥치지 않는다면, 우리에게 죽음이 닥치는 동안 삶이란 없는 것이다. 무엇인가를 빼앗기려면 먼저 그것을 소유해야 한다. 그렇다면 어떻게 죽음이 우리가 더 이상 소유하고 있지 않는 것을 우리로부터 앗아 갈 수 있단 말인가?

　좀 더 설득력 있는 대답은 '가능성'일 것이다. 죽음이 훼손하는 것은 우리들의 수많은 가능성이다. 하지만 이 발상으로도 끝내 설명되지 않는 것이 있다. 우선 가능성이라는 것 자체가 너무 난잡하다. 가능성은 무수히 존재하기 때문에 본질적으로 만인의 연인처럼 내 것도, 네 것도 아니다. 그 무수한 가능성 중에는 내가 전혀 관심을 가지고 있지 않은 것까지 포함된다. 나에게는 땜장이가 될 가

능성도 있고, 재단사, 군인 또는 선원이 될 가능성도 있다. 걸인이
나 도둑이 될 수도 있다. 하지만 나는 이러한 가능성을 실현하도록
행하지도 않을 것이고, 그 자체에 관심도 없다. 한편 내가 내일 당
장 죽는다거나 50년 후에 죽을 것이라는 가능성도 있다. 하지만 나
는 전자보다는 후자를 실현하는 데 더 관심이 많다고 할 수 있겠다.
가능성은 너무 쉽게 우리 손에 쥐어진다. 우리 각자에게는 무한하
거나 최소한 엄청나게 많은 가능성이 존재한다. 우리는 그중에서
아주 작은 일부분만을 실현하는 데 관심이 있다. 결국 우리는 광대
한 가능성의 세계 대부분에 대해 잘 모르고 있는 것이다.

더 나아가, 대부분의 가능성은 간절히 바라는 것들이 아니다.
누구나 걸인이나 도둑이 될 가능성은 실현되지 않기를 바란다. 우
리는 누구나 살인자나 고문기술자, 또는 소아성애자나 정신 질환
자가 될 가능성을 가지고 있다. 그런 일이 일어날 수 있다는 것에
아무런 반대도 표명할 수 없는 경우 실제로 발생할 수 있는 것, 그
것이 바로 가능성에 대한 정의다.

그래서 실현될 확률이 없다 해도 그것들은 여전히 가능성으
로 간주된다. 우리는 어떤 것은 실현되기를, 또 어떤 것은 절대 실
현되지 않기를 기도한다. 가능성 중에는 기꺼이 받아들이고 싶은
것과 가능한 한 확실히 거부하고 싶은 것이 있다. 나는 죽음이 우
리가 관심을 두지 않는 가능성들을 앗아 가 버림으로써 우리를 해
친다고는 생각하지 않는다. 우리가 온몸으로 거부하는 가능성들

은 죽음이 앗아 가도 해가 될 게 없다고 확신한다. 그것이 실현되느니 차라리 죽는 게 나은 가능성도 있으리라고 확신한다. 그러니 죽음이 우리로부터 그런 가능성을 앗아 간다고 해서 우리를 해치는 것은 아니다.

하지만 가능성이라는 개념은 우리를 좀 더 희망적인 방향으로 이끌어 준다. 죽음이 앗아 가서는 안 될 것들은 우리의 많은 가능성 중 일부에 불과하다. 우리는 그 가능성들이 실현되기를, 이루어지기를 바란다. 이 각각의 가능성에는 그와 관련된 욕망이 존재한다. 그 가능성이 실현되기를 바라는 욕망이다. 중요한 욕망을 당장 실현할 수 없다면, 욕망은 하나의 목표가 될 것이다. 만약 이루기 힘든 목표라면 대부분의 시간과 에너지가 이에 투입될 것이다. 따라서 인간은 자연스럽게 욕망과 목표와 과제라는 개념을 중심으로 죽음이 왜 당사자에게 나쁜 것인지 이해하려고 노력할 것이다.

에피쿠로스의 문제는 아무런 진전이 없는 것처럼 보일 수도 있다. 만약 죽음이 삶의 한계이고 삶에서 닥칠 일이 아니라면, 죽음이 닥쳤을 때는 이미 박탈될 수 있는 욕망·목표·과제 주변에 머물러 있지 않을 것이다. 그런데 욕망·목표·과제는 모두 한 가지 공통점을 지니고 있다. 그 공통점은 에피쿠로스의 문제에서 매우 중요한 부분으로, 우리가 미래지향적이라고 부르는 것들이다. 우리를 현재의 시간으로부터 미래로 이끌어 준다는 것이다.

욕망과 목표와 과제가 있기 때문에 미래도 있다. 그리고 그 미래라는 것은 우리가 각자 현재의 시간에 가지고 있는 것이다. 죽음은 우리로부터 미래를 박탈하기 때문에 우리에게 해를 끼친다.

미래는
명품 시계가 아니다

미래를 잃는다는 개념은 따져 보면 매우 이상하다. 그 이상함은 미래라는 개념 자체가 이상한 데에서 온다. 미래는 아직 존재하지 않는다. 그런데 어떻게 잃을 수 있단 말인가? 지금 당장 눈앞에 미래가 있다면 잃을 수 있다. 하지만 어떻게 아직 존재하지도 않는 것을 잃을 수 있다는 말인가? 따라서 미래를 갖거나 잃는다는 것은 최소한 일반적인 물건을 갖거나 잃는다는 것과는 다르다. 미래를 가질 수도 있겠다. 하지만 그것은 넓은 어깨나 롤렉스 시계를 갖는 것과는 사뭇 다른 개념이다. 살인자가 미래를 앗아 갔다면 그 박탈감이란 세월이 우람한 어깨를 앗아가거나 노상강도가 시계를 빼앗는 것과는 매우 다를 것이다.

죽음이 미래를 앗아 가기 때문에 나쁘다면 우리는 미래라는 것을 현재라는 시간 속에 가지고 있어야만 한다. 현재가 있기 때문에 미래가 있으며, 미래로 인도하거나 구속시켜 주는 시점들이 있기 때문에 미래가 있는 것이다. 이 시점들은 욕망과 목표와 과제이다. 마르틴 하이데거가 말했듯이 우리 모두는 미래를 향해 다가가고 있다. 우리는 본질적으로 아직 존재하지 않는 미래를 향하고 있다. 최소한 이러한 의미에서 우리에게 미래가 있다고 말할 수 있는 것이다.

먼저 욕망부터 시작하자. 욕망의 가장 기본적인 특징은 그것이 충족되면 만족감을 느끼고, 충족되지 않으면 낭패인 결과에 이른다는 것이다. 물을 마시고 싶은 브레닌의 욕망은 방을 가로질러 물그릇까지 가서 물을 마시면 이루어진다(만약 물그릇이 비어 있다면 브레닌의 욕망은 충족되지 않을 것이다). 욕망을 충족시키는 데에는 시간이 걸린다. 욕망이 충족되지 않는 데도 시간이 소요된다. 브레닌이 방을 가로질러 가는 데 시간이 걸리듯이 그의 욕망이 충족되거나 충족되지 않기까지는 시간이 소요된다. 이것은 욕망의 가장 핵심적인 속성인 미래지향성을 보여 준다. 욕망의 충족에는 시간이 필요하다. 목표와 과제 역시 그와 같은 조건이 필요한데, 이들은 장기적인 욕망이기 때문이다. 욕망은 충족되거나 충족되지 않을 수 있으며 목표와 과제도 이루어질 수도, 이루어지지 않을 수도 있다. 충족시키거나 이루어지는 데는 둘 다 시간이 필요하다.

그러나 우리가 미래를 가진다는 것은 더 복잡한 의미를 지닌다. 욕망·목표·과제의 미래지향성은 전혀 다른 두 가지 방법으로 나타날 수 있다. 예를 들어 물을 마시고 싶은 욕망은 시간이 필요하다는 점에서 우리를 미래지향적이게 한다. 브레닌이 물을 마시고 싶은 욕망을 충족시키려면, 적어도 현재의 순간을 넘어서서 방을 가로질러 물그릇 앞에 다다를 때까지 존재해야 한다. 하지만 어떤 욕망은 미래와 더 강한 결속력을, 이보다 더 친밀한 연관성을 가진다. 어떤 욕망은 미래에 대한 명시적 의미를 포함한다. 목을 축이러 방을 건너가는 것과, 어떻게 살고 싶은가에 대한 비전을 가지고 삶을 계획하는 일은 분명히 다르다.

　　다른 동물들과 비교해 보면 인간은 하기 싫어하는 일을 하는 데 엄청난 시간을 쓰고 있다. 그것은 우리가 미래의 모습에 대해 어떤 비전을 가지고 있기 때문이다. 바로 이것이 장기간에 걸친 교육과 그에 따라서 얻게 되는 경력에 열심인 이유이다. 우리는 투자한 교육에 비해 일을 해서 얻는 보람이 얼마나 보잘것없는지 알고 있다. 전문 교육자인 나 자신만 해도 배움이 즐거움으로 가득한 것인 양 연기할 수는 없다. 하지만 우리는 공부와 경력 쌓기에 열심이다. 어떤 특정한 것들을 욕망하고 있기 때문이다. 이 같은 욕망들은 당장 또는 가까운 미래에는 충족될 수 없지만 능력이 있고, 운이 따르고, 열심히 한다면 특정한 시간 내에 실현 가능하기 때문이다. 우리는 그것이 공부이건, 직업과 관련이 있건 없건 간에 비전 있는 미래를 확보하기 위해 현재의 행위들을 계획하고 실행해 나간다. 이 같은 욕망을 가지려면 미래에 대한 개념을 가지고 있어야 한다. 즉, 미래를 미래로 생각할 수 있어야 한다.

　　우리는 미래를 두 가지 개념으로 이해할 수 있다. 묵시적 의미의 미래는, 충족하려면 시간이 걸리는 욕망을 가지고 있다. 명시적 의미의 미래는 내가 원하는 미래의 모습에 맞추어 나의 삶을 설계하고 조정한다. 그러나 우리 안의 영장류는 이 차이를 알아채고는 자연스럽게 저울질한다. 영장류는 제가 지닌 속성이 둘 중 어디에 더 부합하는지 알고 있다. 어떤 속성이 가장 자연스런 자기 장기인지를 말이다. 그런 다음 그 속성이 더 우수하다고 주장한다. 나 자신이 그런 방식을 취하는 영장류이므로 누구보다 잘 안다.

미래에 대한 두 번째 의미만이 인간 고유의 것으로 정의된다. 다른 동물들도 원하는 미래의 모습에 따라 자신의 행동을 끼워 맞추는지는 알 수 없다. 지연된 보상이란 인간에게만 국한된 것은 아니지만, 특히 인간의 삶에 현저하다. 그리고 우리 안의 영장류는 이러한 사실을 주장하며 은근슬쩍 도덕적인 평가로 넘어간다. 미래를 가진다는 것의 두 번째 의미는 첫 번째 의미보다는 우위에 있다고 생각할 수밖에 없다. 물론 우리는 똑똑한 동물이므로 이 평가를 뒷받침할 수도 있다. 우리는 자신의 삶을 비전에 맞도록 조정하는 두 번째 의미의 미래에 더 친숙함을 느낀다. 나는 나의 미래에 대하여 다른 어떤 동물보다 더 강하고 확고하며 중요한 의미를 두고 있다.

두 운동선수를 상상해 보자. 한 선수는 매우 헌신적이고 열심히 노력하며, 다른 선수는 재주는 있지만 노력하지 않는다. 둘 다 올림픽의 영광을 보지는 못하고 메달권 밖에 머문다. 강철 같은 인

내와 완벽한 연습으로 점철된 첫 번째 운동선수의 인생은 최선을
다한 것 같지 않은 두 번째 운동선수보다 더 많은 것을 잃은 것처럼
보인다. 첫 번째 선수가 투자한 시간과 노력과 에너지와 감정이 두
번째 선수보다 훨씬 더 많기 때문이다.

　　우리가 죽을 때 잃는 것은 우리 삶에 투자된 것들로 설명된다.
인간은 미래에 대한 특별한 개념을 지니고 있기에, 원하는 미래상
을 그리며 인내하고 갱신하고 전진하고자 현재의 삶에 다른 동물
보다 더 많은 투자를 하는 것이다. 그렇기 때문에 인간은 동물보다
죽을 때 더 많은 것을 잃는다. 인간에게 죽는다는 것은 다른 동물보
다 더 가혹하다. 반대로 말하자면, 인간의 삶은 다른 어떤 동물들
의 삶보다 더 중요하다고 할 수 있다. 죽을 때 더 많은 것을 잃기 때
문에 인간이 더 우월하다는 결론인 것이다.

시간의
화살

　　　　　　　나는 이 논리를 믿었다. 어차피 영장류
일 수밖에 없는 내가 집필한《동물의 역습》에서 이런 논리를 전개
하고 있으며,《SF 철학》에서도 이를 잠시 다루고 있다. 지금 나는
선견지명이 없었던 내 자신과 못난 영장류의 편견을 부끄럽게 생

각하고 있다. 투자라니, 어떻게 이 이상 영장류스러울 수 있을까?
이제야 내 눈에는 치명적인 오류가 들어오기 시작했다.

　　인간은 죽음을 결핍의 해악으로 본다. 우리는 죽음이 나쁜 것
이라고 생각할 수밖에 없는 테두리 속에 있다. 왜냐하면 죽음은 우
리로부터 무언가를 박탈하기 때문이다. 우리가 이런 방식으로 생
각하는 것이 확실히 옳다고는 할 수 없다. 하지만 우리는 다른 방
식으로는 생각할 수가 없다. 죽음은 끝이 아니라 내세에 다른 존재
로 환생하기 위해 거치는 과정이라고 생각하는 사람도 있다. 누가
진실을 알겠는가? 어쩌면 그들이 옳을 수도 있다. 하지만 내 관심
사는 그게 아니다. 내가 알고 싶은 것은, 삶을 끝내는 사람에게 그
끝이 과연 나쁜가 하는 문제이다. 끝이 언제 어떻게 오는지는 중요
하지 않다. 내세를 믿는 사람이라면 영혼과 하나님의 존재도 믿을
것이다. 하나님은 전지전능하기 때문에 영혼도 파괴시킬 수 있을
것이다. 만약에 하나님이 우리에게 그렇게 한다면 그것은 끝을 의
미하는 것이다. 그렇다면 그것이 과연 나쁜 것인가? 우리에게 나
쁜 것으로 간주될까? 나는 바로 그 문제에 관심이 있다. 중요한 것
은 우리와 우리의 끝이 맺는 관계이다. 그 끝이란 것이 어떤 형태
로 나타나든지 말이다.

　　인간이 죽을 때 또는 끝에 다다를 때 동물보다 더 많이 잃게 된
다는 내 이야기가 사실이라고 해 보자. 죽음은 늑대보다는 인간에
게 더 큰 비극일 것이다. 여기서 저지르는 실수는 바로 그런 이유

때문에 인간의 생명이 동물들의 생명보다 더 우월하다는 생각이다. 죽을 때 더 많이 잃는다는 것은 우월성에 대한 징표가 아니다. 오히려 그 반대로 저주받은 것이다. 왜냐하면 이러한 의미의 죽음에는 시간이라는 개념이 전제되기 때문이다. 그 시간의 개념 속에는 삶의 의미를 좇는 우리가 있다.

앞서 죽음을 정의할 때 언급했던 시간의 개념은 익숙한 것이었으리라. 바로 '시간의 화살'이다. 어떻게 정의하건, 미래는 현재 이 시점에 실제로(사실 가능하지도 않지만) 가지고 있는 것이다. 그리고 우리에게 미래가 있는 것은 바로 미래를 향해 가고 있는 상태인 현재, 즉 욕망과 목표와 과제가 있기 때문이다. 이것들이 미래를 향해 날아가는 화살이라고 상상해 보자. 어떤 화살은 시간이 지나면서 은연중에 우리를 미래로 인도한다. 욕망을 충족시키기 위해서는 과녁에 도달할 때까지 화살이 존재해야 한다. 개와 늑대의 욕망은 이와 같다. 그러나 어떤 화살은 다르다. 이 화살은 불타고 있는데, 이것은 미래라는 컴컴한 밤을 향해 날아가 어둠을 환하게 비추어 준다. 이 화살이 우리를 명확한 개념의 미래로 명시적으로 이끌어 주는 인간의 욕망·목표·과제이다. 죽음은 날아가는 욕망의 화살을 잘라 버림으로써 모든 생명체를 해치지만, 불타는 화살을 가진 존재들은 죽음으로도 해치지 못하는 경우가 있다.

우리 인간들은 바로 이런 은유법을 사용하여 시간이란 것을 이해하려 한다. 우리는 시간을 과거에서 시작하여 현재를 거쳐 미래를 향해 날아가고 있는 화살로 생각한다. 혹은 과거에서 미래로 흘러가는 강으로 생각하기도 한다. 또 과거에서 현재를 지나 멀고도 알 수 없는 미래로 항해하는 배라고 생각하는 이들도 있다. 우리는 한시적인 존재이기 때문에 이와 같은 시간의 흐름 속에 갇혀 있다. 다른 동물처럼 우리의 욕망의 화살들은 이 일시적인 강물 속으로 우리를 끌어들여 결국은 휩쓸어 버린다. 그러나 다른 동물들과는 달리 우리의 화살들은 어느 정도까지는 이 강물을 환하게 비추고, 이해하고, 형상을 그려 나가도록 만들 수도 있다.

물론 이런 말들은 모두 다 은유이며 그 이상도 이하도 아니다. 더 나아가 이들은 모두 공간적인 은유이다. 가장 두드러지게는 칸트가 지적했듯, 우리는 시간을 이해할 때 항상 공간과 관련된 은유에 기대게 된다. 뿐만 아니라 이러한 은유들은 삶의 의미에 대한 특정한 개념처럼 삶에서 중요한 것이 무엇인지에 대한 개념도 포함하고 있다.

그 은유들 속에 드러나는 '삶의 의미'는 우리가 목표로 해야 할 것, 또는 우리가 이동해야 할 방향을 제시한다. 현재라는 것은 끊임없이 흘러가 버리는 것, 즉 한 위치에서 다른 위치로 이동하는 시간의 화살이다. 그래서 삶의 의미가 순간에 있다면 그 의미도 끊임없이 흘러가 버린다. 삶의 의미는 우리의 욕망·목표·과제에 연관된 함수여야 한다는 것이다. 삶의 의미는 우리를 발전시키는, 우리가 성취해 낼 수 있는 무엇이어야 한다는 것이다. 그리고 모든 중요한 성취물들은 바로 이 시점이 아니라 한참의 시간이 지난 후에 달성되는 것들이다.

그러나 시간이 지나 그 시점이 되면 의미는 더 이상 존재하지 않고 부재할 뿐이다. 그 시간이라는 선을 한참 내려가다 보면 우리는 삶의 의미를 찾는 것이 아니라 죽음과 부패를 만난다. 결국은 모든 날아가는 화살들이 다 잘려 버리고 없는 시점에 도달하는 것이다. 결국 찾아낸 것이라고는 의미의 끝뿐. 우리 모두는 미래를 향해 가고 있으며 이런 면에서 우리 삶은 의미를 가질 수 있는 가능성을 찾게 된다. 하지만 동시에 우리는 죽음을 향해 가고 있다. 시간의 화살은 우리에게 구원인 동시에 저주가 될 수도 있다. 그래서 우리는 이 화살이 그리는 궤적을 사랑하고 동시에 혐오하기도 하는 것이다.

인간은 의미를 부여하는 존재이며 인간의 삶은 다른 동물에게는 없는 의미가 있다고 생각한다. 우리는 죽음에 묶여 있는 존재다. 우리는 다른 동물들이 하지 못하는 방식으로 죽음을 좇는 존재이다. 우리 삶의 의미와 삶의 끝은 시간의 선을 한참 따라 내려간 후에야 그 모습을 드러내게 되어 있다. 그래서 그 시간의 선은 우리를 매혹시키기도 하고 공포에 떨게도 한다. 이것이 인간 실존의 근본적인 고통이다.

니나의 시간은
둥글게 둥글게

　　에드거 앨런 포의 시에서, 까마귀는 '다 시는 없으리nevermore, 〈The Raven〉의 한 구절' 라고 말했다. 어쩌면 현재 이 후는 없다는 개념은 까마귀들만 가지고 있는 개념인가 보다. 추측 하건대 개들에게는 기억이라는 개념이 없다. 니나는 브레닌을 사 랑했다. 강아지 때부터 함께 생활했고, 깨어 있는 모든 순간을 함 께 보내고자 했다. 우리가 프랑스에 도착했을 즈음, 어쩌면 런던에 서부터 그랬는지도 모르지만 브레닌은 니나에게 더 이상 테스만큼 흥미로운 존재가 아니었다. 니나는 자신과 얼마나 몸싸움을 해 줄 수 있느냐에 따라 다른 개나 늑대에 대한 관심이 달라졌다. 프랑스 에 살 때쯤 브레닌은 더 이상 이 거친 장난들을 좋아하지 않았다. 그럼에도 불구하고 니나의 애정은 변하지 않았다. 니나는 브레닌 과 한 시간 이상 떨어져 있다 재회할 때면, 반갑게 코끝을 핥았다.

　　그래서 브레닌의 주검을 본 니나의 반응에 놀라지 않을 수 없 었다. 니나는 형식적으로 브레닌의 냄새를 한번 맡더니 바로 고개 를 돌려 더 흥미로운 상대인 테스와 장난치기에 열중했다. 브레닌 은 더 이상 그곳에 없는 것이었다. 나는 니나가 그 사실을 이해했음 을 감으로 알았다. 또한 니나는 브레닌이 두 번 다시 돌아오지 않으 리란 사실을 이해하지 못한다는 것도 알았다.

우리 인간들은 바로 이러한 점이 기본적으로 인간보다 동물의 지능이 낮다는 주장에 대한 증거라고 가정한다. 동물들은 죽음을 이해하지 못한다. 오직 인간만이 이해할 수 있다. 예전에는 그렇게 믿었다. 지금은 오히려 그 반대라고 믿는다.

내가 1년 동안 누군가를 데리고 매번 같은 해변가에만 갔다고 해 보자. 매번 같은 길로, 똑같은 행동을 하면서 말이다. 매일 똑같은 빵집에 들러 팽오쇼콜라를 사 먹는다고 해 보자. 산딸기 베녜도 아니고, 크루아상도 아닌, 꼭 팽오쇼콜라를 사 주었다고 말이다. 머지않아 그는 "또 팽오쇼콜라야!"라고 진저리를 칠 것이 분명하다. "제발 다른 거 좀 먹자. 그놈의 팽오쇼콜라, 지겨워 죽겠네! 도대체 빵집에 빵이 그것뿐이야?"라고 말이다.

바로 이것이 인간의 특징이다. 우리는 삶의 시간을 일직선이라고 생각한다. 그리고 그 직선에 대해 모호한 태도를 가지고 있다. 욕망과 목표와 과제의 화살들은 우리를 이 선에다 옭아맨다. 그리고 그 안에서 우리는 삶의 의미를 찾을 수 있는 가능성을 발견한다. 하지만 동시에 그 직선은 우리가 찾고자 하는 의미를 박탈하는 죽음을 향하고 있기도 하다. 그렇기 때문에 우리는 이 직선에 매혹되기도 하고 혐오감을 느끼기도 한다. 매료되었다가도 금세 공포에 질린다. 우리는 턱관절로 팽오쇼콜라를 씹고 있을 때 시간이라는 선 위에 줄줄이 이어진 수많은 팽오쇼콜라들로 구성된 무수한 점들을 연상할 수밖에 없다. 시간이라는 선의 앞뒤로 말이다. 우리는 그 순간 자체만을 즐길 수 없다. 우리 인간에게는 절대로 그 순간만으로 완전한 순간이 아니기 때문이다. 순간은 끊임없이 앞으로 뒤로 유예되어 버리고 현재는 과거에 대한 기억들과 다가올 미래에 대한 기대들로 이루어지기 때문이다. 결국 우리에게 현재는 없는 것이나 마찬가지이다. 현재의 순간은 유예되어 시간 속에 퍼져 있다. 순간은 비현실적이다. 순간은 항상 우리들을 피해 달아난다. 그렇기 때문에 인간에게 삶의 의미는 절대로 순간에 있을 수 없다.

물론 인간 중에도 일상과 의식을 사랑하는 이들이 있다. 하지만 동시에 뭔가 다른 것을 갈망하기 마련이다.

내가 매일 아침마다 팽오쇼콜라를 3등분할 때 녀석들의 표정을 보았어야 한다. 기대감에 온몸을 떨고, 침이 강물처럼 샘솟고, 고통스러우리만큼 온 힘을 다해 집중하고 있는 모습 말이다. 그것은 지금부터 영원까지 오직 팽오쇼콜라만 먹는다고 해도 행복할 표정이었다. 그들의 턱관절이 팽오쇼콜라를 씹고 있을 때는 그 순간 자체로 완벽한 것이다. 시간 속에 퍼져 있는 다른 어떤 순간들과도 섞이지 않은, 그런 순간이었다. 그 순간 전후에 일어날 일들이 더 추가되거나 덜어지지도 않은 완전한 순간이었다.

인간에게 순간만으로 완전한 그런 순간이란 없다. 인간의 모든 순간들은 불순물이 첨가되어 있다. 과거에 대한 기억과 미래에 대한 기대로 순간들은 혼탁해져 있다. 우리 삶의 매 순간마다 시간의 화살은 우리를 창백하게 하고 죽게 한다. 그런데 인간은 이런 우리가 다른 동물들보다 더 우월하다고 믿는 것이다.

　니체는 영원회귀, 즉 영원히 같은 일이 계속 반복되는 현상을 말한 적이 있다. 니체는 이를 크게 두 가지로 해석했다. 그중 하나는 슬쩍 건드리기만 했고, 나머지 하나는 강력하게 주장했다. 첫 번째 해석은, 영원회귀에 대한 형이상학적 분석이라고 이름 지을 수 있겠다. 이 맥락에서 형이상학이란 말은 구체적인 현상에 대한 분석이다. 영원회귀라는 것을 형이상학적인 관점에서 이해한다는 것은, 앞으로 실제로 일어날 일 또는 이미 일어나 버린 일이 무한히 반복된다고 생각하는 것이다. 만약 우주가 한정된 수의 원자나 원자의 구성입자인 미립자로 되어 있다면, 그 미립자들은 한정된 수의 조합을 이룰 수밖에 없다. 니체는 우주가 한정된 수의 양자 또는 힘의 집합체로 구성되었다고 생각했다. 이러한 물질들이 조합과 재조합을 할 수 있기 때문에 결국 무한히 반복되는 것이다. 만약에 시간이 무한하다면 마찬가지로 미립자나 힘의 양자로 구성된 조합 역시 반복, 그것도 무한히 반복되어야 한다. 우리와 우리 주위의 세상, 그리고 우리 삶을 구성하고 있는 사건들은 결국 미립자들의 조합에 불과하다. 그렇기 때문에 우리와 우리가 사는 세상, 그리고 그 속의 삶은 영원히 반복되어야 할 것 같다. 만약 시간이 무한한 것이라면 우리도 영원히 반복되어야 한다.

　영원회귀에 대하여 이와 같은 추론은 미심쩍은 부분이 많다. 우주가 유한하고 시간이 무한하다는 가정에 의존하고 있기 때문

이다. 만약에 이를 부정한다면, 예를 들어 시간이라는 것이 우주가 창조될 때 만들어진 것으로 우주와 함께 죽어 없어져 버리는 것이라면, 이 추론은 틀린 것이다. 니체는 이 같은 추론을 시도해 보기는 했지만 정식으로 발표한 논문에서 명확히 지지한 적은 한번도 없었다.

그가 정식 발표한 논문 속에서 지지했던 것은, 우리가 '영원회귀의 실존적 분석'이라고 부를 법한 것이다. 이 분석에서 영원회귀의 개념은 우리들에게 실존적인 실험을 제공한다.《즐거운 학문The Joyful Wisdom》에서 니체는 다음과 같이 말하고 있다.

가장 무거운 짐

어느 날 악마가 당신의 가장 외롭고도 외로운 순간에 찾아와 속삭인다. 네가 만약 지금 살고 있는 삶을 지금껏 산 만큼 한 번 더 그리고 무한대로 반복한다면. 새로울 게 하나 없이 모든 고통과 기쁨, 모든 생각과 한숨, 삶의 크고 작은 모든 것들이 되돌아온다면. 그리고 그 모든 것이 잇따라 똑같은 차례로 진행된다면. 지금 보고 있는 이 거미와 나무들 사이로 비추는 달빛, 이 순간과 나 자신까지도 포함해서 그렇다면. 실존의 영원한 모래시계는 계속 반복해서 거꾸로 돌 것이며 당신은 모래시계 속 모래 한 알에 불과할 것이다!' 그렇다면 당신은 절망하여 이를 갈면서 이런 말을 속삭인 악마를 저주하지 않을까? 아니면 이미 이렇게 대답해 버린 엄청난 순간을 겪은 것은 아닐까? '그대는 신이시오. 나는 그보다 더 신성한 이야기는 들어 보지 못했습니다.' 만약에 이와 같은 생각이 당신을 지배했다면 이것은 현재의 당신을 변화시키거나 파멸시킬 것이다.

여기서 등장하는 영원회귀가 세상의 이치를 설명하고 있지는 않다. 하지만 자신이 어떤 사람인지, 자신의 삶이 어디로 가는지 알고 싶다면 영원회귀란 무엇인지를 한 번쯤 자신에게 물어봐야 한다. 여기에서 니체가 말한 것처럼 모든 기쁨은 영원하기를 원한다. 당신의 삶이 잘 진행되고 있다면 삶이란 영원히 반복되는 것이라는 생각을 품을 확률이 높다. 당신의 삶이 삐걱댄다면 위와 같은 생각은 공포스러울 것이다. 이 정도는 심오하다기보다 당연하겠다. 덜 당연한 것은 악마로부터 전해 들은 위의 사실에 대한 당신의 반응이다.

만약에 어떤 사람이 "누구와 영원을 함께하고 싶습니까?"라고 묻는다면 그 질문은 몇 년 전에 노크더프의 우리 집 대문을 두드리는 실수를 범한 여호와의 증인들이 던지려던 질문과 일치할 수도 있겠다. 당시 나와 함께 뒤뜰에 있던 브레닌과 니나는 도대체 누가 왔는지 보려고 먼저 미친 듯이 달려 나갔다. 내가 대문 앞에 다다랐을 때에는 이미 여호와의 증인들 중 한 사람이 얼굴을 벽에 대고 울고 있었고, 브레닌과 니나는 킁킁대며 냄새를 맡고 있었다. 냄새 맡는 브레닌과 니나의 얼굴은 걱정스럽다는 표정을 하고 있었다.

그들이 잽싸게 가 버리는 통에 나에게 무엇을 물어보려 했는지는 미궁 속으로 빠졌다. 하지만 우리는 자연스럽게 '누구와 영원을 함께하고 싶습니까?'라는 질문을 종교적인 것으로 받아들인다. 영원이라는 것은 사후 세계를 가리키며 모든 의도와 목적을 통틀어 우리의 육신이 죽어 사라져도 계속되는 삶의 연장선이다. 위의 그림에서 간과하기 쉬운 것 중 하나는 바로 영원에서 우리가 피할 수 없는 그 한 사람이 자기 자신이라는 점이다. 종교가 우리에게 던지는 질문은 결국 '당신은 당신 자신과 영원을 함께하고 싶다고 확신하십니까?'라는 것이다. 매우 좋은 질문이다.

그러나 니체는 이 질문을 훨씬 더 다급한 것으로 만든다. 만약에 영원이 삶이라는 선線의 연속이라면 현세에서 이룬 실존적 발전은 내세에도 이어 갈 수 있다. 만약에 삶이 영혼을 만드는 여정, 즉 영혼을 만드는 신정론이라면 이 여정은 육체가 소멸된 뒤에도 계속될 것이다. 하지만 이 삶이 전부라고 생각해 보자. 만약 삶이 선이 아니라고 해 보자. 삶은 원이며, 영원히 반복될 것이라고 생각해 보자. 니체의 악마가 묘사한 대로 영원히 반복된다고 말이다. 나는 여전히 내가 영원을 같이 보내야 할 그 사람, 바로 내 자신이다. 하지만 이제 영원이란 것은 하나의 직선이 아니라 원을 그리고 있다. 그렇기 때문에 나는 내 자신을 더 발전시키거나 완성시킬 가능성이 없다. 무엇을 하든 바로 이 순간에 해야 하는 것이다.

니체는 강한 자라면 이 순간에 해야 할 일을 할 것이라고 했다.

그는 만약 우리의 삶과 영혼이 상향 곡선을 그리고 있다면 바로 이 순간의 자신을 영원히 함께하고 싶은 자신의 상태로 택할 것이라고 했다. 하지만 만약에 우리가 약하고 영혼은 지쳐 하향 곡선을 그리고 있다면, 우리는 그것을 뒤로 미룸으로써 위안을 얻을 것이라고 했다. 지금 해야 할 것들을 앞으로 다가올 삶에서 언제나 할 수 있다고 미룸으로써 위안받는 것이다. 그렇다면 영원회귀는 우리 영혼의 상태가 상향인지 하향인지를 판단하는 기준이 될 수 있겠다. 실존의 실험이란 바로 이런 개념이다.

　　한데, 여기 영원회귀라는 개념의 중요한 역할이 하나 더 남아 있다. 그것은 시간을 일직선으로 보고 삶을 설명하면서 삶의 의미 자체를 축소시키는 역할이다. 우리는 시간을 일직선으로 본다. 그래서 자연스럽게 삶의 의미를 우리가 목표로 하고 바라보는 어떤 것이라고 간주하여 시간이 한참 지나야만 성취할 수 있는 것이라고 생각한다. 순간은 항상 흘러가 버리기 때문에 삶의 의미는 순간에 있지 않다고 본다. 더 나아가 그 순간들의 의미는 일직선상의 어떤 시점에서 기인하기 때문에, 기억의 형식으로 존재하는 과거의 일 또는 기대의 형식으로 존재하는 미래의 일들로 구성된다. 따라서 어떤 순간도 그 순간만으로는 완전하지 못하다. 모든 순간의 내용과 의미는 유예되어 있으며, 시간의 화살이라는 길고 긴 직선 위에 분포되어 있다.

　　하지만 만약에 시간이 직선이 아니라 둥근 원이라면, 그리고 우리의 삶이 끝없이 반복된다면 삶의 의미는 직선 위의 결정적 지점을 향해 진행한다고 볼 수 없다. 결정적 지점은 존재하지 않는다. 왜냐하면 그에 상응하는 직선이 존재하지 않기 때문이다. 순간들은 흘러가 버리지 않는다. 오히려 그 반대로 끊임없이 재현되고 있다. 순간의 의미는 직선상의 지점에 있지 않으며, 전후에 오는 사건들과 연관되어 규정되는 것이 아니다. 그 순간에는 과거의 얼룩도 없고 미래의 유령도 없다. 각 순간은 그 순간의 것이다. 모든 순간은 그 자체로 완전하다.

그렇다면 이제 삶의 의미는 꽤 달라진다. 지금껏 일직선상의 어떤 결정적인 점 또는 부분에서 삶의 의미를 찾아 왔다면, 이제부터는 삶의 의미를 순간에서 찾을 수 있다. 물론 모든 순간은 아니고 특정한 순간들일 것이다. 삶의 의미는 삶 전체에 걸쳐 분포되어 있다. 추수철 노크더프의 보리밭에 흩어져 있는 보리알처럼 말이다. 삶의 의미는 그 최고의 순간에서 찾을 수 있다. 이 순간들은 그 자체로 완전하며, 의미나 정당한 이유를 위해 다른 순간들이 필요하지도 않다.

내가 브레닌과 보낸 마지막 한 해 동안 배운 것이 하나 있다면, 늑대와 개는 인간이 통과할 수 없는 형식으로 니체의 실존 실험을 통과할 수 있다는 것이다. 인간이라면 "오늘도 똑같은 산책길인가? 한 번쯤 다른 곳으로 좀 가 주면 안 돼? 그놈의 해변, 지긋지긋해! 그리고 제발 팽오쇼콜라 좀 그만 먹자! 하도 먹어 대니 내가 팽오쇼콜라가 된 것 같네!"라고 불평할 것이다. 그 불평조차 끝없이 계속될 것이다. 시간의 화살에 매료되고 혐오하기를 반복하면서, 우리 인간들은 그 혐오감으로 인해 시간의 화살에서 일탈하는 새롭고 다른 것들에서 기쁨을 찾는다. 하지만 화살에 대한 우리의 관심은 일탈을 꿈꾸게 하는 동시에 또 다른 일직선을 만든다. 그리고 우리의 행복 추구는 곧 새로이 만든 이 일직선으로부터 또 일탈하도록 부추긴다. 따라서 인간의 행복 추구는 뒤로 헛걸음질 치는 부질없는 짓이다. 결국 일직선의 끝에는 항상 '다시는 없으리'만 존재한다. 얼굴에 내리쬐는 햇빛도 다시는 없으리, 사랑하는 이의 입술이 짓는 미소와 반짝이는 눈빛도 다시는 없으리....

　　인간들의 삶은 상실이라는 상vision을 중심으로 형성되어 있다. 그래서 시간의 화살은 우리에게 공포와 매력을 동시에 느끼게 한다. 그러므로 우리는 새롭고 평범하지 않은 것으로부터, 그리고 화살의 경로에서 벗어나는 어떤 작은 일탈에서라도 행복을 찾으려고 한다. 우리의 반항은 아무것도 아닌 헛된 꿈틀거림에 불과할 수도 있지만, 충분히 이해할 수 있다. 우리의 시간관념은 우리에게 내려진 저주이다. 비트겐슈타인은 미묘하게, 그러나 결정적으로 틀렸다. 죽음은 삶의 한계가 아니다. 나는 항상 죽음을 등에 업고 다녔다.

　　늑대의 시간은 내가 추측하건대 일직선이 아닌 둥그런 원을 그릴 것이다. 그들 삶의 각 순간들은 그 자체로 완전하다. 그들에게

행복이란 항상 똑같은 것이 영원히 반복되는 것이다. 만약에 시간
이 원이라면 그곳에 '다시는 없으리'라는 개념은 존재하지 않는다.
따라서 그들의 존재도 삶은 상실의 과정이라는 상으로 구성되어 있
지 않다. 브레닌과 함께한 마지막 해, 우리 삶을 관통했던 규칙성과
반복성은 영원회귀를 아주 잠시라도 맛볼 수 있게 해 주었다. 우리
의 끝나지 않는 여름 속에는 '다시는 없으리'라는 개념도, 상실이라
는 개념도 존재하지 않았다. 늑대나 개에게 죽음이란 정말로 삶의
한계라고 할 수 있겠다. 바로 이런 점 때문에 죽음은 그들을 지배하
지 못한다. 그래서 나는 이것이 늑대나 개의 본질이라고 믿고 싶다.

　　이렇게 나는 니나를 이해하게 되었다. 니나는 왜 세상 그 무
엇보다도 사랑했던 브레닌의 주검 앞에서 형식적으로 냄새를 맡
고 돌아섰는가? 우리들 중에 시간의 개념을 가장 잘 이해하고 있
던 것은 니나였다. 니나는 시간지기였고, 영원회귀의 열정적인 수
호자였다. 매일 정확하게 아침 6시가 언제인지 알았으며 내가 일
어나서 글쓰기를 시작해야 된다는 것도 알고 있었다. 매일 아침 10
시 정각을 정확히 알았고, 글쓰기를 멈출 때라는 것을 알리기 위해
내 무릎에 얼굴을 파묻곤 했다. 이제 해변으로 나가자는 신호였다.
정확하게 언제 해변을 떠나 빵집으로 가야 점심 휴식 시간에 걸리
지 않을지도 알았다. 서머타임이 실시되건 아니건 간에 정확한 7
시가 언제인지 알았고 저녁밥이 준비되어 있어야 한다는 것도 알
았다. 라레유니옹으로 후식을 먹으러 갈 때가 언제인지도 정확하

게 알고 있었다.

영원처럼 반복되는 일상을 보존하고 보증하는 것이 니나의 삶에 걸친 임무였다. 니나는 변화나 일탈을 결코 용납하지 않았다. 진정한 행복이란 변하지 않는 것, 똑같은 것, 영원 불변한 것임을 알고 있었다. 진정으로 존재하는 것은 그 우연성이 아니라 구조에 있다는 것을 알았던 것이다. 모든 기쁨은 영원하기를 바란다는 것도 알고 있었다. 만약 어떤 한 순간을 받아들였다면, 순간의 개념 자체를 온전히 받아들인 것이다. 니나의 일생은 '다시는 없으리'라는 개념의 부적절함에 대한 증명이었다.

09

꿈속에서
다시 만나자

둘만의
산책길

우리는 순간을 통과해서 보기 때문에 순간을 놓친다. 늑대는 순간을 볼 수는 있지만 통과해서 보지는 못한다. 시간의 화살은 늑대를 피해 간다. 그것이 우리와 늑대가 다른 점이다. 우리는 시간이라는 것을 다르게 받아들인다. 우리는 개나 늑대와는 다르게 시간의 제약을 받는 존재다. 하이데거에 따르면 시간성temporality이란 인간 존재의 핵심이다. 시간의 본질이 무엇인가를 말하려는 게 아니다. 하이데거 또한 그것을 알려고 한 것은 아니었다. 누구도 시간이 본질적으로 무엇인지 알지 못한다. 일부 과학자들이 관심을 가지고 밝혀내려고 시도했지만, 누구도 시간이 무엇인지 밝혀낼 수 있을 것 같지는 않다. 그보다 중요한 것은 시간의 경험이다.

좀 더 정확히 말하자면 그것도 맞는 말은 아니다. 철학자라는 업 때문에 존재하지도 않는 뚜렷한 차이, 또는 경계를 찾고 있을 뿐이다. 철학이란 힘 또는 교만에 따른 행위로, 존재하지도 않는 특징과 분류 방법으로 그렇게 분류되지도 않고 그런 분류를 받아들이지도 않는 세상을 구분하려는 시도이다. 세상은 우리 손에 쉽게 잡히는 그런 곳이 아니다. 우리가 찾고 싶어 하는 분류 체계 대신 다만 정도가 다른 공통점과 차이점이 존재할 뿐이다.

늑대는 순간의 피조물인 동시에 시간의 피조물이기도 하다. 인간은 그저 늑대에 비해 시간의 피조물적인 특성이 조금 더 강하고 순간의 피조물적인 특성이 조금 더 약할 뿐이다. 우리는 늑대보다 순간을 더 잘 통과해서 본다. 그리고 늑대는 우리보다 그 순간 자체를 더 잘 본다. 늑대도 인간만큼 이러한 순간에 대한 인식 차이가 주는 장단점을 잘 알 것이다. 만약 늑대가 말을 할 수 있다면 인간에게 설명도 할 수 있을 것이다.

우리 안에 존재하는 영장류는 이 차이점을 장점으로 바꾸는 데 능숙하다. 서술적인 모든 차이는 곧바로 분석적인 차이로 형태를 바꾼다. 자신이 순간을 통과해서 보는 데 더 능숙하기 때문에 늑대보다 더 진화했다고 주장한다. 이 점은 편리하게도 늑대가 순간을 응시하는 데 더 뛰어나다는 것을 잠시 잊게 해 준다. 브레닌과 살면서 깨달은 것 중 하나는 우월함이란 특정 영역에서의 우월함에 지나지 않는다는 것이다. 더 나아가 특정 영역에서의 우월함은 다른 영역의 결핍과도 일맥상통한다는 것도 말이다.

시간을 과거에서 미래로 뻗어 나가는 하나의 일직선으로 경험하는 시간성에는 많은 장점이 있지만 단점 역시 수반하고 있다. 시간성의 장점을 극찬하는 영장류들은 많다. 그러나 이 글을 쓰고 있는 영장류는 단점에 초점을 맞추고자 한다. 우리는 우리 삶의 중요성을 인식하지 못하며, 바로 그 때문에 행복하기가 그토록 어려운 것이다.

브레닌이 숨을 거두기 몇 주 전의 일이다. 브레닌과 나는 둘만의 시간을 보내게 되었는데 그 사건을 계기로 나는 시간의 피조물이 아닌 순간의 피조물로, 즉 순간을 통과해서 보기보다는 순간 자체를 응시할 수 있는 능력을 가진 존재로서 살아간다는 것이 뭔지 배울 수 있었다. 그 당시 나는 브레닌의 마지막이 다가오고 있음을 느꼈다. 감정적인 차원에서는 받아들일 수 없었지만 적어도 이성적인 차원에서는 그렇게 될 것을 감지했다.

나는 브레닌을 니나와 테스로부터 떨어져 단 며칠이라도 쉬게 해야겠다고 판단했다. 둘은 항상 브레닌을 귀찮게 했다. 죽음을 앞두고 대부분의 시간을 잠으로 보내고 있었는데 녀석들이 하도 괴롭히는 바람에 잠도 제대로 못 자는 듯했다. 사실 그건 니나와 테스의 잘못이라기보다는 산책을 가지 못해 녀석들에게 스트레스가 쌓인 탓이었다. 산책을 간다면 브레닌을 집에 혼자 두어야 하는데, 차마 그럴 수가 없었다. 니나와 테스가 야단법석을 떨고 흥분해서 재촉

하는 바람에 브레닌이 어쩔 수 없이 힘겹게, 그러나 단호하게 네 발
로 서려고 애쓰다가 결국 함께 갈 수 없다는 나의 한마디에 자포자
기하여 실망하는 모습이 상상되었다. 브레닌이 생의 마지막 날들
을 그렇게 보내게 하고 싶지는 않았다. 그러니 몇 주 동안 집과 정
원이라는 제한된 영역에서 생활해야 했던 니나와 테스가 안절부절
못하는 상태가 된 것은 당연했다. 브레닌에게 휴식이 필요하다고
판단한 나는 북쪽으로 쭉 올라가면 몽펠리에 방향으로 한 시간 거
리에 있는 이상카에 위치한 동물보호소에 숙녀들을 맡기고, 브레
닌이 단 며칠만이라도 제대로 쉴 수 있도록 했다.

　당연히 함께 이상카까지 가겠다고 따라나선 브레닌이 나와 같
이 집으로 돌아왔을 때, 녀석은 서서히 이상하게 변해 갔다. 제대로
된 휴식을 취하려는 생각은 머릿속에 아예 없는 것 같았다. 녀석은
나를 따라서 집 안을 돌아다녔다. 펄쩍펄쩍 뛰고 흥분해서 낑낑댔
다. 스파게티를 먹으려고 한 접시 준비했더니 자기도 달라는 시늉
을 했다. 녀석이 오랫동안 하지 않던 행동이었다. 내가 "산책하러
갈까?"라고 물었을 때, 예전의 들소 시절만큼은 아니더라도 꽤 인
상적으로 좋다는 의사를 강하게 밝혔다. 나는 강둑으로 가벼운 산
책을 가는 모습을 상상했으며 그쪽으로 몇 백 미터쯤 걷다 오면 되
겠거니 생각했다. 하지만 대문에 다다르자 브레닌은 펄쩍펄쩍 뛰
며 자연보호구역으로 넘어가는 경계에 있는 도랑 위아래를 내달렸
다. 그리고 지금도 믿기지 않는 시간을 우리는 함께했다.

프랑스로 이사 온 직후부터 나는 조깅을 그만두었고, 1년간 달리지 않았다. 처음에는 시도를 했었다. 하지만 1~2킬로미터 지점부터 브레닌이 한참 뒤처지기 시작했으며 브레닌은 그 사실을 별로 좋아하지 않았다. 내가 모르는 사이 녀석은 늙어 버린 것이다. 그래서 나는 조깅을 산책으로 바꾸고 중간중간 바닷가에서 헤엄도 치고 빵집과 라레유니옹에도 들렀다. 그 외의 운동은 하지 않고 있던 나였다. 처음 이사 와서는 벤치프레스 세트를 구입했다. 그러나 정작 그것을 사용하기란 매우 드물고 어려운 일이었고, 기구는 햇빛이 내려앉은 테라스에서 먼지만 쌓여 갔다. 마치 내가 자신을 돌보기를 그만둔 것을 환기시켜 주는 기념품처럼 말이다.

브레닌이 나이 들고 쇠약해지면서 나도 나이 들고 힘이 빠졌다. 반려견과 살다 보면 으레 있는 일이다. 나는 프랑스에 오면서부터 거의 이른 은퇴를 한 것처럼 생활했다. 글도 조금은 쓰긴 했지만 대부분의 시간을 휴식하며 보냈다. 니나와 테스는 당연히 오랜 시간 조깅을 하고 싶어 했다. 그러나 브레닌은 그렇지 않아서 우리는 산책으로 절충했다. 이처럼 우리의 생활 방식이 특이한 방법으로 서로 엮이게 되면서 브레닌과 나의 신체는 동반 쇠락의 길을 걸었다. 구덩이를 위아래로 뛰어다니는 브레닌을 집 밖에 서서 보고 있던 나는 '브레닌, 내 동생, 우리 마지막으로 한번 해 볼까? 우리 롤랜즈 가문의 남자들을 위한 마지막 잔치처럼 말야. 어때, 할 수 있겠어?'라고 브레닌에게 물었다. 그리고 조깅용 반바지를 찾아

입고 함께 나섰다. 나는 브레닌이 곧 지치고 말 거라고 예상하고 조심스럽게 지켜보았다. 만약의 사태가 벌어지면 곧장 집으로 돌아올 계획이었다. 그러나 녀석은 지치지 않았다. 죽어 가는 늑대 한 마리와 형편없이 망가진 40대 중년 남자라니, 아마 우리 둘의 모습은 볼만했을 것이다. 우리는 숲을 지나 카날드미디까지 수로의 둑에 늘어선 거대한 너도밤나무의 그늘을 따라 뛰어갔다. 브레닌은 내 옆에서 뛰었다. 녀석은 나와 속도를 맞춰 주었다. 그런 다음 우리는 자연보호구역을 가로질러 검정 소들과 흰색 조랑말들이 있는 둑을 향해 이어진 들판을 따라 계속 뛰었다. 아직도 브레닌은 지치지 않았다. 예전의 브레닌처럼, 지상 2~5센티미터를 떠다니는 유령처럼 허공을 활주했다. 그의 옆에서 나는 숨을 헐떡이며 우아하지 못한 영장류의 모습으로 털썩대며 따라가기 바빴다. 엎어지고 넘어지고 하면서.

누가 알까? 어쩌면 녀석은 나를 잠시라도 독차지하고 싶었는지 모른다. 어쩌면 나에게 작별을 고하고 싶었지만 니나와 테스 때문에 못 했던 것이 아니었을까? 이유가 어쨌든 그날을 기점으로 브레닌의 에너지와 행동이 최고조에 달했다. 그 이후로도 더 나빠지지는 않았다. 며칠 후에 니나와 테스가 돌아왔지만 녀석의 컨디션은 유지되었다. 우리는 다시는 조깅을 가지 않았다. 조깅을 함께했던 그때만큼은 좋지 않았기 때문이다. 대신 거의 매일 산책을 나갔다. 브레닌의 상태는 좋았고, 죽기 직전까지도 괜찮은 상태였다.

　　나는 브레닌을 두고 나 자신이 암에 걸렸으면 어땠을지와 자꾸 비교해서 생각하게 된다. 브레닌에게 암이란 순간의 고통이었다. 어떤 특정한 순간에 브레닌은 괜찮을 것이다. 그러나 또 다른 순간, 가령 한 시간 후에 그는 고통을 느낄 것이다. 하지만 매 순간을 그 자체로 완성시키고 있을 뿐, 그 순간들은 서로 아무 연관이 없다. 반면 나에게 암이란 순간의 고통이 아닌 시간의 고통으로 다가올 것이다. 암 혹은 다른 중병이 주는 공포가 연속된 시간에 걸쳐 존재하는 것이다. 그 공포는 욕망·목표·과제라고 불러 온 내 화살들이 꺾여 버리리라는 사실을 너무나도 잘 아는 데서 온다. 만약 내가 암에 걸렸다면 나는 집에 머물면서 쉬었을 것이다. 컨디션이 좋다고 느끼는 순간이라도 말이다. 왜냐하면 암에 걸리면 다들 그렇게 하니까.

　　우리는 시간적인 존재이기에 우리가 겪는 커다란 고통 역시 시간적인 상처일 뿐이다. 우리의 공포는 긴 시간에 걸친 고통의 영향이며 어떤 한순간에 느끼는 고통 때문은 아니다. 바로 그런 이유 때문에 시간은 매 순간에 충실한 존재들에게는 무력하지만 우리에게는 강력한 힘을 행사하는 것이다.

　　늑대는 매 순간을 그 자체의 보람으로 받아들인다. 바로 이 부분이 우리 영장류가 가장 어렵다고 생각하는 부분이다. 인간에게 매 순간은 끝없이 유예된다. 매 순간의 의미는 다른 순간과 연관되어 있으며 그 내용 또한 다른 순간들로부터 회복될 수 없는 영향을 받는다. 우리는 시간의 피조물이지만 늑대는 순간의 피조물이다. 우리에게 순간이란 투명한 것이다. 그것은 우리가 물질을 소유하려 할 때 그 사이로 손을 뻗는 것과 같다. 시간은 투명하게 비치는 것이다. 우리에게 순간은 절대로 완전한 현실이 아니다. 순간은 거기에 없는 것이다. 순간이란 미래와 과거의 유령이다. 과거에 일어났던 것들의 메아리이며, 앞으로 일어날 수 있는 것들에 대한 기대일 뿐이다.

에드문트 후설Edmund Husserl은 시간의 경험에 대한 전통적 연구에서 우리가 '현재'라고 부르는 것은 세 종류의 경험적 요소로 나눌 수 있다고 했다. 거기에는 소위 '근원적 현재'라는 경험이 일부 존재한다고 한다. 하지만 우리의 일반적 의식에서 시간은 그 자체로 존재하지 않는다. 미래의 경험을 향한 기대와 과거의 경험에 대한 기억들로 이루어져 있는 것이다. 후설은 전자를 경험적 추측, 후자를 잔재라고 불렀다. 그것이 무슨 뜻인지 알고 싶다면 손에 무언가를 쥐어 보라.

손에 와인 잔을 들고 있다고 가정해 보자. 아마 손에 잔을 들고 있다고 경험할 것이다. 실상 당신의 손가락은 잔 전체를 감싸고 있는 것이 아니라 일부만을 잡고 있을 뿐이지만, 그래도 우리에게 그 경험은 잔의 일부가 아닌 전체를 쥐고 있는 경험일 것이다. 손에 와인 잔을 들고 있다는 경험은 이와 같은 경험을 하게 해 주는 손의 제약에 구속되지 않는다. 왜 그럴까? 후설에 의하면 와인 잔을 들고 있는 경험, 즉 현재의 경험은 주어진 상황에서 이 경험이 어떻게 변할 것인지에 대한 기대와 가까운 과거에 경험한 변화에 대한 기억으로 구성되기 때문이다. 예를 들어, 손가락을 밑으로 쓸어내리면 촉각으로 느끼는 범위가 축소되는 것을 경험할 것이다. 이것은 와인 잔의 둥근 부분보다 손잡이 부분을 잡고 있는 것과 일치하는 경험이다. 마찬가지로, 조금 전에 와인 잔을 손가락으로 쓸어내리면서 당신의 경험도 이런 식으로 변화했다는 것을 기억할 것이다. 후설은 비록 현재의 경험이라 해도 과거와 미래의 경험으로부터 철저하게 제약받고 있다고 주장한다.

　이 부분만큼은 늑대도 인간과 같다고 확신한다. 우리는 현재를 그 자체로 경험할 수가 없다. 근원적 현재라는 것은 추상적인 개념이다. 근원적 현재는 우리가 경험할 수 있는 어느 무엇과도 일치하지 않는다. 우리가 현재라고 부르는 것의 일부는 과거이고 일부는 미래이다. 하지만 그 정도의 차이는 그 종류의 차이만큼 중요하다고 할 수 있다. 우리 인간들은 이 부분을 전혀 차원이 다른 단계로 끌어올려 놓았다. 그렇기 때문에 삶의 대부분을 과거에 살고 있거나 미래에 살고 있다고 할 수 있다. 만약에 우리가 심혈을 기울여 노력한다면, 늑대가 경험하는 것처럼 현재를 살아 볼 수 있을지도 모른다. 그것은 최소한의 과거 잔재와 미래 예측을 바탕으로 구성되어 있을 것이다. 이는 우리가 일반적으로 세상을 대하는 방식과는 거리가 멀다. 우리 자신과 우리가 마주하고 있는 세상에서 현재라는 개념은 눈에 보이는 개념이 아니다. 현재는 아무것도 아닌 것으로 쪼그라져 없어지고 말았다.

시간적인 존재에게는 많은 단점이 있다. 명백한 것도 있고 그렇지 못한 것도 있다. 명백한 것은, 우리가 더 이상 존재하지 않는 과거나 오지도 않을 미래에 대해 고민하느라 말도 안 되게 많은 시간을 할애하고 있다는 사실이다. 우스꽝스럽게도, 우리는 기억된 과거나 욕망하는 미래를 현재라고 부른다. 시간의 피조물은 순간의 피조물과는 달리 노이로제에 걸린다.

한편 시간성에서 비롯된 보다 미묘하고도 중요한 문제는 무엇일까? 그것은 인간만이 경험할 수 있는 시간의 그늘이다. 오직 인간만이 이 고통에 지배받을 만큼 충분히 과거와 미래 속에서 살고 있다. 다시 말해 우리는 순간 자체를 보기보다는 순간을 통과해서 보는 시간적인 존재이기 때문이다. 우리는 우리의 삶이 의미 있기를 바라지만 그 의미가 어떻게 생기는지 이해하지 못한다. 시간성은 인간에게 이해할 수도 없는 대상을 향한 욕망을 안겨 주었다.

시지프스를
바라보다

시지프스는 신들을 분노하게 만든 인간이었다. 정확히 어떤 방식으로 분노케 했는지는 알려지지 않았고 신화마다 이야기가 다르지만, 가장 잘 알려진 사연은 이러하다. 죽은 시지프스가 이승에서 이루지 못한 어떤 급한 임무를 완수한 뒤 다시 저승으로 돌아오겠으니 잠시 이승으로 보내 달라고 하데스를 설득했다. 그러나 한낮의 빛 속에서 태양의 따스함을 느끼자 저승으로 되돌아가기 싫어진 시지프스는 약속을 어겼다. 돌아오라고 타이르고 명령도 했지만 시지프스는 이를 무시하고 이승의 밝은 태양 아래에서 오랜 세월을 머물렀다. 그러나 결국 신들이 정한 법칙에 따라 생명이 다해 저승으로 돌아왔다. 그리고 그곳에는 거대한 바위가 그를 기다리고 있었다.

시지프스가 받게 된 형벌은 거대한 바위를 언덕 위로 밀어 올리는 것이었다. 아주 힘든 노동이었다. 몇 날, 몇 주, 몇 달에 걸쳐 바위를 꼭대기에 올려놓으면 바위는 언덕 아래로 다시 굴러 내려가 버렸다. 그러면 이 고달픈 과정을 처음부터 다시 시작해야 했다. 시지프스는 영원히 그 과업만을 반복하며 살아야 했다. 이 이야기는 오직 신들만이 내릴 수 있는 진정 가혹한 형벌을 보여 준다. 그런데 이 이야기의 공포는 거기에 있지 않다.

우리는 보통 시지프스의 과업이 힘들다는 데 초점을 맞춘다. 바위의 크기는 인간의 힘으로 움직이기 힘들 정도로 거대하다. 그래서 언덕 위로 올라가는 한 걸음 한 걸음마다 심장과 신경과 힘줄에 무리가 갈 정도로 체력을 소모시킨다. 하지만 리처드 테일러가 지적했듯이 이 형벌의 가혹함은 과업이 힘들다는 데 있지 않을 수

도 있다. 만약에 신들이 시지프스에게 거대한 바위가 아니라 작은
조약돌을 주었다고 가정해 보자. 주머니에 손쉽게 들어갈 정도로
작은 조약돌을 말이다. 그렇다면 시지프스는 여유롭게 그 언덕을
올라갈 수 있다. 그리고 거기서 조약돌이 굴러 내려가는 것을 쳐다
보고는 다시 그 과업을 이어 가는 것이다. 어려움이 훨씬 덜한 과
업이지만 나는 시지프스의 형벌이 전혀 가벼워지지 않았다고 생
각한다.

　　우리는 삶에서 행복이 가장 중요하다고 생각하는 동물이다.
그래서 시지프스 형벌이 진정으로 가혹한 이유는 그가 이 과업을
전혀 좋아하지 않고 싫어하기 때문이라는 견해도 있다. 그 형벌은
시지프스를 매우 불행하게 만든다는 것이다. 하지만 나는 이것도
전적으로 옳지는 않다고 본다. 우리는 시지프스가 그의 운명을 저
주하고 있다고 단지 가정할 뿐이다. 만약에 신들이 신화에 그려진
것과는 달리 덜 가혹했다고 생각해 보자. 그들이 시지프스의 불행
을 완화하기 위한 단계적 노력의 일환으로 시지프스가 자신의 운
명을 받아들이도록 만들었다고 가정해 보자. 일부러 시지프스에게
바위를 반드시 언덕 꼭대기로 올려놔야 직성이 풀리는, 비논리적
이지만 강한 강박관념을 심어 주었다고 가정하는 것이다. 어떻게
강박관념을 심어 주었느냐는 알 필요가 없다. 단지 그 결과가 중요
하다. 시지프스는 이제 언덕 위로 바위를 밀어 올리는 일을 즐기게
된다. 바위를 언덕 위로 밀어 올리지 못하면 매우 답답해져서, 급

기야 우울증에 시달릴 정도이다. 시지프스는 신들의 자비 속에서 가혹한 형벌을 오히려 욕망하고, 나아가 온 마음을 다하여 사랑하게 될 것이다. 그의 삶에서 단 하나의 욕망이 있다면 그것은 바위를 언덕 위로 밀어 올리는 일뿐. 그 과업은 영원한 만족감을 준다. 신들은 심술궂기는 하지만 자비롭다고도 할 수 있겠다.

너무나 완벽한 신들의 자비 덕분에 시지프스의 과업은 더 이상 형벌이 아니다. 아니, 형벌은커녕 보상에 가깝다. 만약에 행복이라는 것이 삶을 즐겁게 받아들이는 것이고 삶과 그에 속한 모든 것들이 훌륭하다고 생각하는 것이라면, 시지프스의 새로운 실존 상황은 그에게 행복할 수 있는 최적의 조건이다. 영원히 욕망을 충족시킨다는 면에서 그보다 더 행복한 사람은 없을 것이다. 행복이 삶의 가장 중요한 가치라면 그보다 더 좋은 삶도 상상하기 어려울 것이다.

그러나 내 눈에는 이것이 조금도 자비로워 보이지 않는다. 신들의 보상은 형벌보다 가혹할 때도 있다. 나는 이제 우리가 예전보다도 더 시지프스를 불쌍히 여겨야 한다고 생각한다. 신들의 '자비'가 있기 전에 시지프스는 그래도 위엄 있는 존재였다. 힘 있고 악의에 찬 신들이 그에게 끔찍한 운명을 강요했다. 그는 제 과업이 헛되다는 것을 알지만 필요에 의해 이행했다. 달리 할 수 있는 것은 없었다. 죽을 수조차 없다. 그 과업의 허무함을 알고 있었기 때문에 그 같은 운명을 강요한 신들을 경멸했다. 한데 신들이 자비로워지는 순간, 시지프스의 위엄은 곧바로 사라지고 만다. 비록 연민이

깃들기는 하겠지만 경멸임에 틀림없는 우리의 감정은 시지프스를 그렇게 만든 신들에게 향하는 동시에 시지프스에게도 향할 것이다. 잘 속는 시지프스, 착각하는 시지프스, 멍청한 시지프스. 어쩌면 무거운 걸음으로 내려가는 길고 긴 언덕길에서 신들이 자신에게 자비를 베풀기 전의 날들을 아련하게 기억할지 모른다.

어쩌면 그의 영혼이 그에게 작고 조용한 목소리로 그만두라고 속삭이고 있을지도 모른다. 만약에 그렇다면 시지프스는 그 짧은 순간 동안 무수한 영혼의 메아리와 속삭임을 뚫고 자신의 권위가 축소되어 버렸다는 사실을 알아차릴지도 모른다. 그는 무엇인가 소중한 것, 그가 지금 누리고 있는 행복보다도 더 중요한 그 어떤 것을 잃어버렸다는 것을 깨닫는다. 신들이 베푼 자비는 시지프스로부터 그의 삶이나 내세가 그저 악의적인 농담에 지나지 않을 수도 있는 가능성마저 빼앗아가 버렸다. 바로 이 가능성이 그의 행복보다 더 중요한 것이다.

나는 우리가, 최소한 우리가 생각하는 방식으로 행복할 수 있는 동물은 아니라고 생각한다. 계산을 하는 버릇, 즉 영장류의 속임수와 계략이 우리의 영혼에 이미 너무 깊이 개입해 있기 때문에 우리는 행복할 수가 없다. 우리는 속임수와 계략으로 얻어 낸 성공이 수반하는 감정만을 좇고, 실패에 따르는 감정은 피하려고만 든다. 우리는 한 가지 목표를 달성하자마자 곧바로 또 다른 목표를 찾아 나선다. 우리가 항상 무엇인가를 좇아다니는 동안 행복은 우리의 손가락 사이로 빠져나가고 만다. 인간들이 행복이라고 생각하는 감정은 순간의 피조물이다. 그러나 인간에게는 순간이란 존재하지 않으며, 매 순간은 끝없이 지연되고 만다. 그렇기 때문에 인간에게 행복이란 존재하지 않는다.

　이제 우리는 인간이 왜 그렇게 감정에 집착하는지는 이해할 수 있다. 이것은 매우 심오한 어떤 것이 표면에 드러난 증상이다. 우리가 특정한 감정에 몰입하기를 그토록 중요하게 여기는 것은 우리가 과거와 미래에 살고 있기 때문에 빼앗겨 버린 것, 즉 순간을 되찾아 오려는 시도이다. 이것은 우리에게 더 이상 실현 가능하지 않다. 설사 인간 역시 행복할 수 있는 존재라 해도, 결국 우리가 찾고자 하는 행복은 그런 것이 아니리라.

하루하루,
시지프스의 한 발자국

　　　　　　　시지프스 신화의 공포는 그 과업이 힘들거나 그로 인해 시지프스가 한없이 불행해서가 아니다. 오직 그 행위가 부질없어서이다. 단순히 시지프스의 과업이 무의미하다는 뜻이 아니다. 생각해 보라. 당신 앞에 의미 있는 과업이 주어져도 실패할 때가 있다. 노력은 수포로 돌아가 버리고, 슬프고 안타까울 것이다. 하지만 거기에 공포는 없다. 공포는 그것이 쉬운 일이든, 어려운 일이든, 사랑하는 일이든, 증오하는 일이든 간에 그가 실패할 것이라는 사실에 있는 것이 아니라, 성공이라고 부를 만한 것이 아예 없다는 사실에 있다. 언덕 꼭대기로 바위를 옮기든 못 옮기든 바위는 언덕 밑으로 굴러 떨어질 것이며 그는 원점에서 다시 시작해야 한다. 아무런 목표가 없는 그의 노동은 허무하다. 시지프스의 과업은 그가 운반하는 바위만큼 메마른 것이다.

바로 이 사실 때문에 시지프스에게 어떤 목적을 설정해 주면 모든 것이 괜찮을 것이라고 생각할 수도 있다. 그렇다면 삶에서 우리가 찾아야 하는 가장 중요한 것은 행복이 아닌 목적일 것이다. 시지프스의 삶이건 다른 누구의 삶이건 마찬가지이다. 하지만 나는 이것 역시 정답이 아니라고 생각한다.

만약에 시지프스의 노동에 어떤 목표가 있고 노력할 만한 이유가 있다고 가정해 보자. 바위가 다시 언덕을 굴러 내려오는 대신 꼭대기에 그대로 있다고 가정해 보자. 그래서 언덕을 터벅터벅 내려오는 이유가, 아래로 굴러 떨어진 바위 때문이 아니라 또다시 밀어 올릴 다른 바위들을 찾기 위해서라고 생각해 보자. 이제 신들의 명령이 신전을 짓는 것으로 바뀌었다고 가정해 보자. 신들의 힘과 장엄함을 과시할 경외의 증표가 될 만한 거대하고 아름다운 신전을 짓도록 명령했다고 하자. 원한다면 자비로운 신들이 시지프스의 마음속에 오직 이 과업을 이루기만을 바라는 뜨거운 염원을 심어 주었다고 가정해도 좋다. 그래서 고단하고 힘겨운 고난의 시절 끝에 자신이 이 과업에 성공하는 모습을 상상해 볼 수도 있다. 이제 신전은 완성되었다. 그는 언덕 꼭대기에 앉아 자신이 이룩한 노동의 결실을 만족스럽게 바라보고 있을 수도 있다. 그렇다면 여기서 질문이 하나 있다. 이제 무엇을 하면 되는가?

바로 여기에 문제가 있다. 만약에 삶에서 중요한 것이 어떤 목표나 목적이라고 생각한다면 그 목적이 이루어지자마자 더 이상 삶은 의미가 없어진다. 원작 신화에 등장하는 시지프스가 아무 목적을 가지고 있지 않았기 때문에 그 존재 자체가 아무 의미가 없었던 것처럼, 우리가 재구성한 이야기에서도 역시 시지프스의 존재는 의미가 없다. 목적을 달성하자마자 존재의 의미를 잃어버리기 때문이다. 그 높은 산속에서 스스로 바꿀 수도, 더할 수도 없는 그 목표를 영원토록 바라보아야만 한다는 것은, 거대하고 무거운 바위를 언덕 꼭대기로 밀어 올렸다가 결국 다시 굴러 떨어지는 모습을 지켜보는 것처럼 허무하기 때문이다.

우리는 시간이 과거에서부터 미래로 뻗어 나가는 일직선이라고 생각한다. 각자의 삶은 이 일직선의 일부분으로 서로 겹쳐지고 중복되기도 한다. 그래서 우리는 그토록 자연스럽게, 중요한 것은 삶이 향해 있는 목표이며 우리가 달려가고 있는 지향점이라고 생각하는 것이다.

결국 삶에서 중요한 것은 노력해 나갈 수 있는 대상이다. 삶은 목표와 계획 간의 함수이다. 열심히 일하고, 재능이 있고, 그리고 간혹 운도 따라 준다면 성취할 수 있을 것이다. 그때가 구체적으로 언제인지는 명확하지 않다. 어떤 이들은 삶에서 중요한 것들을 현세에서 성취할 수 있다고 생각하고, 어떤 이들은 내세에서만 이룰 수 있다고 생각한다. 후자의 경우, 현세의 중요성은 단순히 내세를 위한 준비에 있다고 생각한다. 하지만 시지프스의 경우만 잠깐 생각해 보아도 그게 아니라는 걸 알 수 있다. 삶의 의미가 무엇이든, 그것이 최종 단계나 목표를 향해 가는 일일 수는 없다는 것을. 그 목표가 현세에 있든 내세에 있든 간에 말이다.

시지프스 신화는 물론 삶에 대한 우화이다. 프랑스의 실존주의 철학자 알베르 카뮈의 작품에도 시지프스 신화가 등장한다. 이 우화는 미묘한 게 아니다. 우리 모두의 삶은 시지프스가 언덕 꼭대기로 향하는 여정과 같으며, 하루하루는 시지프스의 한 발자국과 같다. 차이점은 단 한 가지이다. 시지프스가 또다시 바위를 굴리기 위해 언덕 위로 향할 때 우리는 이 과업을 우리의 후손들에게 물려준다.

출근길이나 등굣길에 바삐 움직이는 사람들을 둘러보라. 그들은 무엇을 하고 있는가? 그들은 어디로 가고 있는가? 그중 한 명에게 집중해 보자. 어쩌면 그는 어제와 같은 일을 오늘도 하기 위해서, 그리고 오늘 했던 일을 내일도 하기 위해 사무실로 향하고 있을지 모른다. 속에서는 넘쳐 나는 에너지와 목표의식으로 심장이 요동치고 있을지도 모른다. 오늘 오후 3시까지 보고서를 미스 X의 책상 위에 두어야 하며 이것은 매우 중요한 임무이다. 오후 4시 반에 미스터 Y와의 미팅도 잊어서는 안 된다. 그리고 만약에 앞서 말한 일들이 잘 진행되지 않으면 북미 시장 실적은 떨어지고 말 것이다. 그는 이 모든 일들이 매우 중요한 업무라는 것을 이해하고 있다. 어쩌면 그는 이 업무를 즐기고 있을 수도 있고, 그렇지 않을 수도 있다. 어쨌든 그는 이 업무를 수행해 나간다. 왜냐하면 그는 가정이 있고, 부양해야 하는 가족과 자식들이 있기 때문이다. 왜 그래야만 하는 것일까? 몇 년 후에도 그의 자손들이 그와 비슷한 이유로 비슷한 일들을 하며 그 자손의 자손 또한 같은 이유로 같은 일들을 하게 될 것이다. 그렇게 되면 그들 역시 보고서와 미팅에 대해서 걱정하고 북미 시장의 실적을 고민하게 될 것이다.

　　이것은 바로 시지프스가 우리에게 보여 주고 있는 실존적 딜레마이다. 미스 X와 미스터 Y를 만나야만 하고 북미 시장 실적을 걱정해야 하는 그 남자처럼, 우리는 우리의 삶을 작은 목표와 사소한 목적으로 채울 수 있다. 하지만 이런 것들이 삶의 의미가 될 수는 없다. 왜냐하면 이런 사소한 목적은 우리나 우리 후손들에게 그저 무한히 반복되는 것일 뿐이기 때문이다. 그것이 무엇인지는 내 능력으로 알 도리가 없지만, 만약 우리가 삶에 큰 의미를 줄 수도 있는 어떤 위대한 목표를 찾을 수 있다면, 모든 수단을 동원하여 그 목표가 달성되지 않도록 해야만 한다. 목표를 달성하자마자 삶은 의미를 잃게 되기 때문이다.

만약 목표를 성취하는 순간에 우리의 마지막 숨이 다하도록, 목표 달성의 순간과 삶이 끝나는 순간이 일치하는 것을 목표로 정할 수 있다면 매우 좋을 것이다. 하지만 과연 우리가 가장 약한 상태일 때 이룰 수 있는 목적이 무엇이란 말인가? 그리고 가장 약할 때 이룰 수 있는 목적이라면 우리는 왜 건강할 때 그 목적을 이루지 못했단 말인가? 그렇다면 미끼를 문 물고기를 내가 죽기 직전까지 기다렸다가 잡아 올려야 하는 것으로 삶의 의미를 인식해야 한단 말인가? 그것이 과연 무슨 의미를 지닌단 말인가? 우리 몸에서 힘이 빠져나가는 마지막 순간에 잡아 올려야 한다면 도대체 얼마나 형편없는 물고기일 것이란 말인가?

삶의 의미가 목적이라면 우리는 그 목적을 절대로 달성하면 안 된다. 삶의 의미가 목적이라면 계속 의미를 갖고자 하는 삶의 필요조건은 그 목적을 달성하지 않는 데 있다. 내가 이해하기로 이것은 삶의 의미를 하나의 이루어지지 않을 희망으로 생각하는 것이다. 하지만 절대 이루어지지 않는 희망이란 도대체 어떤 의미인가? 헛된 희망은 삶에 의미를 주지 못한다. 처음에 시지프스는 분명히 언덕 위 그가 올려놓은 장소에 바위가 그대로 있을 것이라는 헛된 희망을 품었으리라. 하지만 이 희망은 시지프스의 삶에 의미를 주지는 못했다. 그래서 우리는 삶의 의미가 어떤 최후의 지점이나 목표를 향해 앞으로 나아가는 것이 아니라고 결론지어야 할 것이다. 결국 그 끝에는 아무 의미가 없으니 말이다.

인생 최고의
순간

만약 삶의 의미가 행복도 아니고 목적도 아니라면 도대체 무엇이란 말인가? 도대체 삶의 의미는 어디에 있는가? 비트겐슈타인은 철학적 문제에 있어 속임수를 부리는 결정적인 움직임에 대하여 말한 바 있다. 그는 절대 풀리지 않을 것 같은 철학적 명제는 결국 우리가 토론 중에 무의식적으로, 또 부정하게 끼워 넣은 가정에서 비롯된 것이 드러나게 마련이라고 했다. 이 가정은 결정적으로 문제에 대한 사고방식을 좌우한다. 결국 우리가 부딪히게 되는 막다른 골목은 명제 자체가 아니라 애초부터 그런 방식으로 사유하게 만든 가정이라는 것이다.

삶의 의미라는 문제에서 속임수를 부리는 결정적 움직임은 다음과 같이 나타난다. 삶에서 중요한 것은 소유라고 가정해 보자. 삶이 포물선을 그리며 날아가는 욕망의 화살로 이루어졌다면 우리는 그 화살이 스쳐 가는 모든 것을 소유할 수 있다. 19세기 미국 서부 개척자들은 그들이 하루 동안 마차로 달릴 수 있는 거리만큼의 땅을 약속받았다고 한다. 이 방식을 그들은 '땅 따먹기'라고 불렀다. 우리는 이론적으로 욕망·목표·과제의 화살이 스쳐 갈 수 있는 만큼을 소유할 수 있다고 생각한다. 삶에서 중요한 것들, 즉 삶의 의미는 능력과 성실함, 그리고 어쩌면 운까지 따라 주면 '따먹을' 수 있는 것이다. 그 의미는 행복일 수도 있고 목적일 수도 있다. 두 가지 모두 우리가 소유할 수 있는 것들이다. 하지만 내가 브레닌에게 배운 바에 따르면 삶의 의미는 그런 것이 아니다. 삶에서 가장 소중한 것, 그것이 의미라면 의미일 텐데, 그것은 바로 우리가 소유할 수 없는 것 중에 있다는 것이다.

삶의 의미가 소유할 수 있는 무언가에 있다는 생각은 추측하건대 무엇인가를 쟁취하려는 영장류적 영혼의 유산에서 비롯된 것이 아닌가 한다. 영장류에게 소유는 매우 중요한 것이다. 영장류는 자신이 소유한 것을 기준으로 자신을 평가한다. 하지만 늑대에게 중요한 것은 소유의 사실이나 소유의 정도가 아니다. 늑대에게 중요한 것은 어떤 종류의 늑대가 되느냐는 것이다. 이를 인정하면서도 우리 안의 영장류는 소유의 위대함에 대해 다시 주장할 것이다. 어떤 종류의 영장류가 되느냐의 문제는 다시 말하면 우리가 소유할 수 있는 또 다른 목표를 설정하는 것과 같다. 우리가 가장 되고 싶어 하는 영장류는 우리가 대상으로 삼고 그것을 향해 나아가는 목표가 된다. 영민함, 성실함, 거기에 운까지 따라 준다면 충분히 성취할 수 있는 어떤 것이다.

삶에서 가장 중요하고 가장 배우기 어려운 교훈은, 삶이 전혀 그렇지 않다는 사실이다. 삶에서 중요한 것은 소유할 수 있는 것이 아니다. 그것은 바로 시간의 피조물이 결코 소유할 수 없는 순간에 있다. 그렇기 때문에 우리 영장류가 삶에 대한 그럴듯한 의미를 찾

는 것이 그렇게도 힘든 것이다. 순간은 영장류가 절대 소유할 수 없는 대상이다. 순간은 욕망하는 대상을 소유하기 위해 손을 뻗쳐 통과해 버리는 것에 불과하기 때문에, 소유는 순간들을 지워 버리는 것을 전제로 한다. 우리는 가치 있다고 생각하는 것이 있으면 소유하려 하고, 그에 대한 소유권을 주장한다. 인간의 삶은 하나의 거대한 땅 따먹기이다. 이러한 특징 때문에 우리는 시간의 피조물일 뿐, 순간의 피조물이 될 수는 없다. 순간은 우리가 움켜쥔 손가락 사이로 항상 빠져나가 버리는 것이다.

'순간에 충실하라'는 피상적인 설교를 되풀이하려는 것은 결코 아니다. 불가능한 것을 시도하라고 권하는 것도 아니다. 오히려 살면서 만나는 몇몇 순간들, 이 특정한 순간의 그림자 속에서 우리는 삶에서 중요한 것들이 무엇인지 깨닫게 된다는 것을 말하고 싶다. 이 순간들이 바로 인생 최고의 순간인 것이다.

삶을 향해 으르렁거리다

'최고의 순간'이라는 표현은 우리가 거부해야 하는 삶의 의미에 대한 관점으로 우리를 회귀시키면서 오도될 것이 분명하다. 우리는 최고의 순간을 세 가지 잘못된 방식으로 바라본다. 첫 번째 오해는 그 순간을 우리의 삶이 나아갈 수 있는 대상으로 생각하는 것이다. 즉 삶에서 이룩해야 하는 순간, 우리가 충분히 능력 있고 성실하다면 성취할 수 있는 순간이라고 인식하는 것이다. 하지만 최고의 순간이란 존재의 지향점이 아니며, 삶의 누적이 아니다. 이 순간들은 세월이라는 시간 속에 흩어져 있다. 마치 여름 지중해의 따뜻한 바닷물 속에서 늑대가 물장구를 치며 만들어 내는 수면 위의 잔물결 같은 것이다.

우리는 마치 조건반사처럼 삶에서 가장 중요한 것이 기분 좋은 감정을 느끼는 것, 즉 행복이라고 생각하기 때문에, 최고의 순간은 필연적으로 해탈과 같은 강렬한 환희를 경험하는 기분일 것이라고 생각한다. 이것이 바로 최고의 순간에 대한 두 번째 오해이다. 오히려 최고의 순간에는 기분 좋은 경우가 거의 없다. 상상할 수 있는 가장 불쾌한 순간, 혹은 우리 삶에서 가장 어두운 순간일 수도 있다. 최고의 순간은 우리가 최고의 역량을 발휘할 때이며 이는 곧 그 경지에 이르기 위해 매우 끔찍한 순간들을 감내해 낸다는 뜻이기도 하다.

세 번째 오해는 아주 미묘하고도 교활하다. 최고의 순간에 우리는 자신이 진정으로 어떤 사람인지 알 수 있다는 것이다. 그 순간들이 결국 우리를 정의한다고 생각하는 것이다. 서양 철학사를 보면, 자아나 인간을 정의할 수 있다고 믿는 경향이 있다. 우리는 셰익스피어의 《햄릿》 대사를 인용하며 '너 자신에게 진실하라'고 되뇐다. 이것은 곧 진실한 자아라는 것이 존재하며, 우리가 자아에게 진실할 수도 있고 거짓될 수도 있다는 뜻이다. 그러나 나는 전혀 그렇지 않다고 확신한다. 우리가 자신을 기만하는 모든 방법들을 묵묵히 견뎌 내고, 마침내 초월하는 그런 자아나 사람이 과연 존재할 수 있을지 진정으로 의심스럽다. 그 대사가 어리숙하기 짝이 없는 폴로니우스의 입에서 나온 것으로 보아 셰익스피어의 견해도 아니었으리라고 생각하며, 내 친구 콜린 맥긴의 분석도 나에게 더욱 확신을 주었다.

거짓된 자아의 반대 개념인 진정한 자아란 존재하지 않는다고 본다. 그저 나 자신만이 존재할 뿐이다. 사실 이제는 그것도 잘 모르겠다. 혹시 내가 '나'라고 부르는 것은, 심리적으로 또는 감정적으로 엮여 있는 서로 다른 사람들이, 모두가 '나'라는 착각을 공통적으로 하고 있는 상태가 아닐까? 그럴지도 모른다. 솔직히 그것은 중요한 문제가 아니다. 중요한 것은 내 모든 최고의 순간들은 그 자체만으로도 완전하며, 나 자신이 누구이며 무엇인지 정의하여 그 존재를 증명하지 않아도 된다는 것이다. 결국 중요한 것은 순간이지, 그 순간에 드러나는(그것도 잘못 해석된) 특정한 존재가 아니다. 그것이 어려운 교훈이다.

철학을 업으로 삼다 보니 나는 어느덧 고집 센 회의론자가 되어 버렸다. 불쌍하신 나의 하나님. 브레닌의 돌 유령이라는 전혀 예상치 못했던 방법으로 자신의 존재를 증명하려고 그토록 수고하셨음에도 불구하고 나는 아직도 하나님을 온전히 믿기가 너무나도 어렵다. 그러나 만약에 내가 신을 믿을 수 있다면 나는 하나님이 딜런 토마스의 시극 〈밀크우드Under the Milkwood〉 중 엘리 젱킨스 목사의 기도에 나오는 그런 하나님이었으면 좋겠다. 항상 최악의 모습보다는 최상의 모습을 보는 하나님 말이다. 최고의 순간이란 보통 최상의 모습들만을 말한다(내가 가치 있는 인간이라면). 나의 가치는 최상의 나를 뜻하는 것이리라. 그러나 최악의 나도 최상의 나만큼이나 살아 숨 쉬고 있다.

　브레닌의 죽음과 타협하지 않았을 때, 나는 최상의 모습이었다. 그 당시 나는 불면에 시달리고 있었으며 거의 미치광이에 가까운 모습을 하고 있었다. 나는 죽어서 지옥에 간 줄 알았다. 내 눈앞에 펼쳐진 삶보다는 차라리 테르툴리아누스의 지옥이 온당해 보일 정도였다. 거의 격리 수용되어야 할 지경이었다. 그러나 이 순간이야말로 내 인생 최고의 순간이었다. 이것이 바로 시지프스가 궁극적으로 이해하게 된 것이었다. 우리는 더 이상 나아가는 것이 의미가 없고 희망도 없을 때 비로소 우리의 최상에 도달한다.

　희망이라는 화살은 미지의 세계인 미래를 향하여 포물선을 그리고 날아간다. 희망 또한 욕망의 한 형태이기에 우리는 시간적인 존재가 되곤 한다. 가끔은 희망을 원래 들어 있었던 하찮은 상자에 다시 넣어 두어야 한다. 그래도 우리는 계속 나아갈 수 있다. 그렇게 나아가는 것 자체로 의미가 있다. 비록 그 의미 때문에 나아가는

것은 아니지만, 어떤 이유도 의미를 훼손할 뿐이다. 바로 그런 순
간에 우리는 올림포스의 신들, 현세와 내세의 신들, 그리고 우리에
게 영원토록 바위를 굴리도록 한 신들의 계획을 향해 시원하게 '엿
먹어라!'고 소리친다. 그러지 않는다면 우리의 자손들이 억지로 그
역할을 떠맡게 될 것이다. 최상의 상태가 되려면 먼저, 희망도 없
고 더 이상 계속해도 얻을 게 없는 궁지 속으로 내몰려야 한다. 그
래도 우리는 계속 나아갈 수밖에 없다.

　　우리는 주어진 시간이 다하고 죽음이 어깨를 짓눌러도 아무것
도 할 수 없을 때 최상의 상태에 이른다. 그때 삶의 일직선을 향해 '
엿 먹어라!'고 소리치고, 그 순간을 힘껏 껴안는다. 죽어 가고 있다
해도 이 순간만큼은 기분이 좋고 힘이 솟는다. 그리고 나는 내가 원
하는 일을 할 것이다. 이 순간은 그 자체만으로 완전하며, 과거나
미래와 같은 다른 순간들로 정당화할 필요가 없다.

　　우리는 43킬로그램이나 되는 삶이라고 불리는 불독이 우리
의 목덜미를 물어 바닥에 메다꽂을 때 최상의 상태에 이를 것이다.
겨우 3개월 된 새끼 늑대인 우리는 한순간에 몸이 찢겨 나갈 수도
있다. 고통이 몰려오고 희망이 없다는 것을 알면서도 낑낑대거나
비명을 지르지 않는다. 저항조차 하지 않는다. 대신 우리 내부 깊
숙한 곳에서 어리고 약한 실존에서 나오리라고는 상상할 수도 없
었던 냉철한 으르렁거림이 울려 나온다. 그 으르렁거림은 '엿 먹어
라!'는 외침이다.

나는 왜 존재하는 것일까? 40억만 년의 맹목적이고 생각 없는 발전 끝에 우주가 나를 탄생시켰다. 과연 그럴 만한 가치가 있는 것일까? 나는 절대 아니라고 본다. 하지만 개의치 않고 이곳에서 '엿 먹어라!'고 소리치고 있지 않는가. 신들은 나에게 아무 희망도 주지 못하고, 지옥을 지키는 개 케르베로스는 내 목덜미를 물고 꼼짝 못하도록 바닥에 메다꽂았다. 내게 최고의 순간이란 행복했던 순간이 아니라 바로 이런 순간들이었다. 왜냐하면 이 순간들이야말로 가장 중요한 순간들이었기 때문이다. 이 순간들은 내가 누구인지 정의해 주는 역할 때문이 아니라 그 자체로서 의미가 있기 때문이다. 만약 내가 어떤 모습이나 어떤 형태를 하고 있든 간에 이 우주가 생산해 낸 가치 있는 피조물이라면, 바로 이런 순간들이야말로 나를 가치 있게 만들어 주는 것이다.

나에게 이 모든 것을 가르쳐 준 것은 늑대였다. 그는 빛이었고 나는 그가 드리우는 그림자 속에서 내 자신의 모습을 발견할 수 있었다. 내가 배울 수 있었던 것은 종교의 안티테제antitheis, 반정립였다. 종교는 항상 희망을 이야기한다. 기독교도나 이슬람교도는 천국에 들어갈 가치가 있는 사람이 되기를 희망한다. 불교에서는 삶과 죽음의 거대한 바퀴로부터 해방되어 해탈의 경지에 도달하는 데 희망이 있다. 심지어 유대기독교에서는 희망이 최고의 덕목으로 격상되어 새로운 믿음으로 호명되고 있다.

희망이란 인간 실존의 중고차 판매원이다. 너무나도 친절하

고 너무나도 그럴듯하지만 결코 신뢰할 수 없다. 삶에서 가장 중
요한 것은 바닥난 희망 끝에 남겨진 내 자신이다. 결국 끝에 가서
는 시간이 우리의 모든 것을 앗아 갈 것이다. 우리가 우리의 능력
과 성실함과 행운으로 이루어 낸 모든 것들은 결국 다 사라지고 만
다. 시간은 우리의 힘·욕망·목표·계획·미래·행복과 결국에는 희
망까지 앗아 갈 것이다. 시간은 우리가 가질 수 있는, 소유할 수 있
는 모든 것을 우리로부터 앗아 갈 것이다. 하지만 최고의 순간에 실
재하는 내 모습만큼은 시간이 결코 앗아 갈 수 없다.

최후의
나

　　　　　　　　　　　폴란드의 화가 알프레드 본 코월스키
Alfred Wierusz-Kowalski의 작품 중에 〈외로운 늑대Lone Wolf〉라는 그림이
있다. 어느 겨울밤, 늑대가 눈이 하얗게 덮인 언덕 위에서 언덕 아
래 작은 통나무집을 바라보고 있는 그림이다. 굴뚝에서는 연기가
모락모락 피어오르고 창문 틈 사이로는 따뜻한 불빛이 새어 나오
는 그림 속 통나무집을 보면 노크더프가 생각난다. 겨울 저녁 산책
을 마치고 어두운 숲을 빠져나와 집을 나서기 전 켜 놓은 따뜻한 불
이 창문 사이로 보이기 시작하면, 브레닌과 니나와 테스가 총총걸

음으로 나를 앞질러 집으로 향하곤 했다. 코월스키의 그림은 물론 은유적이다. 어떤 외부인이 타인의 안락하고 따뜻한 삶을 들여다보는 모습을 형상화했다. 하지만 그림 속 늑대를 보면 나 자신과 내가 살았던 삶이 생각나기 때문에, 나에게는 노크더프가 연상되었다.

어느덧 시간은 흘러 그 삶은 막을 내렸다. 적어도 어떤 결론에 도달하게 되었다. 춥고 어두운 1월의 어느 날 밤, 내가 브레닌을 랑그도크에 묻고 하나님을 향한 분노로 거의 죽을 지경으로 술을 퍼마시던 때, 나는 가끔 내가 그날 밤 정말로 죽은 것처럼 느낀다. 데카르트는 길고도 어두운 영혼의 밤을 극복하기 위한 안식을 그를 배신하지 않을 하나님으로부터 찾았다. 데카르트는 거의 모든 것들을 의심했다. 그를 둘러싼 물리적 세계와 그가 소유하고 있는 물리적 신체마저도 의심했으니 말이다. 천부적인 수학자이자 논리학자였으면서도 그는 수학과 논리학에서 말하는 진실을 의심했다. 하지만 마음이 좋고 너그러우신 하나님의 존재만은 의심할 수 없었다. 충실한 마음으로 믿음을 평가한다면 절대 그를 배신하지 않을 하나님이었다.

데카르트는 아마 이 부분에서 오해가 있었던 것 같다. 좋은 하나님과 너그러운 하나님 사이에는 차이가 있다. 좋은 하나님이 존재한다면 그는 우리를 속이지 않을 것이다. 하지만 너그러운 하나님이 존재한다면 그는 우리를 속이고도 남을 것이다. 삶에서 최고의 순간들은 우리를 너무나도 힘들게 하고 약하게 만든다. 우리 삶

의 가치가 오직 순간을 통해서만 우리에게 드러나는 데에는 이유가
있다. 그 외의 방법들로는 우리가 그것을 감당할 정도로 충분히 강
하지 않기 때문이다. 나는 전통적인 개념의 종교인은 아니지만, 가
끔 브레닌이 죽은 그날 밤 브레닌의 무덤 앞에 피운 모닥불 너머로
그의 돌 유령이 나를 바라보고 있는 모습이 기억난다. 신이 나에게
'마크, 괜찮네. 항상 그렇게 힘들어 할 필요는 없어. 그만 안심하게'
라고 말하는 것 같았다. 이런 감정이야말로 종교의 본질이 아닐까?

그래서 나는 가끔 생각한다. 그것은 좋은 하나님이 아닌 너그
러운 하나님이 어떤 죽은 사람에게 하사하신 엄청나게 아름다운
꿈이 아닌가 하고. 이 하나님은 내가 속고 있도록 내버려 둘 것이
다. 왜냐하면 그것이 바로 너그러운 하나님이 하실 행동이기 때문
이다. 바로 이분이 내가 죽어 가는 마지막 숨결로 저주하던 그 하
나님이시다.

이런 의구심을 갖는 이유는 만약 그날 밤 하나님이 내 앞에 나
타났다면, 그리고 종이와 펜을 주면서 앞으로 네 인생이 어떻게 펼
쳐지면 좋을지 써 보라고 했다면, 이보다 더 이상 잘 쓸 수는 없었
을 것이기 때문이다.

나는 엠마와 결혼했다. 그녀는 내가 본 가장 아름다운 여인일
뿐만 아니라 내가 아는 가장 너그러운 사람이기도 하다. 한 점 의심
없이 명백하게, 나와는 비교도 안 될 만큼 뛰어난 사람이다.

나의 커리어는 가파른 상승곡선을 그렸다. 보잘것없는 대학

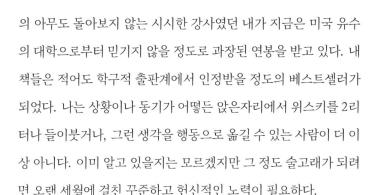

의 아무도 돌아보지 않는 시시한 강사였던 내가 지금은 미국 유수의 대학으로부터 믿기지 않을 정도로 과장된 연봉을 받고 있다. 내 책들은 적어도 학구적 출판계에서 인정받을 정도의 베스트셀러가 되었다. 나는 상황이나 동기가 어떻든 앉은자리에서 위스키를 2리터나 들이붓거나, 그런 생각을 행동으로 옮길 수 있는 사람이 더 이상 아니다. 이미 알고 있을지는 모르겠지만 그 정도 술고래가 되려면 오랜 세월에 걸친 꾸준하고 헌신적인 노력이 필요하다.

　자랑하기 위해서나 지금의 내 자신에 매우 만족하기 때문에 이런 이야기를 하는 것이 아니다. 나는 정말로, 어지러울 정도로 어안이 벙벙하다. 내가 이렇게 말할 수 있는 이유는, 결국 끝에 가면 이 모든 것들은 나를 가치 있게 해 줄 수 없음을 알기 때문이다. 내 자신이 자랑스럽지 않다면 거짓말이겠지만 동시에 나는 이 자신감을 경계한다. 이 자신감은 영장류의 자신감이다. 사람들에게 심술부리고 꾀부리는 나의 영장류적 영혼이다. 그 영혼은 삶에서 가장 중요한 것이 이성이며, 이성을 포함한 모든 수단을 동원하여 산 정상에 서야 한다고 믿곤 한다. 하지만 브레닌은 나에게 삶에서 가장 중요한 것은 이 모든 계산이 실패할 때 남는 내 본연의 모습이라는 것을 알려 주었다. 계획했던 모든 것들이 좌절되고, 거짓으로 지껄이던 말들이 목에 걸려 나오지 않을 때 말이다. 결국 끝에 가서는 철저하게 운만 남는다. 그리고 신들은 운을 주었을 때처럼 언제든지 앗아 갈 수 있다. 가장 중요한 것은 이 운마저도 다했을 때 남겨질 나 자신이다.

　　브레닌을 묻던 밤, 랑그도크 지방의 살을 에는 추위와 장례식
용 모닥불에서 번지던 밝은 빛의 온기. 그 안에서 인간 조건의 근원
을 찾아본다. 선택이 가능하다면 누구나 희망을 주는 따스하고 너
그러운 삶을 택할 것이다. 다른 편을 택한다는 것은 미친 짓일 것이
다. 하지만 그런 시간이 당도한다면 늑대의 냉정함으로 살아 나가
야 한다. 힘들고, 차갑고, 우리를 움츠러들게 하는 삶을 살아 내야
만 하는 순간들이 찾아온다. 바로 이 순간들이 삶을 가치 있게 만든
다. 결국 우리의 담대한 도전만이 우리를 구원하기 때문이다. 만약
늑대에게 종교가 있다면, 바로 이런 교리를 들려줄 것이다.

나의
늑대 형제에게

　　　　　　　　나는 브레닌만 혼자 남프랑스에 남겨 둘
수가 없어서 같은 마을에 집을 한 채 샀다. 매일 반복되는 산책길에
그곳을 지날 때마다 브레닌의 돌 유령에게 안부를 전하러 가곤 했
다. 하지만 나는 지금 이 책을 마이애미에서 탈고하고 있다. 앞에
서 언급한 여러 부풀려진 연봉 제의 중 하나에 굴복하고 말았기 때
문이다. 엠마와 나는 이곳에 몇 달 전에 도착했다. 니나와 테스도

함께 와서 살고 있다. 니나는 아직도 나를 새벽 6시에 깨운다. 손발이 침대 시트 밖으로 나와 있지 않으면 나올 때까지 주둥이로 침대 시트를 이리저리 뒤적이고 혀로 핥으면서 이렇게 말한다. '오늘 약속도 있고, 가 볼 데도 있으니 일어나요!'라고. 하지만 녀석들도 이제는 서서히 나이가 들어 가고 있어서 풀장 옆, 정원, 소파 위 등에서 하루 대부분의 시간을 잠으로 보낸다.

나는 그들과 더 이상 조깅을 할 수가 없다. 브레닌이 죽은 후 다시 조깅을 시작하여 숙녀들을 기쁘게 해 주기는 했지만, 이제 녀석들은 1~2킬로미터도 지나지 않아 내 뒤에 한참 뒤처져 따라온다. 더 이상 계속하는 것은 의미가 없다. 어쩌면 나는 브레닌과 그랬던 것처럼 이 녀석들과 함께 뚱뚱해지고 느려질 수도 있겠다. 하지만 니나와 테스는 올드 커틀러 로드로 나가는 가벼운 산책을 정말이지 너무 좋아한다. 산책길에 만나는 미국 개들은 니나와 테스가 상대하기에는 너무 어리고 힘이 넘치고 쉽게 흥분하지만, 그래도 그들을 겁줄 만한 에너지는 아직 가지고 있다. 나는 숙녀들이 동네 개들이 겁내는 것을 알고 즐긴다는 것도 알고 있다. 개들과 견주들은 우리를 보면 길을 건너 슬금슬금 피한다. 하지만 괜찮다. 니나와 테스는 언제나 동네 최고의 개들로 으스대며 외출하기를 원한다. 그들도 늙어 가고 있다. 두 숙녀들 말이다. 이 지역의 따뜻한 기후가 니나의 관절염에도 좋을 것이다. 그게 어떤 느낌일지는 누구보다 내가 잘 안다.

가끔 나는 이상한 느낌이 들곤 한다. 내가 예전에는 늑대였는데 이제는 멍청한 래브라도가 되어 버린 느낌이다. 브레닌은 이제 더 이상 존재하지 않는 내 삶의 일부를 상징하게 되었다. 시원섭섭한 감정이다. 내가 이전의 늑대가 아니어서 조금은 슬프다. 하지만 더 이상 예전의 늑대가 아니라서 기쁘기도 하다.

결론적으로 나는 한때 늑대였다. 나는 시간의 피조물이기는 하지만 아직도 시작하는 시점과 끝나는 시점이 아니라 마치 수확기의 흩어진 보리 낟알처럼 삶의 전반에 걸쳐 흩어져 있는 그 최고의 순간들만이 의미가 있다는 것을 기억한다.

어쩌면 우리는 평생을 늑대로 살 수는 없을 것이다. 평생을 늑대처럼 사는 법을 알려 주려고 이 글을 쓴 것은 아니다. 언젠가 신들은 다시 한 번 나에게서 희망을 앗아 갈지 모른다. 어쩌면 그 시기가 생각보다 더 이를 수도 있다. 제발 그런 일이 없었으면 좋겠지만 언젠가는 올 것임을 알고 있다. 만약에 그런 순간이 나에게 다시 온다면 나는 최선을 다해 목덜미를 물린 채 바닥에 메다꽂힌 새끼 늑대를 기억할 것이다.

이제 나는 늑대 무리의 진실에 대해서 말하고자 한다. 바로 우리의 순간이 온전히 우리만의 순간이 아니라는 것이다. 가끔 브레닌의 추억들은 어떤 놀라움으로 물들어 있다. 이 기억들은 마치 두 가지 다른 이미지들이 부분적으로 중첩되며 만들어지는 것 같다. 어떤 이들은 이 이미지들이 중요한 방법으로 서로 연결되어 있다고 생각하기도 한다. 하지만 너무 흐릿해져서 알아볼 수가 없다. 그러다가 어느 순간 마치 만화경 속에 있는 오래된 영상처럼 또렷하게 초점이 맞는다.

나는 터스컬루사에서 나와 함께 럭비 운동장의 터치라인을 뛰어다니던 브레닌의 모습이 기억난다. 경기 후 파티에서 매력적인 앨라배마 여성들이 다가와 "개가 너무 예뻐요"라고 말하던 때 내 옆에 앉아 있던 브레닌이 기억난다. 브레닌이 나와 함께 터스컬루사의 거리를 조깅하던 때를 기억한다. 그리고 터스컬루사의 거리가 아일랜드의 시골로 바뀌고 녀석들이 내 옆에서 가볍게 보조를 맞추며 함께 조깅하던 때를 기억한다. 나는 세 녀석들이 보리밭에서 마치 연어처럼 뛰어 오르던 모습을 기억한다. 지프차의 뒷좌석에서 수의사가 오른쪽 앞다리에 주삿바늘을 삽입하자 내 팔에 안겨서 죽어 가던 브레닌의 모습을 기억한다. 그리고 이렇게 상이 뚜렷해질 때마다 생각한다. 이것이 정말 나인가? 이 모두를 한 것이 나란 말인가? 그것이 정말로 나의 삶이란 말인가?

이런 인식은 가끔 희미한 초현실적 발견처럼 느껴진다. 내가 기억하는 것은 터스컬루사의 터치다운을 달리던 내가 아니다. 내 옆을 거닐던 늑대를 기억하는 것이다. 파티에 있는 내 모습을 기억하는 것이 아니라 내 옆에 앉아 있던 늑대와 그 때문에 나에게 말을 건 매력적인 여성들을 기억하는 것이다. 터스컬루사의 거리나 킨세일의 시골길을 조깅하는 내 모습을 기억하는 것이 아니라 나와 보조를 맞추어 조깅하던 늑대들을 기억하는 것이다. 내 자신에 대한 기억들은 항상 다른 대상으로 치환되어 있다. 내가 이 기억들 속에 있다는 것이 기본 전제는 아니다. 그것은 덤으로 찾아오는 행운이다.

나는 절대 나 자신을 기억하지 못한다. 나는 다른 이들에 대한 기억을 통해서만 나 자신을 기억할 수 있다. 여기서 우리는 영장류의 근본적인 오점인 이기주의의 오류에 직면하게 된다. 중요한 것은 무엇을 소유하느냐가 아니라 최상의 상태에 내가 어떤 존재였느냐는 것이다. 그리고 최상의 상태에 내가 어떤 존재였는지는 최상의 순간들이라는 모습으로만 우리에게 드러난다. 하지만 내 순간들은 결코 혼자만의 것이 아니다. 우리들 각자가 진실로 혼자일 때, 불독에게 짓눌린 힘없는 새끼 늑대와 같은 존재일 때조차도, 결국 기억하게 되는 것은 내 자신이 아닌 불독이다. 우리의 가장 아름답고 가장 두려운 순간들은 좋은 것이든 악한 것이든 타인에 대한 기억을 통해서만 우리의 것이 된다. 나의 순간은 무리의 순간이며 나는 무리를 통해서만 나 자신을 기억할 수 있다.

만약에 내가 영장류가 아니라 늑대였다면 론 울프Lone wolf, 무리를 짓지 않고 혼자 사는 늑대가 되었으리라. 론 울프는 무리를 떠나 으로 들어가 다시는 돌아오지 않는다. 한 번 떠나면 절대 집으로 돌아오지 않는 습성이 있다. 아무도 그들이 왜 그러는지 모른다. 어떤 이들은 번식에 대한 욕구가 있지만 무리의 우두머리로 승격되어 교미 자격

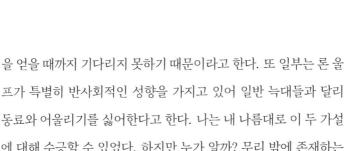

을 얻을 때까지 기다리지 못하기 때문이라고 한다. 또 일부는 론 울프가 특별히 반사회적인 성향을 가지고 있어 일반 늑대들과 달리 동료와 어울리기를 싫어한다고 한다. 나는 내 나름대로 이 두 가설에 대해 수긍할 수 있었다. 하지만 누가 알까? 무리 밖에 존재하는 거대한 세상을 최대한 많이 봐야 한다고 생각해서인지도 모른다. 어쨌든 마지막에는 그것도 별로 중요하지 않다. 어떤 론 울프는 혼자 죽기도 한다. 특히 운이 좋은 론 울프는 같은 처지의 론 울프를 만나 그들만의 무리를 만들기도 한다.

그래서 운명의 묘한 엇갈림을 통해 흘러온 내 삶은 적어도 내가 생각하는 행복의 기준으로는 지금 현재 최고의 순간을 맞이했다. 내가 이 문장을 써 내려가고 있는 이 순간 아내에게 진통이 오려 하고 있다. '진통이 오려 하고 있다'라고 썼지만 벌써 며칠째 그러고 있다. 자궁에서 뚜렷한 움직임이 느껴지기는 하지만 확실할 정도로 규칙적이고 체계적인 단계는 아니다. 그렇지만 나는 희망에 차 있다. 아내가 가방을 가지고 빨리 사우스 마이애미 병원으로 가자고 부르기를 초조하게 기다리고 있다. 그래서 얼른 글을 마쳐야겠다.

지난 40년간 론 울프로 정처 없이 표류하던 나는 드디어 인간의 무리를 찾았다. 나의 첫 번째 아이, 나의 아들이 이제 곧 태어날 예정이다. 바로 오늘이 그날이 될 것이라는 확신이 점점 분명해지는 것을 느낄 수 있다. 내 아들에게 너무 큰 부담이 되지 않기를 바

라지만, 갓난아이의 이름을 브레닌으로 지을 수도 있겠다는 생각
이 든다.

브레닌에게

4,800킬로미터나 떨어진 머나먼 프랑스에 혼자 있는 네가 걱정스
럽다. 너무 외로워하지 않았으면 좋겠다. 네가 너무 보고 싶고, 매
일 아침 너의 돌 유령을 보고 싶구나. 하지만 신의 뜻이라면 우리 무
리는 곧 랑그도크의 끝나지 않는 여름을 보내기 위해 너의 곁으로 달
려갈 거야. 그때까지 잘 쉬고 있어. 나의 늑대 형제여. 우리, 꿈에서
다시 만나자.

감사의 글

　　그랜타 출판사에서 내 글을 최초로 편집한 것은 조지 밀러였다. 초고는 도대체 무슨 이야기인지 종잡을 수 없었기 때문에 그의 절대적 신뢰가 없었다면 이 책은 세상 빛을 못 보았을지 모른다. 그 뒤를 이어받은 사라 홀로웨이는 진정한 편집이 무엇인지를 보여 주는 사람이었다. 최고의 책이 나올 수 있었던 것도 그녀가 예리하고 지적이며 무엇보다도 인내심 있는 질문을 던지면서 내가 중요한 흐름을 벗어나지 않도록 방향을 잡아 준 덕분이다. 교정·교열은 레슬리 레빈이 맡았는데, 나도 경험을 꽤 많이 한 편이지만 이 과정이 고통스럽지 않고 심지어 재미있기까지 한 적은 처음이었다. 게다가 글쓰기 기술에 대해 매우 많이 배운 기회이기도 했다. 이 세 분께 진심으로 깊은 감사를 드린다. 훌륭히 편집 교정을 해 주신 비키 해리스에게도 감사 드린다. 매번 나의 황당한 시도를 현실로 만들어 주는 에이전시 리즈 퍼틱에게도 깊은 감사 인사를 드린다.

　　무엇보다 이 책은 브레닌이라는 주제가 없이는 존재할 수 없다. 나

의 늑대 형제 브레닌, 함께 살아 줘서 고맙다. 물론 우리 무리의 니나와 테스도 고맙다.

　마지막으로 형제가 아닌 내 아들 브레닌! 너라는 존재가 내게 올 줄은 꿈에도 몰랐던 시절에 시작된 터라, 이 책을 너를 위해 썼다고 말할 수는 없구나. 그러나 네 이름이 왜 브레닌인지 이해했으면 하는 바람에서 너의 탄생에 맞추어 이 책을 서둘러 탈고했단다. 앞으로 내가 얼마나 이 말을 하며 후회할지 모르지만, 결국 우리를 구원하는 것은 우리의 담대한 도전뿐이란 것을 기억하거라.

옮긴이의 글

'영장류'인 내가 '늑대'를 사랑하게 된 데에는 어릴 적 경험 탓이 크다. 노란 털빛에 주둥이가 검은 전형적인 '똥개'였던 복실이가 우리 집으로 처음 온 건 내가 초등학교 저학년일 때였다. 조그마한 강아지는 달을 보며 '엄마아- 엄마아-'라고 울었고(적어도 내 귀에는 분명히 그렇게 들렸고), 가엾은 마음에 11월 추운 밤 나는 마당에 몇 시간이고 앉아 복실이를 꼭 품어 주었다. 나는 복실이를 하루 종일 등에 업고 다녔다. 사지를 펴서 등에 딱 붙인 다음 안 떨어지도록 보자기로 꽉 묶었으니, 녀석은 매우 불편했을 게다. 낮잠을 잘 때는 배 위에 올려놓고 잤다.

같이 먹고 자고, 막내였던 내게는 동생 같았던 복실이. 그런데 당시 셋방살이를 하던 처지에 큰 개를 키울 수 없어 복실이는 아버지 자전거에 실려 시장으로 팔려 갔다. 나를 돌아보던 녀석의 까만 눈은 지금도 생각하면 눈물이 난다. 당시에는 지금과 같은 반려견 문화가 없었고, 개들은 그렇게 왔다가 가는 존재였다. 이후에 다른 개들도 키웠지만 내가 업어 키운 복실이를 대신할 수는 없었다.

동물을 좋아하는 아버지 덕에 우리 집은 병아리부터 고양이, 개는 물론 염소, 닭까지 온갖 동물들을 길렀다. 요즘 말하는 유기견, 유기묘도 거둬 들여 키웠다. 나는 내 몸집보다 큰 개도 겁 없이 덥석 안을 만큼 개라면 사족을 못 썼다. 그리고 작고 예쁘장한 개들보다는 유독 긴 다리와 두툼 한 발을 가진 덩치가 큰, 늑대와 닮은 개들이 더 좋았다. 어쩌면 나는 지 켜 주지 못했던 복실이를 늘 찾고 있었는지도 모르겠다.

...

《철학자와 늑대》를 처음 보았을 때 브레닌의 사진은 나를 순식간에 어린 시절로 집어 던졌다. 마치 운명처럼 찾아온 이 책을 번역하는 내내 나는 브레닌을 쓰다듬고 함께 달리고, 그의 아픔과 죽음에 같이 울었다. 어른

이 되는 것은 기성 관념의 네모난 틀 속에 자신을 꼭꼭 다져 넣는 과정과
도 같다. 그 관념 중 특히 두드러진 것은 아마도 '인간'의 우월성과 '인간
이성'의 유일성이 아닐까? 마크 롤랜즈는 그러나 이런 인간의 우월성에
대한 새로운 관점을 제시한다.

마치 망치로 머리를 한 대 맞은 것처럼? 아니, 그렇게 아프지는 않았다.
마치 머리로 자일리톨 껌이라도 씹은 것처럼 머릿속이 맑고 개운해지는
느낌이 들었다. 우리가 막연히 느끼는 것들을 자신의 경험이 담긴 일화
에 철학적 담론을 연결시켜 이렇게 명료하면서도 진정성 있게 표현하다
니! 철학과 늑대가 이렇게 멋들어지게 만날 수 있을까? 태초부터 늑대와
철학은 함께 태어난 것처럼 너무나 자연스럽게 어울렸다.

이 책이 단순히 동물을 좋아하는 사람들만의 이야기가 아니라 우리 모두
의 이야기일 수 있는 힘은 바로 철학 교수인 작가의 탄탄한 이론적 토대

에서 나온 것이리라. 결코 어렵지 않지만 결코 쉽지도 않은, 늑대와 우리들의 이야기를 번역하며 나는 내내 행복했고, 언제까지나 '브레닌앓이'를 할 것만 같다.

내가 그랬듯 독자 여러분도 브레닌과 함께하는 철학 여행을 즐기기 바란다. 추억, 교훈, 감동, 그 무엇이든 정해 놓고 얻어 갈 필요도 없다. 그저 읽는 순간순간 즐거워도 어떠랴. 기존의 모든 관념을 벗어던지고 가벼운 차림으로 여행길에 나서 보시길 권한다.

철학자와 늑대

괴짜 철학자와 우아한 늑대의 11년 동거 일기

2판 1쇄 발행 2024년 1월 12일
2판 2쇄 발행 2024년 2월 2일

지은이 마크 롤랜즈
옮긴이 강수희
펴낸이 고병욱

펴낸곳 청림출판(주)
등록 제2023-000081호

본사 04799 서울시 성동구 아차산로17길 49 1009, 1010호 청림출판(주)
제2사옥 10881 경기도 파주시 회동길 173 청림아트스페이스
전화 02-546-4341 **팩스** 02-546-8053

홈페이지 www.chungrim.com **이메일** cr2@chungrim.com
인스타그램 @chungrimbooks **블로그** blog.naver.com/chungrimpub
페이스북 www.facebook.com/chungrimpub

ISBN 979-11-5540-228-3 03100